不许超越

美国打压日本的教训

黄亚南 著

人民东方出版传媒
People's Oriental Publishing & Media

东方出版社
The Oriental Press

前言

2022年年底，京都的清水寺森清范贯主（住持）照例出来挥毫书写了今年汉字"战"。不过他书写的这个战字似乎特别潦草，毫无气力，看起来有点像"残"，应该说这样的字显示了森贯主挥毫时沉痛的心情。

实际上，"战"字已经是第二次出现在这项活动中了。上一次是2001年，当时，日本有失业、通货紧缩、疯牛病等许多问题亟待解决，不过，最主要的原因还是在美国发生的恐怖事件，很多无辜的百姓因此失去了生命。或许森贯主因此而义愤填膺，一挥而就地写了力透纸背的擘窠"战"，大概是充满了一战而胜的祈愿。然而，反恐战争一打20年，不仅没有打出天下太平，反而让战争几乎连年不断。那样看来，"战"就有可能成为每年的"今年汉字"。大军过后，必有凶年。战之后必然惨、残，即便是满怀菩萨心肠的森贯主又怎么能有好心情来书写这样的榜书呢？而怀着这样沉重心情的应该不会只有他一个人。

这样战乱的国际形势当然也触动了笔者所研究的经营学领域，让笔者一直关心的一个问题更加凸显。那就是曾经在一片废墟上创造了东亚奇迹的日本国民和他们的企业为什么在泡沫经济崩溃后长期不能重新振作而甘愿躺平？

实际上，不从泡沫经济发生的政治原因来考察的话，是很难找到答案的。长期以来，日本对泡沫经济为什么会发生很少从政治方面去做认真的总结，这可能和日本一直把美国学者的研究奉为圭臬有关。在经营学领域，波特教授提出的著名的五力分析法、价值链等论述中根本不提政治要素。只有日本学者根据20世纪80年代日本企业被美国打压的惨状，在经营学理论里小心翼翼地加上了政治要素。然而，他们还是低估了政治对经营的影响，从而无法帮助日本企业重新振作起来。

事实上，美国对日本企业的打击，并不是要解决贸易赤字这样的经济问题，而是事关如何维持美国长期繁荣的政治问题。就像美国总统的政策和决策从第一个任期的第一天开始都是为了争取连任一样，在二战后形成的"美利坚治世"之下，美国所有的国际策略都是为了维护美国的霸权与繁荣。这也是霸权国家的宿命，无论国际形势怎样变化，美国的这一目的都是不会改变的。所以，美国很早就发动冷战，不允许苏联来挑战他们。但为了围堵苏联却让昔日的敌手尤其是日本获得了空前发展的机会，美国越来越感觉到在经济方面日本的威胁不亚于在军事方面苏联的威胁，于是就腾出手来打压日本，不许日本发展、超越自己。

本来以为货币战争、贸易战争等在经济方面的所谓的战争都是一种形容词，用来形容各国经济竞争的激烈程度，但美国科罗拉多大学教授扎伊拉却直接指出，商业就是战争。"打压日本"（Japan bashing）正如维基百科的定义那样是欧美各国对日本在经济和政治各方面不正当的攻击，然而，日本不仅现在似乎已经忘记了喧嚣尘上的"打压日本",就是在20世纪八九十年代,也没有认为美国打压他们是没有道理的,反而自认为发展有点过分侵犯了美国的利益。所以,**日本积极配合美国的对日打压,出现了日本官员欢呼贸易黑字下降的奇怪现象**。

虽然说商业就是战争,但对待已经是盟国的日本既不能热战,也不能冷战。实际上,美国一开始并没有一套现成的方法。**二战之后,美国本来是想把日本改造成一个农业国**,不料突发的朝鲜战争改变了美国的政策,而日本也及时地抓住了这次发展的机会,实现了经济的跃进。虽然日本的发展开始影响到美国的一些行业,但美国对此似乎还不够重视,只是想通过让日本自主限制对美国的出口来解决问题,直到傅高义教授出版了那本《作为第一的日本》,事态出现了巨大的变化。这本书虽然让日本国民感到无比骄傲,但也让美国国民觉察到了问题的严重性。尽管傅高义是提醒美国人要注意日本的成功,努力维持美国原有的国际竞争力,但实际上这本著作让美国人意识到仅仅通过限制日本的出口贸易无法遏制日本的经济发展,从而也就无法维持美国的国际竞争力。

于是,美国对日本展开了更深层次的打压。**美国开辟了知识产权的新战场,让风头正劲的日本企业吃了一记闷棍,付出了惨痛的代价**。而美国还不满足,他们希望用更加彻底的手段来解决日本经济对美国的威胁,于是便利用汇率工具,全面性地摧残日本企业的竞争力。然而日本企业把生产转移到海外,保持了一定的竞争力。而汇率工具也是一把双刃剑,对美国经济也有所损伤,于是,美国放弃了保护国内制造业的政策,开始利用美国在全球金融方面的特殊地位,也就是**利用帝国循环的机制来维护美国的繁荣**。

为了让帝国循环有效地持续下去，美国开始对日本进行全面的社会改造，**不许日本超越**。而日本竟然也一如既往地配合这样的改造。美国不仅在商业习惯、司法制度等方面，甚至在价值观方面都对日本进行了改造，促使日本发生了深刻的社会变化。日本终于明白，日本不仅需要向美国缴纳巨额的保护费，而且还不得在任何方面挑战美国。日本企业虽然对此于心不甘，也做过一番努力，但他们如何能扭转这种局面呢？结果，**躺平不仅在日本年轻人中开始流行，就是在日本的企业界也有流行的趋势**。可以说，在对日打压的过程中，"不许超越"逐步变成了一种有效的**打压日本和维持美国繁荣的机制**。

美国数十年来的打压给日本带来了严重的后遗症。在美国的打压和日本的积极配合下，日本得到了不发展的结果。各种统计数据表明日本经济在最近的30多年里，几乎都在原地踏步，没有呈现新的发展态势。更重要的是，日本似乎也不想突破"不许超越"的桎梏，即便是安倍经济学祭出异次元的金融政策，也刺激不了日本的经济发展。虽然美国学者承认打压日本实际上并没有积极意义，但是，一种民族性的"躺平"倾向说明了打压后遗症的严重性，也促使大家去深思面对"不许超越"的打压应该采取什么样的态度。

"不许超越"实际上是美国在打压日本过程中逐步形成的一种共识，具有广泛而深刻的内容，**也是一种卓有成效的维持霸权的机制**。本来，霸权国家为了维持自己的繁荣，需要建立一种维持霸权的体系。然而，维持霸权体系需要花费大量的资源，这样的投入最终会拖垮霸权国家，但是，美国作为霸权国家找到了让别国"不许超越"这种新机制，成功地维持了自己的霸权。**美国的繁荣和日本的躺平就是这样真实的写照**。

索罗斯曾经说，亚洲金融风暴虽然摧残了这些国家的经济，但自己所做的引起这场风暴的投机都是在合法的范围里进行的，所以他是问心无愧的。不过，这种"合法"实际上都是欧美灌输给亚洲国家的价值观念的一个部分而已。冷战结束后，弗朗西斯·福山就宣称美国的体制是世界发展的归属，美国的价值观是大家必须接受的价值观。然而，美国的价值观就是"美国第一"，一切都是从维护美国的利益出发的。这种价值观的存在实际上宣布了历史是不会终结的，而历史的发展应该是所有国家的发展。

所有的国家都有争取发展的权利，但对美国来说那意味着对他们的挑战，所以需要进行打压，不许各国超越。**如何打压，是对美国能力的考验，而如何应对打压，则是对各国智慧的考验。**从商业就是战争的观点来看，打压是没有底线的。清水寺的森贯主更是用颤颤巍巍书写出来的"战"字，给大家做出了警示，战争是"不许超越"的终极手段。所以，对被"不许超越"的国家来说，就应该丢掉幻想，排除一切困难去争取超越、谋求发展，不要掉进任何阻碍发展的陷阱里。只有发展起来、实现超越，我们的社会才会更加美好。

目录 CONTENTS

绪论　不许超越与帝国循环……………………………………001

第一章　商业是战争

第一节　险峻的气氛似曾相识
一．"技术被偷盗"…………………………………………012
二．"21世纪是日本的世纪"………………………………016
三．来自日本的危险………………………………………019
四．特朗普的意见广告……………………………………022
五．国会议员的表演………………………………………025
六．全美对日的敌视气氛…………………………………028
七．神奇的预测……………………………………………030

第二节　对泡沫经济的错觉
一．经济学课程的优等生…………………………………032
二．日本的泡沫经济只是经济问题吗？…………………035
三．景气循环理论不能说明泡沫经济……………………038
四．被洗脑后的对后冷战世界的认识……………………041
五．泡沫经济与美国的不许超越…………………………043
六．为什么要关注日本的认识？…………………………045

001

第三节　不许超越是美国的共识

一．美国工人为什么能砸日本车? ………………………… 049
二．"美利坚治世" …………………………………………… 051
三．只有吃透日本，才能吃定日本 ………………………… 054
四．是人种的偏见吗? ……………………………………… 057
五．维持霸权的具体设想 …………………………………… 059
六．新自由主义打压自由主义 ……………………………… 063
七．资本主义的最高阶段就是帝国主义 …………………… 066

第二章　政治解决经济问题

第一节　打压的第一波

一．国破人还在 ……………………………………………… 070
二．占领政策的180度转弯 ………………………………… 072
三．日本交的"学费" ………………………………………… 074
四．竞争优势产品 …………………………………………… 076
五．美国说贸易不能自由 …………………………………… 077

第二节　贸易摩擦没完没了

一．从技术引进到产品席卷全球 …………………………… 081
二．从自我研发到世界第一 ………………………………… 084
三．美国企业不进则退 ……………………………………… 086
四．发展了就要打压 ………………………………………… 089
五．贸易摩擦的政治解决帮不了美国企业 ………………… 093

第三节　半导体行业被拔高

一. 半导体摩擦的爆发 ································· 095

二. 半导体是产业的粮食 ····························· 097

三. 技术立国的代表 ·································· 098

四. 被提到国家安全高度的半导体行业 ············· 102

五. 半导体协定的签署 ······························· 106

六. "失去的十年"的象征 ··························· 108

第四节　不让日本的高新技术出头

一. 不让日本 OS 引领市场 ·························· 112

二. 不让日本技术国际标准化 ······················· 114

三. 美国在不重视的领域里也不支持日本 ·········· 116

四. 前门是狼，后门是虎 ···························· 118

第三章　从打压到压榨

第一节　更深层次的对日打压

一. 美国总统访日 ···································· 124

二. 广场协议的签署 ·································· 127

三. 对抗日本的"不公平贸易习惯" ················ 130

四. 普拉特演说 ······································· 133

五. 知识产权的新战场 ······························· 135

六. 日元升值带来的萧条和反弹 ···················· 138

七. 日本经济结构的变化 ···························· 139

第二节　结构性改造日本

- 一.日本异质论 …… 143
- 二.美日结构协议的出炉 …… 146
- 三.改造日本的200多项要求 …… 148
- 四.日本国内的反应 …… 152
- 五.数值化的要求 …… 154
- 六.年度改革要求书 …… 156
- 七.无奈的误译 …… 159

第三节　货币战败的结构

- 一.大藏省的电话 …… 161
- 二.债权消失了一半 …… 163
- 三.虚拟经济与实体经济的脱钩 …… 165
- 四.什么是货币战败？ …… 167
- 五.帝国的循环 …… 168
- 六.日本能摆脱货币战败的格局吗？ …… 171

第四章　日本不能说不

第一节　美国策略的改变

- 一.美日结构协议悄然变色 …… 176
- 二.美国突然要求日本土改 …… 178
- 三.要求日本土改只是手段不是目的 …… 180
- 四.中小商店的悲鸣 …… 182
- 五.反斗城进军日本的号角 …… 183
- 六.《大店法》与外资超市的命运 …… 185

第二节　外资开始收割
　一．长银破产 ·· 187
　二．克林顿总统的随员 ·· 189
　三．日本政府的介入 ·· 191
　四．任由外资收割 ··· 193
　五．美式改造的幻灭 ·· 195
　六．对企业并购认识的改变 ···································· 198

第三节　邮政改革为了谁？
　一．邮政改革是送给美国的礼物吗？ ······················· 200
　二．"小泉剧场" ··· 202
　三．邮政改革的目的是什么？ ································· 204
　四．美国为什么要求日本邮政民营化？ ···················· 207
　五．邮政资产如何流向美国？ ································· 209
　六．美国还要染指日本的保险市场 ·························· 211

第四节　要医疗平等还是要商业机会？
　一．白色巨塔的倒塌 ·· 215
　二．外资引领日本的医疗保险市场 ·························· 217
　三．美国对日本医疗制度改革的进一步要求 ············· 220
　四．商业机会和医疗平等 ······································· 222

第五节　日本社会的全面改造
　一．"市场的声音" ·· 225
　二．价值观的改造 ··· 227
　三．协调还是诉讼？ ·· 229

四. 司法改革的意义 ………………………………………… 231

五. 第二次战败的认识 ……………………………………… 233

第五章　日本式躺平

第一节　从失去的十年走向失去的三十年

一. 日本经济的地位急剧下滑 ……………………………… 238

二. 平成的景气循环 ………………………………………… 240

三. 通货紧缩的基调 ………………………………………… 244

四. 天灾人祸对经济的冲击 ………………………………… 246

五. 改革为了谁？ …………………………………………… 250

第二节　日本企业自废武功

一. 惊人的修复力 …………………………………………… 253

二. "精瘦"生产方式里的润滑剂 ………………………… 256

三. 环境的巨变与自信的丧失 ……………………………… 258

四. 外来和尚念好的经 ……………………………………… 261

五. 引进美式企业制度 ……………………………………… 263

六. 难堪的日本企业市值 …………………………………… 266

第三节　安倍经济学的目的和成败

一. 安倍经济学的使命 ……………………………………… 269

二. 一场豪赌 ………………………………………………… 271

三. 安倍经济学的功绩 ……………………………………… 273

四. "马上解散"成就了安倍经济学 ……………………… 276

五．黑田的自我否定 ·················· 279

六．问题在哪里？ ·················· 281

第四节　日本将走向何方？

一．打压日本没有意义？ ·················· 283

二．这样的日本真不错 ·················· 286

三．奇妙的美国总统访日报道 ·················· 288

四．日本式躺平的又一实例 ·················· 290

五．日本的选择 ·················· 292

第六章　差别与反差别

第一节　两个现代童话

一．历史的终结童话 ·················· 296

二．世界是平的童话 ·················· 298

第二节　全球化和半球化的螺旋交替

一．全球化变为半球化 ·················· 302

二．差别和反差别是历史发展的动因 ·················· 305

三．发展的道路可以各不相同 ·················· 307

第三节　知者不言，言者不知

一．理论的不完全性 ·················· 310

二．试错的有效性 ·················· 313

后记 ·················· 317

绪论　不许超越与帝国循环

不许超越是美国长期以来对日本打压的集中体现，也可以说是这种打压的精髓。虽然没有人明确提出过不许超越的口号，但不许超越却是实际的存在。**那是美国国民的共识，也是美国政府的策略和手段，更是一种维持美国繁荣的机制**。本书希望通过对美国打压日本过程演变的分析，来阐明这种机制的形成和作用，给读者提供必要的借鉴。

2011年，美国总统奥巴马在接受澳大利亚媒体采访时说，如果有超过10亿的中国人与美国人和澳大利亚人过着相同的生活，那将是人类的悲剧和灾难，地球将无法承受。这句话曾经引起很多中国人的愤怒，但是，奥巴马也坦白了一个事实，即美国的繁荣是建立在消耗大量地球资源的基础上的。同时，美国也是不可能为了让大家共享有限的资源而放弃现在的繁荣的。

实际上，为了维持这样的繁荣，美国不仅不希望与大家分享资源，而且还会对任何潜在的对手进行无情打压，不许他们超越自己。这也说明，**这样的打压与任何价值观都无关**。比如二战后的日本是完全按照美国的意志改造过来的，但美国在感到威胁的时候，照样进行了无情的打压。这不仅让日本人手足无措，而且还让旁观的外国人惊恐万分。

1994年4月24日，《朝日新闻》刊登了一封来自瑞典的历史老师的来信。

作为瑞典人，我对没完没了的美日贸易摩擦感到震惊，受到了冲击。因为这十年来，日本的报纸连篇累牍地刊登的都是美国咄咄逼人地向日本提出要求的这种贸易摩擦的内容。美国拥有无与伦比的资源，但却无法照顾好美国的国民。实际上，只要对富裕层进行高额课税来支援贫困阶层的话，就能强化国内市场的基础，使得美国的产业可以比现在更加健全。但是，美国却为了把大家的注意力从这些基本的社会和经济问题引开，就把一切责任都归于政治上从属于美国的弱小的日本。

刚刚去世的日本著名经济学家小宫隆太郎曾经对这封读者来信做过评价。他不同意这位历史老师关于日本是弱小国家的论述，也不同意信中关于美国社会经济问题的产生原因和解决方法的分析，但是，他对美国在贸易方面不断提出单方面的要求在现代国际关系中非常异常的论述深有同感。而把国内问题归罪到其他国家的做法本来是帝国主义政治家的常用手段，所以，美国对日本的打压正如来信所指出的，实际上就是美国把国内问题归罪于日本的一种行为而已。然而，这样的打压不仅仅是一种常用的手段，而且是美国社会发展所引发的必然结果。

二战之后，美国的 GDP 曾经占世界的 40% 左右，具有压倒性的实力。那个时候，美国不仅是世界的工厂，而且还是世界的银行，同时又是世界的警察。美国利用其超群的经济实力建立维持霸权的全球军事基地网络，形成了"美利坚治世"的体系。然而，具有讽刺意味的是，给这个体制挖掘坟墓的正是对这个体系的维护本身。

为了让美国生产的产品更多地出口到各国，美国给世界很多国家提供了大量的资金，这不仅给美国带来了巨额的贸易黑字，也让美国享受了巨额的资本收益。然而，各国尤其是日本的迅速复兴，带来了一个美国所不愿意看到却又无法避免的后果，那就是美国的世界工厂的桂冠很快就被日本等国摘掉，世界经济的发展必然地让繁荣的美国成为贸易赤字国。按照经典的经济学理论，贸易赤字国应该下调物价，让企业重新获得国际竞争力，从而使国际贸易趋向平衡。但下调物价也会连动着薪资的下调，这就意味着国民生活水平的下降，这当然是美国国民不愿意看到的事。本来，作为世界的银行，美国是世界最大的债权国，巨额的债权收益也能让美国维持繁荣的局面，就像 19 世纪末老牌帝国主义国家英国那样，虽然长期贸易逆差，但巨额的资本收益维持了帝国的繁荣。然而，维持"美利坚治世"体制的高额费用消耗了美国的经济实力，使得 1958 年的美国出现了"国际收支危机"这样一个新名词。而美苏之间的军备竞赛，不仅拖垮了苏联经济，也让美国经济大为受损。美国出现了巨额财政赤字，在二战后不到半个世纪，就从世界最大的债权国沦为债务国。

虽然这时候问题已经浮现，但美国似乎还不清楚问题发生的原因。于是，在美国的外贸中赢得巨额出超的日本就自然地成了罪人。因为"外贸赤字就意味着吃亏"虽然属于歪理却十分易懂,于是美国要求日本消灭对美贸易的顺差,开始了打压日本的历程。有意思的是,**这个时候,美国的政坛竟然能不分理念的不同而团结一致,把日本当作美国最大的威胁。不许日本超越自己,成了美国人的共识。**

从经济学的角度来看,用管理贸易的手法试图解决美日贸易的逆差问题,恰似推行了凯恩斯反对自由主义的政策。然而,凯恩斯主义很快就被新自由主义扫进历史的垃圾堆。撒切尔夫人、里根等推行的新自由主义改革是尽可能地放任市场,政府不要去干预。当然,管理贸易本来也应该被抛弃。新自由主义的旗手弗里德曼也认为战后日本的经济发展是自由市场成功的证明。也可以说,美日贸易的不均衡也是自由市场成功的证明。尽管如此,新自由主义的浪潮却无法改变美国用管理贸易的方法来打压日本。

不过,美国也很快地认识到这样打压并不能达到不许日本超越,维持美国繁荣的目的。因为管理贸易并不能解决美日贸易不均衡的问题,就算采用汇率操作这样的非常手段也无法直接提升美国企业的竞争力,反而让日本的资金像洪水般冲向了美国,还收购了美国标志性的资产,严重损害了美国的自尊心。于是,美国设定 BIS(Bank for International Settlements)基准——从事国际业务的银行必须满足资本金超过 8% 的条件,试图遏制日本的资金去世界获利,只是没有想到在泡沫经济的年代,**日本的银行利用膨胀的资产轻松地跨过了这道门槛,让美国不许日本超越自己的希望再次落空。**

1989年，在美日结构协议交涉过程中，美国突然打着保护日本国民利益的旗号针对日本的土地问题进行了诘难。理由是日本的土地政策导致了日本地价的暴涨，日本国民为了获取一个小小的居室，竟然要把一生的积蓄贴进去，当然就无法扩大日常的消费。美国认为这种状况自然地形成了非关税壁垒，影响了美国产品对日本的出口。而且，日本企业以土地为担保可以轻松地获得巨额融资来收购美国的企业和资产，这也损害了美国人的自尊心。为了解决这个问题，美国要求日本进行土地改革，把地价降下来。然而，美国把板子高高举起来后，没有重重地打下，而是悄无声息地放弃了这项要求。日本负责交涉的官员丈二和尚摸不着头脑，通过讨教美国官员，才知道这里的原委。

本来美国是要求日本进行国内改革来接纳更多的美国产品，但形势变化，迫使美国需要更多的日本资金。在东西冷战结束时，不仅俄罗斯及东欧国家急需大量资金来推进市场化经济，而且，累积了大量赤字的发展中国家也需要资金，美国为了适应这样的历史巨变，也必须确保大量的资金。但这时，世界的资金流向欧洲，对美国来说，日本的资金就显得更加重要了。如果这时候美国要求日本进行土地改革，降低地价，那么就会影响日本向美国输送资金。所以，美国突然不再关心日本的土地改革，至于日本国民的利益也就不用再谈了。也就是说，通过扩大美国产品在日本的市场份额来获取资金的方式，远远不及直接让日本的资金输送到美国的规模和速度。**这个变故，正说明了美国终于明白，让游弋在世界各地的美元回流到美国这样的帝国的循环远比保护美国制造业更为有效。**

帝国的循环源于美国在紧迫中放弃美元与黄金挂钩的政策。当年英国就是死死地不愿放弃金本位制，以致出现了严重的资金不足的状况。美国出现"双胞胎赤字"意味着资金不足，而美元与黄金的脱钩，使美国拥有了增发纸币的自由，对国内需要的资金量应该就不用担心了。只是与此同时，美元也会面临迅速贬值的风险。为了维持美元的价值，让美元成为世界主要的结算货币是与黄金脱钩后唯一的有效途径，而"美利坚治世"给这种途径提供了保证。同时美元作为结算货币本身也让美国获益匪浅。

虽然美国获得了增发纸币的自由，但实际上并不能采取弗里德曼的"直升机撒钱"的方式去增发，而是采用了有息国债的方式。尽管如此，美元的增发仍产生了很多热钱。美国需要用这样的热钱去获取更多的利益。而虚拟经济与实体经济完全脱钩，为这样的热钱获利提供了可能性。

20世纪70年代以前，外汇交易量和实际的贸易量是等同的，但美元与黄金脱钩，意味着货币经济与实体经济可以脱钩，外汇交易本身就逐步变成一种商品；同时，各种金融衍生产品也就越来越多，层出不穷，而使得金融市场规模的扩大，远远超过了实体经济的发展。比如在1995年4月，世界主要外汇市场每天的交易量达到了11900亿美元的规模[1]，而同期每天的世界贸易规模只有外汇交易市场的1.2%，虚拟经济已经与实体经济远远地脱钩。美国终于认识到既然用管理贸易的手法无法取得有效的成果，那么不如干脆积极利用金融操作来实现让美国继续繁荣的目

---

[1] BIS, Triennial Central Bank Survey of Foreign Exchange and Derivatives Market Activity in April 2007.

的。所以，从 1995 年以后，美国基本上放弃了保护美国制造业的政策，而准备在金融方面实施不许日本超越的战略，以达到维持美国繁荣的目的。也就是从这个时候开始，虽然美日贸易依然存在巨额逆差，但贸易摩擦一词不再被提及，美国只要求日本进行社会结构性改革，以便让帝国的循环畅通无阻。

美国国债和各种金融衍生产品为美元的增发和回流提供了便利的工具。同时，美国又可以利用这些回流美元到世界各地再做投资。1997 年，国际货币基金组织就指出，美国起到了全球资金中介的作用，即美国提供相对安全的富有流动性的金融资产，比如美国国债、优良企业债等，还有比较高的利息，以此来吸引国际上的资金。然而，美国又通过国际金融市场投资海外那些流动性比较差但回报更高的金融商品。而源自美国的 IT 革命不仅形成了自身的泡沫，而且还促使金融市场飞速扩大。

这个时候，用帝国的循环这样的旗号，哪怕是日本大概也很难接受。所以，美国用开放市场、金融自由化等新自由主义的口号来取得制高点，形成了全球化的世界性舆论。但是，在这看似平等的市场上，由于资本和市场运作能力的不同，弱肉强食的现象反而越演越烈。**普林斯顿大学教授罗伯特·基欧汉指出，所谓的霸权，就是某国可以控制资本、市场以及高附加价值商品的生产。**按照这个定义，美国当仁不让地取得了这样的霸权。

在这种前提下，美国聘用诺贝尔奖得主坐镇，通过复杂甚至奇怪的计算，设计了多种金融衍生产品，试图把别人拥有的资产转移到自己的手上。然而，正是这样复杂甚至奇怪的计算把他们自己也绕了进去，所以，20 世纪 90 年代以后，金融危机频发也就不足为奇了。1994 年到 1995 年，热钱流出引发了墨西哥金融危机并迅速波及全球。到 1997 年和 1998 年，更是出现了亚洲金融危机和俄罗斯债务危机。而俄罗斯债务危机又引发了 LTCM 危机。2000 年以后，全球互联网泡沫破灭导致信用市场急剧萎缩，结果资金涌入美国的房地产，最终爆发了 2008 年雷曼事件，引发了全球性金融危机。

然而，当金融危机冲击世界各国的时候，美国依然能获益匪浅。因为美元是国际结算货币，当金融危机发生后，美元往往会大跌，这就意味着美国的对外债务获得了减免。当然，美国债务的这部分减免等同于债权国相应的损失。而日本应该是最大的受害者。

没有资料显示，美国这样对日本的打压是有战略性计划的，而应该是在打压日本的过程中不断摸索出来的。比如，在里根总统的第一个任期里，美国一边坚持坚挺美元的政策，一边要求日本努力削减对美国的出口。但是，到第二个任期时，里根政府就改变了策略，试图用汇率操作一举解决所有的贸易逆差问题。这样的对日打压一直延续到克林顿总统的第一个任期，但进入克林顿总统的第二个任期后，美国终于认识到那样的打压日本没有积极的意义，通过帝国循环的金融操作才能维持美国的繁荣。所以，**美国改变了对日本的策略，从打压改为压榨，确保日本的资金可以源源不断地流向美国**。

问题是，既然借钱给美国早晚会受到损失，那么，谁还甘愿承受这样的损失呢？对此，美国早有办法。他们让凯恩斯主义再次回避，请出新自由主义，弄出了一个华盛顿共识，试图用新自由主义来改造世界，通过金融自由化让美元能自由地游弋在世界各地，同时也能让美元自由地回流美国。这样的新自由主义改革最成功的样本还是在日本。因为日本有足够大的经济体量以及能够接受美国要求的社会气氛。

在泡沫经济崩溃后长期的低迷之中,日本的社会评论家、主流媒体都由衷地欢迎新自由主义,认为这是打破低迷的有效处方。日本积极推行金融大爆炸等社会改革,他们认为这既能满足美国对日本的要求,又能使日本从长期的低迷中走出来,似乎非常圆满。但实际上这只是在努力地适应美国的经济圈,所以,京都大学教授佐伯启思认为这是积极地去隶属于帝国循环,其结果就是用日本的凋零换来美国的繁荣。也可以说,**美国通过抽出日本的大量资金达到了不许日本超越的目的**。

当然,这样的社会舆论还不足以让日本心甘情愿地持续把自己的资金输送给美国。神奈川大学教授吉川元忠指出,日本之所以愿意持续不断地把资金输送到美国,也是相信了美国的结构性权力。马克斯·韦伯曾经对权力做过这样的定义,即权力就是在某个社会内部,排除一切抵抗而贯彻自己的意志的可能性。不过,这只是指权力绝对性的一个方面,其实权力还有相对性的一个方面,即某个社会内部成员自认为权力者拥有这样的权力。日本正是这样去认识美国以及美元的权力的,而在这背后,实际上存在着美国的军事实力的影响。这也难怪,因为在日本首都东京的郊外就有一个巨大的美军基地,而美军在东亚最大的军事基地也在日本。为了维持美军在日本的基地,日本每年都要编制巨额预算。**日本早已形成为了在政治上获得美国的保护,在经济方面做出牺牲也是迫不得已的社会认识**。

帝国的循环本来也属于经济学上实体的商品与资金循环流动中的一环,但它之所以能成为帝国的循环,就是因为不许超越的霸权改变了实体的商品与资金循环流动的性质，即美国通过不断地使美元回流以及对美元债权的操作，把世界各地的财富转移到美国。结果，美国维持了繁荣，但即便是贸易黑字国也无法积累更多的财富，等于得不到发展。不许超越使得帝国的循环起到了维持美国繁荣的效果，而这之所以有效，还是基于二战之后美国实力的影响。

只是美国实力在权力绝对性方面越来越弱，以后这样的帝国循环还能不能继续发挥作用，这对全世界来说，都将是一个严峻的挑战。

第一章

商业是战争

第一节　险峻的气氛似曾相识
第二节　对泡沫经济的错觉
第三节　不许超越是美国的共识

第一节　险峻的气氛似曾相识

一．"技术被偷盗"

在言归正传之前，我们不妨先来做一个填字游戏。请在下面这段文字的空格里填上一个国名。

在20年多年里，□□为了实现在某个特定产业中席卷世界市场的目的，制定了中央集权性的政策、提供了资金和控制了市场。

□□是一个国名，鉴于目前的形势，一般人会在这个空格里填上"中国"两个字，但实际上这里应该填写"日本"。这个简单的填字游戏有不简单的社会背景。

实际上这段文字摘于20世纪80年代一家美国电子企业的报告。当时美国半导体协会也同样指责了日本：日本的产品席卷世界市场，使得美国企业受到重大影响，这完全是由日本产品的目标政策所带来的结果[1]。更有甚者，1985年9月，美国总统里根在评论日本时说："当政府允许假冒或复制美国产品时，这是在窃取我们的未来，不再是自由贸易。"如果不去看时间的话，我们很容易认为这段指责是出自现任美国商务部长雷蒙多之口，其措辞是何其似曾相识。如果把这里的国名隐去的话，我们大可以把另外一个国名代入进去。

这样的填字游戏还有很多，比如下面这段文字：

想偷盗这个国家的产业技术的国家有很多，而为了防止这样的偷盗，业界和政府采取了一切可能采取的方法。

"这个国家"是指哪个国家呢？又是哪些国家想偷盗呢？答案可能出乎我们的预料。这段文字出自1989年在日本出版的《技术霸权》[2]一书，作者药师寺泰藏指出"这个国家"不是美国也不是日本，而是英国，而想偷盗的国家不是日本也不是中国，而是美国以及法国。

实际上，这段文字最早是出现在1981年杰瑞米撰写的《跨大西洋工业革命》[3]中，此书获得了美国历史学会颁发的1982年

---

[1] 黒政典善：《"米中貿易＆ハイテク戦争"はどうなる？ "日米半導体摩擦"を振り返る》，電子デバイス産業新聞，www.sangyo-times.jp/article.aspx?ID=2777。

[2] 薬師寺泰蔵：《テクノヘゲモニー：国は技術で興り、滅びる》，中央公論社，1989年。

[3] David J. Jeremy, *Transatlantic Industrial Revolution: The Diffusion of Textile Technologies Between Britain and America, 1790-1830's*, Blackwell Publishers, 1981.

度的约翰·H. 邓宁奖以及技术史学会颁发的艾德尔斯坦因奖，应该说在西方史学界具有足够的可信性和一定的权威性。

杰瑞米在这本书里用详细的资料阐明了从18世纪90年代到19世纪30年代美国为了获取英国的纺织技术，不惜动用一切可以动用的力量，采用了各种方法，包括还派遣了美国驻英国利兹市的领事威廉·戴维去偷盗技术情报并把情报送回美国。后来英国终于认识到事态的严重性，他们指责美国实施了偷盗行为，并威胁到英国的国家安全，为此修改了移民法和外贸管理法令，使之更加严格化。英国不允许技术工人、工程师移民美国，如果违反就剥夺国籍，并处以巨额罚金，甚至直接关进大牢。这和美国现在的做法何其相似。当然，这些还不够，英国还把生产机械以及机床等设备列为重要的战略性物资，严禁出口美国，如果违反就处以重刑。但是，就算有这样严峻的法律，去美国的技术工人、工程师还是络绎不绝，没有减少的趋向，这是因为在美国，技术工人和工程师可以赚到远比在英国多得多的钱。而偷运机械设备的更是一些职业老手，他们把机械设备拆卸得七零八碎，再贴上与内容不符的标签，在出口申请书上填写不相关的内容，甚至连申请者是谁也不写清楚。英国海关本来就人手不足，对这些看起来乱七八糟的申请书更是无法仔细审查，常常被蒙混过关。在利物浦港的一次检查中，竟然发现有20%的机械零部件的出口商不知是谁。

历史就是这样惊人地相似。1982年，美国联邦调查局（FBI）以盗窃IBM公司秘密情报为罪名逮捕了日立制作所和三菱电机的6名员工。实际上这并不是一件单独的间谍案，早在1978年，

《财富》杂志就惊呼日本间谍在硅谷大肆活动[1]，而在美日贸易逆差越来越大的时候，美国对日本这样的指责也就越来越多。在 21 世纪初，美国科罗拉多大学教授扎伊拉在他的《商业是战争》[2]一文中总结了美国对日本的指责用语，即美国认为从 1970 年以后，日本策划了对美国的经济支配地位的攻击，而日本企业则让产业间谍异常活跃，同时，日本依靠不公正的商业行为获取不正当利益，而为了保护自己的市场无所不用其极地祭出了非关税壁垒这样的狡猾手段。

这样的指责在 200 年前曾经出现过，在 30 年前也出现过，现在又出现了，只是指责和被指责的国家已经换掉了。

20 世纪 30 年代，美国总统罗斯福严格实施了《反垄断法》，就是要抑制专利权利的乱用。时过境迁，换了位置的美国也换了思维方式，到 20 世纪 80 年代，美国总统里根宣布要确保其他国家履行其义务以及与日本达成的贸易协定的新贸易政策，专利成为保护知识产权的有力武器。而美国国会则通过了《1988 年综合贸易及竞争法案》，让美国指责日本"偷盗"美国技术有了法律依据。但美国实际也忘记了这样的事实，即在二战之后，为了让日本成为共产主义的防波堤，美国不仅向日本提供了大量的资金和巨大的市场，而且提供了日本急需的生产技术，甚至还包括管理技术[3]，这些都使日本更习惯于对美国的基础研究加以改善

---

[1] The Japanese Spies in Silicon Valley, Fortune, February 27, 1978.

[2] Thomas Zeiler, "Business Is War in U.S.-Japanese Economic Relations", Edited by Akira Iriye, Robert Wampler, PARTNERSHIP, The United States and Japan 1951-2001, Kodansha International, 2001.

[3] 参见黄亚南：《经营正道：日本企业兴衰史》，浙江大学出版社 2021 年版。

而创造新的价值的生产活动。善于吸收的日本很快就如美国之愿迅速地发展起来，成为美国的东亚的军备物资的生产基地，有力地支援了美国在朝鲜和越南进行的战争。1975年，美国败退西贡之后，东亚无战事，日本的兵站价值失去了一大半，但日本的经济却在持续发展，让美国人感受到日本经济已经开始威胁到美国在世界上的霸权，这就不是美国所能容忍的了。于是，就产生了"日本的经济发展是对美国的威胁"这样的认识，而美国上下开始充满了敌视日本的气氛。美国再次进入了全面打压日本的历史阶段。

二．"21世纪是日本的世纪"

作为最重要的同盟国，日本对美国这样的猛烈打压是没有想象过的。二战之后，很多日本人对美国非常憧憬向往，投桃报李，他们希望美国能一如既往地张开双臂欢迎他们。实际上就是在开始打压日本之前，美国人还出版了一本叫作《作为第一的日本》[1]的书，虽然这本书正如副标题"给美国的教训"那样是写给美国人看的，但是，日本人却很陶醉于美国人将日本"称为"第一的赞美。

---

[1]　Ezra F. Vogel, *Japan As Number One: Lessons for America*, New York: Harper. Colophon, 1979. 该著作在1980年分别以《日本名列第一》(世界知识出版社)和《日本第一》（长河出版社）的中文书名出版，2016年上海译文出版社以《日本第一》书名重新出版了世界知识出版社的译本。

这样的陶醉是有社会基础的。日本在二战之后奇迹般的经济发展，不仅在动荡不已的亚洲一枝独秀，就是在全世界范围里也属出类拔萃。日本人也感觉到美国对日本开始刮目相看。二战之前，多数美国人通过媒体的报道得知日本人的残忍性，以致他们都认为日本人都是尚未文明化的野蛮人。人类学家戈勒还曾指出，日本人从小经历的严苛的如厕训练形成了日本人好战的性格和形式主义[1]。战争结束后，美国人对日本的态度也随之发生了巨大的变化。**美国斯坦福大学教授皮特·杜斯于20世纪90年代初期在日本讲演时，曾把战后美国对日的态度变化分为四个时期，即到1950年为止的占领时期是无视，1950年到1960年的复兴时期是鄙视，1960年到1980年的高度增长时期是赞美，1980年以后的摩擦时期是质疑**[2]。

在占领时期，美国人对日本实际上并不感兴趣，他们更关心的是早日恢复自己的普通日常生活。到日本的复兴时期，诚如杜斯指出的那样，美国人认为日本还处在贫穷的时代，技术落后，产品粗劣。1958年在美国出版的，长期以来被奉为对日本企业研究圭臬的《日本的工厂》一书就是一个典型。当时美国的企业生产率远远高于日本企业，凸显了日本企业制度的落后。包括阿贝格兰在内的美国学者都以否定的眼光看待日本企业的商业习惯，即所谓的日本式经营。然而日本企业面对资本和物资的短缺

---

[1] Geoffrey Gorer, "Themes in Japanse Culture", Transactions of the New York Academy of Sciences, Series II, Vol.5, No.5.

[2] 1992年，杜斯（Peter Duus）教授在日本同志社大学的讲演：How Have Americans Viewed Japan since World War II？（日文翻译稿《アメリカ人の対日観は戦後どのように変わってきたのか？》）1993年刊登在该大学美国研究所的学刊《同志社アメリカ研究》上。

这样的限制，反而创造出更有效率的生产方式。美国纽约大学教授彼得·德鲁克敏锐地看到了日本式经营可以解决欧美企业所面临的问题，1971年，他在《哈佛商业评论》上发表了一篇题目为《我们能从日本式管理中学到什么》[1]的论文，重新评价日本式经营。德鲁克被誉为"现代管理学之父"，他对日本式经营的评价，让这种一直被大家批判的经营方式摇身一变，变成了大家都需要学习的企业经营之道。也就是说，到日本进入经济高度增长期之后，美国对日本的态度也有了巨大的转变。

实际上，在德鲁克重新评价日本之前，美国未来学家赫尔曼·卡恩在20世纪60年代初就已经预言"21世纪就是日本的世纪"。日本人听了无不欢呼雀跃，意气风发。但是，这个论断到底是在赞美日本还是在警告世界呢？卡恩在1970年出版的《崭露头角的超级大国日本：挑战与回应》[2]里再次预测，日本在经济持续增长之下，到2000年国民人均所得将会与美国并驾齐驱，继而在国民生产总值（GNP）[3]方面成为世界第一。虽然GNP的增长并不是万能药，但如果日本人想要在这个世界上发挥作用，那也不是不可能的。只是美国希望这是可以控制的，而不是让日本信马由缰地发展。由于这本书出版的时候，美国还处

---

[1] Peter F. Drucker, "What we can learn from Japanese management", *Harvard Business Review*, March 1971.

[2] Herman Kahn, *The emerging Japanese superstate: challenge and response*, Prentice-Hall, 1970.

[3] 在1991年之前，美国均是采用GNP作为经济总产出的基本统计指标，后来因为大多数国家都采用国内生产总值（GDP）为统计指标，美国才改用GDP。

在赞美日本的时期,所以,"21世纪就是日本的世纪"在日本人听来就是充满了对自己的赞美。

日本的这种"误读"在傅高义出版《作为第一的日本》给美国提出警示时达到了顶峰。很多日本人都相信,日本社会将会沿着美国人的预言而顺利登顶。40年以后,庆应大学名誉教授岛田晴雄仿佛如梦初醒般指出,这本书并不是对日本的赞美,而是警告美国如果日本成为世界第一的话,美国人应该如何应对。但是,正如杜斯指出的那样:《作为第一的日本》在日本可以成为畅销书,但在美国是绝不会成为畅销书的。日本人应该知道,即便是在美国赞美日本的时期里,无论是警告也好,赞美也罢,真正关心日本的美国人其实并不多。

三. 来自日本的危险

进入20世纪80年代,日本经济虽然没有像卡恩预测的那样保持10%以上的增长率,但也获得了平均增长率4%以上的稳定增长。未来学家对日本的预测得到了经济学泰斗保罗·萨缪尔森的认同。萨缪尔森指出[1],到20世纪末,日本将和美国并驾齐驱,到2010年会达到世界第一。而在里根当选美国总统的1980年,美国经济出现了严重的滞胀,这一年的美国实际经济增长率为-0.2%,美国家庭的实际平均收入更是倒退到1972年的水平,

---

[1] ポール・アンソニ・サミュエルソン,佐藤隆三:《サミュエルソン日本の針路を考える》,勁草書房,1984年。

失业率也达到 7.1%。但是，在这样衰退的情况下，1980 年的消费者物价指数上升率却依然达到 13.5%，短期利率竟然达到 11.5%。所以，里根总统在就职演说中指出，在目前这样的危机情况下，**不仅政府不能解决问题，实际上政府本身就是问题**。于是，里根总统拿美国政府开刀推出了实现"小政府"的改革，这也意味着新自由主义开始影响美国政府。

后来被媒体命名为里根经济学的政策主要有四个方面，即在从 1981 年开始的 6 年内削减 5493 亿美元的财政支出；对个人税和法人税进行大规模减税；缓和各项规制；推出针对通货膨胀的金融政策，希望从供给侧的经济政策和货币供应的调节来重振美国经济。

但是，现实就是那么残酷。尽管里根总统希望大幅度削减财政开支，并为之进行了大刀阔斧的改革，但是在削减范围之外的军费开支却节节攀高，加上高利率造成的国债利息负担的增加以及减税带来的财政收入的减少，结果，"小政府"的财政赤字远远超过了原来"大政府"的水平。

里根经济学的这种改革为什么没有取得预期的效果呢？美国人在反思这个问题的时候，他们觉得应该把这个问题产生的原因归结到享有巨额贸易顺差的国家。**他们认为，美日贸易的逆差实际上意味着日本剥夺了美国的国内需求和工作岗位。**

1985 年，《纽约时报》刊登的著名记者西奥多·怀特的署名长文《来自日本的危险》[1]可以说代表了当时美国社会的主流看法。怀特的这篇指责日本夺取了美国工作岗位的长文，是从 1945

---

[1] White, Theodore H., "THE DANGER FROM JAPAN", *The New York Times*, 1985-07-28.

年日本政府代表在停泊在东京湾的美军密苏里号军舰上签署投降书开始的，实际上就是说美国不仅打垮了日本军国主义，而且还养活了日本人；美国不仅给日本送来了和平，而且还给他们一个自由贸易的环境。但是，日本在充分享受如此珍贵的和平的同时却用经济的发展把美国逼到墙角。20世纪70年代以后，日本更是对美国的工业社会发动了咄咄逼人的攻击，并且让美国的纺织、钢铁、造船、汽车、消费类电子产品等行业损失惨重，遭遇了被迫瓦解的命运。比如，原先能提供200万个工作岗位的服装制造业10年后只剩下了75万个岗位；在机械生产方面，美国失去了29万个工作岗位；在钢铁制造方面，美国失去了44万个工作岗位；在制造业方面，美国失去了约183.4万个工作岗位。又比如，在日本雅马哈钢琴的攻势之下，美国的钢琴制造企业只剩下了施坦威父子钢琴这一根独苗。而当年曾经建造过密苏里号军舰的布鲁克林海军造船厂也因造船业的不景气而倒闭关门。这些都让人怀疑到底是谁真正地赢得了那场战争。

怀特指出：美国不仅对日本开放自己的市场，而且还欢迎日本商品的到来。但是，**日本人正在毫不留情地以美国的研究和发明为基础来取代美国在这些行业的霸主地位**。比如，虽然美国人发明了收音机，但这时候已经没有一台收音机是在美国生产的了。虽然美国发明了电视机，但已经没有一台黑白电视机是在美国制造的，而彩色电视机的美国组装工厂一天也离不开亚洲企业的零部件。类似手表、办公设备和其他电子类产品也大都是日本生产的。美国人已经相信，任何合理的劝说都是无法改变日本这样冲击美国市场的做法的，而日本却紧闭自己的大门。所以，是必须创造一个有序的新贸易体系的时候了。

而在这篇长文的最后，怀特的文字应该可以引起美国社会的共鸣："日本人最好记住，如果和平是首要的原则，那么他们将需要我们来维护和平，而不是我们需要他们。而且，如果经济萧条造成的涟漪迫使国会采取行动，那么一个封锁了的美国市场将会对日本造成更大的伤害。他们执行的贸易策略有可能会引起无法估量的反应——日本人应该还记得40年前从东京湾前往珍珠港的路线。"

这篇文章让美国彻底地告别了赞美日本的时期，质疑日本，打压日本成了美国社会的主流。这篇文章见报不到2个月，美国和日本等国在纽约签订了一份实质上对日本产生了超级打压作用的广场协议。广场协议对外公布后的第二天，里根总统宣布了新的贸易政策，目的还是要打压日本，只是当时的日本上下对此并没有充分认识。

四. 特朗普的意见广告

广场协议的直接作用就是让日元升值，而升值后的日元已经无法继续投入制造业生产，只能流向证券市场和不动产市场，进而产生了巨大的泡沫。而日元如同脱缰般的升值让日本对美国突然变得财大气粗起来。在怀特那篇改变美国人思维的文章见报之后，日本的产品继续大量涌入美国，而且日本资本也加快了对美国的投资，每年都有超过500亿美元的日本资本进入美国。当时，东京都山手线内的土地价格超过了美国全国的土地价格，对日本资本来说，美国的不动产简直是太便宜了。日本资本这样旁若无人地并购美国资产，给美国带来了不愉快的感受，对日本的不满情绪也在加剧。

1987年9月2日，在不动产行业崭露头角的特朗普突然在美国东海岸的三大报纸《纽约时报》《华盛顿邮报》《波士顿环球报》刊登了整页意见广告。在这份意见广告里，特朗普指出：

在过去的几十年里，日本以及其他国家都在赶超美国，而这样的不幸状态至今仍在持续。保卫波斯湾对美国石油的供给几乎没有意义，但对日本等国来说却是生死存亡的大事。美国为什么要承担几十亿美元的负担去保护这些国家的利益呢？美国的这种行为早已成为世界的笑柄。

日本免费享受了美国的保护，省去了大笔国防开支，从而获得了规模空前的贸易顺差，构建了强大的经济。就在美国不得不为日本等国付出巨额军事费用的时候，日本登上了世界经济的顶峰。

现在，让日本等国着实地承担防卫的责任来消灭美国贸易逆差的时刻来到了。而美国应该关注和救济农民、病人、流浪者。美国应该对日本等国加税来减少美国人的税，从而重振美国经济。

根据特朗普发言人提供的资料，为了刊登这些广告，特朗普花费了9.48万美元。而这是为他准备竞选美国总统进行的一次预热。为了竞选总统，特朗普必须抓住美国人都十分关心的问题，而他也的确很善于抓住美国国民愿意倾听的问题。特朗普把问题简化成日本就是占了美国的便宜才获得了经济方面的巨大成就，而美国是时候打压日本来改变被全世界笑话的状态了。

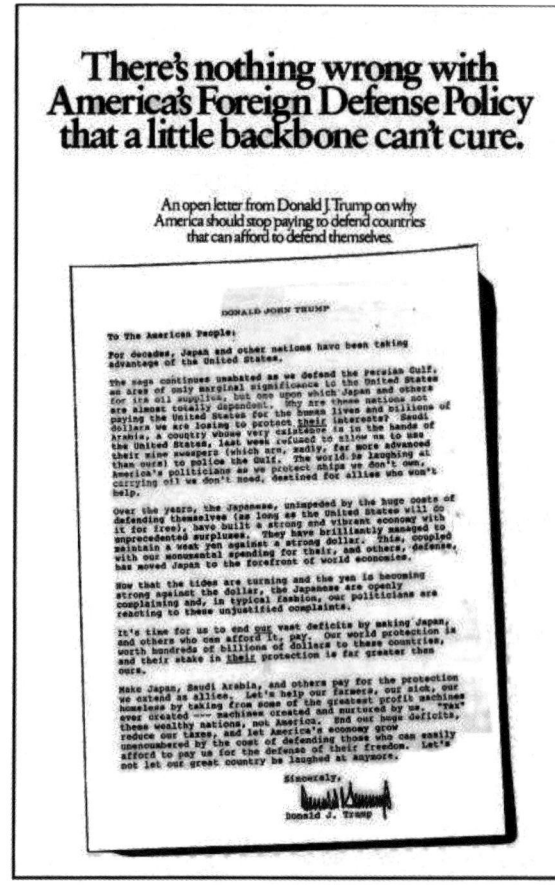

图 1-1　1987年特朗普在美国东海岸的三大报纸上刊登的广告

特朗普的夸张主张在同一年出版的保罗·肯尼迪的《大国的兴衰》[1]中得到了理论性支持。肯尼迪指出：**大国的兴亡过程也就是产生经济增长率和革新的差距的过程**。虽然美国和苏联到20世纪80年代为止都在持续进行前无古人的军备竞赛，并在全球军事方面占有极为重要的地位，但是，从1950年以后，世界各地在经济上都获得了巨大的成就，而战后的日本经济所取得的成就更是令人咋舌。这也使得超级大国的军事性平衡和经济性平衡出现了乖离状态。军备扩张的负担造成了苏联经济的衰弱，同时也造成了美国经济在商业上的竞争力的衰退，从长期来看必将威胁美国自身

---

[1]　Paul Michael Kennedy, *The Rise and Fall of the Great Powers: Economic Change and Military Conflict From 1500 to 2000*, Random House, 1987.

的安全。而日本在美国的保护下则把更多的资金投入到民间发展经济，在国防方面支出甚少，结果就会成为美国在商业方面的主要竞争对手。

肯尼迪从前后500年的历史探索中发现经济的变化必然影响军事和政治的变化，从而试图提醒美国应该从以军需为主的经济体系转向以民间投资为中心的经济体系，没想到这似乎给特朗普的主张提供了理论依据，倒像是提醒了美国人，日本经济的发展是占了美国的便宜。

五．国会议员的表演

在日本占了美国便宜的社会认识中，在美国人眼里，日本的一举一动都值得质疑。这样的气氛在进入20世纪80年代时就已经酿成。

美国的失业工人非常痛恨日本人夺去了他们的工作岗位，他们砸日本汽车，甚至还要砸日本人。1982年，仅仅是因为长得像日本人，华裔工业绘图师陈果仁就被底特律的失业汽车工人乱棍打死。在经济下滑的时候社会很容易右倾，虽然这个案件是种族歧视的惨案，但两个凶手却被定为轻罪并且很快被释放。虽然当时亚裔社区爆发了极大的不满和抗议，但对美国社会质疑日本经济威胁的倾向并没有产生什么影响。

随着日本企业的竞争优势越来越明显，美国对日本的不满情绪也日益高涨。他们通过计算失去多少工作岗位来证明日本的掠夺性贸易行为占了多少便宜。1985年，美国半导体行业失去了4万多个工作岗位，这笔账当然要算到日本人头上。1986年，日本企业富士通宣布准备并购美国最早推出集成电路（IC）产品的半导体企业仙童时，就遭到了美国的质疑。可以说也就是从那一刻起，仙童的交易就变成了一项与政治纠缠在一起的商业交易。政府的"技术鹰派"认为这是"日本接管美国信息产业的总体计划的一部分"。当时的美国商务部长马尔科姆·鲍德里奇认为这次交易规模超过2亿美元的两家私营企业之间的交易，关系到美国的未来——它的军事安全、经济健康和技术领导地位[1]。也就是说，**美国已经开始把美日的经济问题提高到国家安全的角度来看待了。**

虽然在美国的压力下，富士通只能放弃这次并购，但是，美国并不认为日本也放弃了接管美国信息行业的计划，反而认为日本人在美国到处都在偷窃美国的技术。他们认为美国很大方地让日本分享美国的智慧，但却在长时间里没有意识到日本一直在偷吃美国人的"早餐、午餐、晚餐，甚至是睡前零食"[2]。而觉醒的美国企业奋起保卫自己的知识产权，在计算机软件方面，IBM提诉富士通侵权；在自动对焦方面，霍尼韦尔提诉了美能达等日本企业；康宁玻璃则追究了住友电工在光纤上的侵权问题。

经过美国媒体的渲染，1987年美国国会议员在国会大厦前打砸东芝的产品成为当时美国打压日本的标志性事件。

---

[1] WILLIAM C. REMPEL and DONNA K.H. WALTERS, "The Fairchild Deal: Trade War: When Chips Were Down", *Los Angeles Times*, Nov. 30, 1987.

[2] Joel Dreyfuss, "HOW JAPAN PICKS AMERICA'S BRAINS", *FORTUNE Magazine*, December 21, 1987.

第一章 商业是战争

1982年12月到1984年，东芝的控股子公司东芝机械与日本伊藤忠商社、日本和光贸易公司以及挪威的孔斯贝格公司将九轴联动数控机床以及相关软件出口给苏联。九轴联动数控机床属于高性能机床，是巴黎统筹委员会（COCOM）的协议禁止向苏联出口的机器设备。但由于正面临业绩不振的情况，急需一笔大交易来提升业绩，于是东芝机械等公司就冒着风险向苏联出口了这样的产品。其实，在此以前，苏联已经从西方国家获得了不少数控机床，这也让小心翼翼的日本人敢于涉足这个交易。如果没有内部人员的告发，也可能平安无事。但是，1985年，内部人员的告发，让美国找到了打压日本的绝好机会。

这次东芝事件的英文名称为 Toshiba-Kongsberg scandal。Kongsberg 就是挪威的孔斯贝格公司，英文把这两家公司的名字连在一起，说明这个事件的主谋是这两家企业。实际上，在以往向苏联出口高性能机床的案例中，往往少不了孔斯贝格公司的名字，然而，美国人却没有去找他们的麻烦，而是把全部的怒火都发泄到东芝身上。尽管作为母公司的东芝没有参与这个机床出口事件，但东芝的会长和社长还是像古代武士切腹自杀那样双双引咎辞职。当然这仍然无法安抚怒火中烧的美国人。美联社曾经这样形容：1987年7月1日，当众议员海伦·本特利和其他国会议员在国会大厦前使用大锤砸碎东芝便携式收录机时，美国的愤怒得到了更为具体的表达[1]。

---

[1] DAVE SKIDMORE, "Rep. Bentley: None Dare Call It Toshiba", *Los Angeles Times*. July 2, 1987.

议员怒砸日本产品的照片在媒体的传播下，让美国人群情激愤，国会中充斥着要制裁日本的声音，相关法案也以压倒性的多数得到了通过。

盛田昭夫在《日本可以说不》[1]一书里对这样的议员表演进行了解说：著名的媒体人出版的恶评日本的书成了畅销书，所以，在美国民众中出现了浓郁的反日气氛。这样的风潮在美国越来越剧烈的时候，政治家为了迎合大众而获得选票，都采取了用打压日本来获取选票的方式。反日的表演越是卖力，得到的选票就会越多。所以，美国的议会通过了对日本充满敌意的法案。

六. 全美对日的敌视气氛

就在盛田昭夫撰写《日本可以说不》的时候，美国上下对日本的敌视气氛早已让远隔太平洋的日本切实地感受到了。日本放送协会（NHK）曾经为此做过专题节目，报道了美国的对日态度[2]。

NHK引用了纽约的WABC电视台播放一个日本专题节目时的遭遇。在节目播出时，WABC接到了一个居住在加利福尼亚州的女性电话，她说："听说日本人购买了夏威夷，我感到十分嫉妒。我们的生活一点也没有得到改善，而日本人却在夏威夷逍遥快活，想到这里我就无法忍受。"

---

[1] 盛田昭夫、石原慎太郎：《"NO"と言える日本》，光文社，1989年。

[2] NHK取材班：《NHKスペシャル 日米の衝突―ドキュメント構造協議》，日本放送出版協会，1990年。

另一个居住在纽约的男性打来电话说:"听说每天从日本有300万美元流入美国,我不是经济专家,对这些美元的流入到底会产生怎样的经济问题并不清楚,只是觉得美国和日本已经进入了经济战,而我们美国已经战败了。"

这两个电话代表了一般美国国民对日本的敌视态度,而这弥漫了整个美国。日本认为这是其资本大举"买美国"所带来的后果。1989年秋,索尼并购了美国的哥伦比亚影业公司,三菱地所购买了洛克菲勒中心。美国的媒体也一致指责日本利用贸易带来的巨额盈利染指美国的国家象征,实际上就是购买了美国人的心。

美国国会中对日打压的气氛日益增强,而美国国民的对日感情,从舆论调查来看,也是更趋恶化,完全没有改善的征兆。1990年3月,日本NHK和美国ABC联合在美国进行了一次社会舆论调查,美国各地有758人回答了提问。结果,**有57%的美国人认为日本的经济实力比苏联的军事实力对美国的威胁更大**。而上一年,《商业周刊》也做过同样的调查,有68%的美国人感到了日本经济的威胁。这里有一个历史背景,就是1989年秋,柏林墙被推倒,东欧社会主义国家发生了历史剧变,而苏联也在发生变化。虽然苏联是在1991年才正式解体,但在1989年冬天,美苏两国首脑在马耳他岛举行会谈,宣告了东西冷战的结束。美国人都认为,美国战胜了苏联,成了唯一的超级大国,剩下的对手就是还没有成为超级大国的日本,但美国人早已预测到20世纪末,日本的经济实力有可能超过美国,而日本也会在政治和其他方面发挥他们的作用。当然,这不是美国愿意看到的,**在苏联失去竞争资格的时候,美国可以集中精力来打压日本了**。

七．神奇的预测

前述填字游戏的出题人是日本电子设备专家黑政典善。基于对电子设备领域的深度了解，黑政敏锐地感觉到当年美国打压日本的情况将会再次出现，在2018年的一篇报道中，黑政预测道：现在美国对中国在半导体方面的打压还处在入口处，将来美国会直接对中国的半导体行业施加压力，其力度之大是目前无可比拟的，而美国真正面露狰狞应该是在2022年左右。仿佛是在响应这篇报道一样，2022年，美国不仅拉拢亚洲，试图组建四方芯片联盟以围堵中国大陆，而且总统拜登还签署了《芯片和科学法案》，以巨额补贴鼓励芯片企业在美国生产，同时限制它们到中国发展。**这个法案是美国有史以来影响最重大、最深远的法案之一，也将成为重塑全球半导体格局的起点**。黑政的预测看起来非常神奇。

神奇的预测并不是出于偶然。日本还有一种神奇的预测，就是对全国大选结果的预报。每到全国大选的时候，日本的电视台都会在选举当天播出关于选举的特别节目，实时转播开票的结果。有意思的是，在投票刚刚结束，还没有开票验证，应该是谁也不知道开票结果的时候，特别节目就会宣布某某当选。这样的宣布是来不得半点马虎的，因为当选者马上就会在电视镜头前宣布胜选，如果电视台弄错就很难收场了，所以，电视台也不是随便预先宣布的。

为什么尚未开票验证的时候，电视台就能宣布某某当选了呢？资深媒体人做了这样的解释。第一，实际上电视台的研判工作从准备大选的时候就开始了，全国大选是一项非常复杂的系统工程，电视台的记者们都会深入基层，对参选人做全面调查，从他们的参选准备工作一直到选举团队以及他们关注的对象，重点地区都会做细致的采访和调查。第二，是投票当天在各地投票处的出口调查，这个调查就是要了解被采访者到底给谁投了票。第三点就是记者的观察力和电视台的选情分析者的分析能力，这种能力往往是基于多年的工作经验。鉴于对参选者的彻底分析，对各选区选民的认真调查，结合多年来的经验，电视台就能比较准确地预报最终谁能当选。

也就是说，神奇的预测并不神秘，只要对事物有比较正确的把握，就应该可以从过去的历史史实中读出社会未来发展。相反，如果对过去没有比较正确的认识，那么，在未来的道路上就会遇到更多的麻烦。下一节关于日本对泡沫经济的错觉的说明也证实了这一点。

第二节　对泡沫经济的错觉

一．经济学课程的优等生

日本应该是经济学的好学生，因为他们对贸易问题完全是按照教科书的经典教导来认识的。

1984年，日本政府发表的《世界经济白皮书》[1]指出：近年来关于日本和美国的国际收支方面的对照性举动，虽然受景气变动等一时性因素的影响，但美国的财政赤字大幅扩大，招致美国高利率和美元升值。这些可以被认为是20世纪70年代后期美国的个人储蓄率降低得比日本更快速的原因。再加上虽然日本国内的储蓄过剩，但日本的实际利率却没有相应提高。而美国的投资过剩带来了利率提升和美元升值的后果，从而也促使了日本的国际收支的黑字进一步扩大。

---

[1]　经济企画庁：《昭和59年年次世界経済報告—拡大するアメリカ経済と高金利下の世界経済》，该白皮书可以在日本政府网站www5.cao.go.jp/keizai3/sekaikeizaiwp/wp-we84/wp-we84-000i1.html 浏览。

从这段文字来看，虽然美国叫嚣着对日贸易逆差的问题，但日本政府按照经济学原理指出这样的问题是美国自身的原因引起的。比如从1981年到1984年上半年，美国出现了940亿美元的赤字，其中约320亿美元的赤字是对外贸易以及中南美等国的累积债务问题所引起的，但剩余的600多亿美元的赤字完全是美国投资过剩所造成的[1]。

不过，美国却认为美日贸易出现逆差，完全是因为日本的保护主义造成的。美国认为，日本的国内金融市场和资本市场都十分封闭，从而也使得日元的国际化程度非常低，这导致了国际上对日元的需求不多，从而让日本汇率远远低于正常的水平，这最终使得美国的贸易赤字日益增多。所以，**封闭的日本金融和资本市场是万恶之源，需要从这里开刀**。作为经济学课程优等生的日本经济部门则以完美的经济学理论来反驳美国的主张。日本认为，美元和日元的汇率是根据美国和日本的通货需求与供给关系决定的，这与日本的市场是否开放没有关系。而且，关于通货的供需如何对汇率产生影响也不是用一句话就能说清楚的，日元国际化的深化不一定带来对日元需求的结果，对金融自由化也应该用这样的观点来分析。

从经济学的角度来看，贸易收支[2]的不平衡问题是在国民经济中与总储蓄和总投资的宏观变数有关的宏观经济学问题。概括来说，**贸易盈余等于总储蓄减去总投资**。这说明贸易不平衡问题不能简单地归咎于进出口之差，而是要看这个国家的总储蓄和总

---

[1] 小峰隆夫编集：《日本経済の記録 歴史編》第1卷，佐伯印刷，2011年。

[2] 确切地来说，这里的国际收支应该是经常收支。经常收支包括贸易收支、服务收支、所得收支、资本转移收支和金融收支。因为美日之间矛盾主要集中在贸易方面，所以，这里用贸易收支来说明美日之间的国际收支。

投资的变化。当然，一个国家的市场是不是开放是不能用这个国家的贸易收支来衡量的[1]。**如何消解美国的贸易赤字，按照经济学理论，美国要么去提高储蓄率，要么去抑制投资，当然也可以两者并行，指责日本是没有意义的。**

日本政府的这种认识其实还是美国人教的。20世纪60年代前半期，日本对美国贸易出现逆差，日本政府就要求美国政府增加从日本进口来平衡两国之间的贸易收支不平衡问题。但美国政府回答说，贸易收支必须从多种角度来看，所以，两国间的不均衡不是什么问题。如果日本的贸易收支出现赤字，那么，日本政府就应该考虑如何努力地改善自身的问题[2]。

然而，日本用美国教给他们的通俗经济理论不仅没有说服美国，反而迷失在美国的打压之下。在接下来发生泡沫经济的时候，日本就失去了清醒的认识。日本政府在1991年公布的《经济白皮书》[3]里依然陶醉在泡沫经济带来的繁荣之中，只是担忧当时的好景气在持续时间方面能不能超过战后日本的最长景气"伊弉诺景气"，完全没有认识到非常严重的泡沫。或者可以说**正是这样对经济的不正确的认识使得日本经济陷入了长期的低迷。**实际上日本的股价指数在1989年年底创下38915日元的新高后，从1990年第一个营业日开始一路狂跌，到这一年10月跌回了2万日元。

---

[1] 小宫隆太郎：《貿易黒字・赤字の経済学—日米摩擦の愚かさ》，東洋経済新報社，1994年。

[2] 小宮隆太郎：《貿易黒字・赤字の経済学—日米摩擦の愚かさ》，東洋経済新報社，1994年。

[3] 経済企画庁：《平成3年年次経済報告—長期拡大の条件と国際社会における役割》，该白皮书可以在日本政府网站www5.cao.go.jp/keizai3/keizaiwp/wp-je91/wp-je91-000i1.html 浏览。

日本的股价指数几乎下跌了一半。而日本的土地价格在 1991 年攀到了最高点后，在 1992 年也开始下跌。虽然一般的国民对此没有什么感觉，但政府也没有及时察觉到这种经济的重大变化，就不太应该了。如果说，日本政府发表 1991 年版《经济白皮书》的时候还不能认清日本泡沫经济已经开始崩溃，那还情有可原。但是，到 1992 年，日本的土地价格开始下降后，经济企划厅长官越智通雄在 1992 年 9 月还在宣布"日本经济依然在持续增长"，那就说明日本政府对经济的认识是有很大的问题的。

二. 日本的泡沫经济只是经济问题吗？

日本政府没有及时察觉到日本的泡沫经济已经崩溃，恐怕是把 20 世纪 80 年代后半期的经济状况局限地从经济角度去认识的结果。

日本 NHK 在对学生的节目中曾经非常简明扼要地说明了什么是泡沫经济[1]。

20 世纪 80 年代后半期，银行和企业用巨量资金购买土地和股票，这带动了地价和股票价格像泡沫膨胀那样上升。这叫作泡沫经济。为什么会变成这样呢？1987 年，日本银行（即日本的中央银行）为了摆脱日元升值带来的不景气局面，将法定利率下调至 2.5%。于是，房地产公司等都以低利息的贷款去争相投资土地和股票，结果，就使得地价和股票价格上升了好几倍。但是，1990 年以后，由于法定利率上调，地价和股价暴跌，泡

---

[1] www2.nhk.or.jp/school/movie/clip.cgi?das_id=D0005402939_00000.

沫经济崩溃。金融机构无法回收贷款，持有不良债权，陷入经营困难以致破产。银行对资金借贷变得谨慎，因资金不足而倒闭的企业相继出现。企业的生产、投资下降，消费也低迷不振，日本经济陷入了长期的不景气、通货紧缩螺旋。之后，随着IT产业的发展，出现了光明的征兆，但还没有完全恢复。

在这段说明中，NHK指出日本泡沫经济之所以会发生，是因为日本银行为了使日本摆脱日元升值带来的不景气而下调了法定利率。应该说这个说明非常简明地抓住了核心，但是，对日元为什么会升值这个前提并没有做什么说明。NHK是公共媒体，被要求不能夹带偏见，而针对学生的节目也是通俗易懂的，可能认为没有必要再深入说明。

那么，比较专业的书籍又是怎样说明的呢？

比如在中国大家读得比较多的野口悠纪雄的《战后日本经济史》[1]就认为泡沫经济的发生是新兴国家发展的必然归宿，但作者忽视了日本的土地价格为什么是在1986年明显上升的问题，而这才是更本质的问题。虽然日本政府的经济白皮书的主要撰写者小峰隆夫在他的《平成的经济》[2]中明确指出那是日元升值带来的结果，并且还批判了当时的日本政府错误地评价了日元升值的作用，但是，在泡沫经济崩溃近30年之后，他对日元为什么会如此升值却依然没有做出明确的说明。在这两本著作里，对当时日元升值的导火索广场协议几乎都没有涉及，可能作者都认为日元大幅度升值是经济发展的结果，广场协议的签署则是一道手续而

---

[1] 野口悠纪雄：《戦後日本経済史》，新潮社，2008年。

[2] 小峰隆夫：《平成の経済》，日本経済新聞出版，2019年。

已。如果是这样认识的话，那就无法认清日本到底是怎样由盛转衰的。

不过，实际上日本政府已经在1993年发表的《经济白皮书》[1]里对泡沫经济做了比较清醒的总结。

1985年9月签订广场协议之后，日本的经济政策是在如下历史潮流中运行的，即**在确保国内物价稳定的基础上，让日本经济转向内需主导型经济，通过这一过程来扭转对外不均衡的状态**。日本政府在1986年9月通过了"综合经济对策"，在1987年5月通过了"紧急经济对策"等刺激财政的政策。而日本银行则从1986年到1987年分五次降低了法定利率，并且为了维持物价的稳定，改善对外的不均衡，一直到1989年5月为止日本银行都维持了宽松的金融政策。这些政策带来了比较长的景气扩大的效果，对缩小对外黑字也做出了巨大贡献。但是，**也不能否定这些政策的实施是泡沫经济发生的一个重要原因**。日本政府之所以没有及时对资产价格的飞涨采取相应的措施，是因为在国民之间并没有形成当时的股价和地价已经是泡沫的共识，更没有认识到住宅问题、资产分配问题的扭曲等经济泡沫的成本是多么巨大。

在这份白皮书里，**日本政府承认了在1985年签署广场协议后的相关政策以及日本银行的宽松的金融政策是泡沫经济发生的主要原因，也承认了当时政府之所以没有采取相应的措施是因为大家对泡沫经济还没有充分的认识**。但是，同样并没有对广场协议是如何产生的做什么说明。

---

[1] 经济企画厅：《平成5年年次経済報告—バブルの教訓と新たな発展への課題》，该白皮书可以在日本政府网站 www5.cao.go.jp/keizai3/keizaiwp/wp-je93/wp-je93-000i1.html 浏览。

即便是从这些认识来看，**泡沫经济的产生并不是经济发展的必然归宿，而是政府的应对出现了问题**。但问题是，如果日本政府和日本银行没有采用财政刺激的政策和宽松的金融政策，是不是能避免泡沫经济的发生呢？恐怕也不能。这些政策的出台是因为当时日本出现了日元升值带来的不景气，所以，问题应该归结到日元升值，而日元之所以会升值，就不是一个简单的经济方面的问题了。

三．景气循环理论不能说明泡沫经济

实际上，包括日本政府的正式文件在内的论著所显示的日本对泡沫经济的认识，基本上都是基于经济学家宫崎义一的认识。1992年，宫崎在他的经济学小册子《复合不况》[1]中首先指出，20世纪80年代美国和日本的泡沫经济之所以会发生是金融自由化的结果。

《复合不况》出现得非常及时，当时日本社会关于泡沫经济刚刚有了蒙眬的印象，"泡沫"一词开始出现在大家的会话中。在这样的气氛中，这本并不易懂的经济学小册子竟然成了畅销书，"复合不况"一词也被选为当年的流行语，获得了有关单位颁发的金奖。这本小册子之所以成为畅销书，大概和副标题"寻求后泡沫的处方笺"有关，因为在这个时候，虽然"泡沫经济"一词已经开始流行，但大家对泡沫经济本身还没有很清楚的认识，经济学专家解说泡沫经济正好是这个时代大家的需求，所以，虽然

---

[1] 宫崎義一：《複合不況―ポスト・バブルの処方箋を求めて》，中央公論社，1992年。

内容比较专业，需要有一定的经济学素养才能读懂，但这并不能阻碍大家争相求购。

实际上，这个小册子的书名就非常专业。"不况"是一个日语词，是指景气循环理论中经济萧条的阶段。这个理论认为，在资本主义经济中，生产和消费等经济活动常常有活跃和萎缩的变化，经济活动活跃的时候，就是繁荣的时期，而经济活动萎缩的时候就是萧条时期，这样的变化往往有从繁荣时期转变到衰退时期，然后又转变到萧条时期，之后经济又会出现复苏，再一次进入繁荣时期的周期，这就是景气循环。宫崎虽然使用了景气循环理论中的名词，却认为日本当时的经济衰退是不能用传统的景气循环理论来说明的。因为景气循环理论是针对实体经济来分析的，而日本泡沫经济是由金融自由化带来的结果。

宫崎指出，美国经济在各种金融机关争相倒闭之后，于1990年第三季度进入了经济衰退阶段。紧跟着日本的泡沫经济崩溃，实际国民生产总值（GNP）从1991年第三季度开始比上一期下降，证实了日本经济迅速衰退的状况。纵观世界，英国等欧洲国家也因为金融机构出现大面积的经营危机从而呈现出泡沫经济崩溃的状况。从这种状况来看，**泡沫经济的崩溃就不能从实体经济方面来找原因，而需要从金融方面找原因**。从这个角度出发，宫崎发现日本泡沫经济的形成经过了以1987年美国"黑色星期五"为分水岭的前后两个阶段，在从1983年开始的前期也是日本开始金融自由化的时期，广场协议不仅让日元超发，使社会上资本发生过剩现象，而且还让社会资本从储蓄流向投机，促成了经济的泡沫化。这一论断实际上成为日后日本社会分析泡沫经济的基本观点。虽然宫崎已经指出日本的金融自由化实际上是1983年美国里根总统访日的主要成果，但是，《复合不况》依然是从经济学的角度就事论事地分析了日本泡沫经济的形成原因，并没有更深入地指出美国打压日本的影响。当然，这样的分析也同样影响了日后日本国内对泡沫经济产生原因的认识。

《复合不况》出版近30年后，野口悠纪雄在《平成为什么失败》[1]的论著中批判了宫崎的观点。他认为宫崎把20世纪90年代日本经济衰退归咎到金融方面是错误的，因为并没有数据的支持。1991年7月，日本的商业银行贷款总额为502兆日元，一直到1999年年初，贷款总额基本上都维持在500兆日元以上。野口试图用实际的数据来证明日本的经济问题不是出在金融部门，而是出在实体部门。从美国市场进口的比例来看，1986年，日本占到21.8%，到1995年就已经下降到16.6%了。[2]这种出口的减少，是日本企业降低设备投资的原因。

但是，这时候日本的制造业已经开始把生产基地转移到海外。到1996年，已经有超过10%的日本制造业企业在海外设立工厂，而这些在海外设立工厂的企业已经把25%的生产转移了出去。而且，这样的趋势还在急速地扩大。这些在海外生产的产品出口美国的时候是不计入日本对美国出口的统计里的。

野口对宫崎的批判是否正确且另当别论，只是从这样的批判中，可以看出野口对泡沫经济产生的原因的认识实际上要比宫崎落后。虽然野口在他的《战后日本经济史》中对20世纪80年代的日本经济和金融状况都做了说明，但并没有把泡沫经济的起因和广场协议连接起来，自然更不要说美国的打压，而且更是没有

---

[1] 野口悠紀雄：《平成はなぜ失敗したのか》，幻冬舎，2019年。

[2] 野口悠紀雄：《戦後経済史：私たちはどこで間違えたのか》，東洋経済新報社，2015年。

提到日本企业把生产转移到海外的原因,或许是这个原因过于清楚而不需要强调,但是,还是不得不指出,日本企业把生产转移到海外的根本原因还是美国对日本的打压。

四 . 被洗脑后的对后冷战世界的认识

野口对泡沫经济起因的认识实际上也是基于 1990 年以后社会主流对后冷战的认识。

1989 年年底,美苏两国首脑在马耳他的一场会谈上宣称冷战已经结束。1991 年,苏联解体,也彻底宣告了冷战的不复存在。成王败寇,这个千年古训依然可以用在冷战后的世界。由于苏联的消失,世界政坛就是美国一家独大了,而存在就是合理,美国自然就被描写为正确的历史发展方向。于是弗朗西斯·福山在 1992 年出版了著作《历史的终结和最后一个人》[1],这是根据他 1989 年发表在国际事务期刊《国家利益》上的论文《历史的终结?》扩充而成的。

福山的著作在全球范围内产生了巨大的影响,但同时也有很多误读,以致福山自己不得不出来申辩,他说的"历史"并不是一般意义上的事件的连续,而是可以追溯到黑格尔的关于社会形态的概念。历史的终结就是在东西冷战结束后,民主取代专制,社会统一到资本主义的意识形态,一切问题都可以归结到经济的算计以及技术问题,社会形态将不会再有什么变化。

---

[1]　Francis Fukuyama, *The End of History and the Last Man*, Free Press, 1992.

虽然有很多人批判福山的论点过于乐观，更有人指出福山的论点是错误的[1]，但事实上，福山的观点影响了一个时代的人。也就是说，冷战以后的世界，是以全球化市场经济为核心，而个人的自由、民主、自我负责以及人权主义等美国式单纯化的思想将会支撑这个核心，世界将会被同质化。这样的话，美国打压日本最多就是属于"经济的算计"，而不会是什么政治问题。

虽然冷战之后，世界各地依然频频爆发区域性纷争，民族主义思潮、各种分裂运动此起彼伏（这实际上是敲响了乐观主义的警钟），但这些常常被认为是逆时代潮流的东西，并不能成为时代的主流，时代的主流还是全球化。

所谓的全球化就是指社会性的或者是经济的关联突破原来的国家和地区的范围，在地球规模的程度上形成的各种变化的现象。这似乎是一个古老的概念，但实际是在东西冷战结束后才广为人知的[2]，也可以说是一个新的概念。这个概念之所以在冷战后得到单方面的鼓吹，和冷战结束后美国成为唯一的超级大国有关。实际上，**一般所说的全球化也就是指美国化，这与福山的历史终结论是相辅相成的，但并不是蓦然形成的，而是有一个明确的蓝本的，那就是1989年形成的华盛顿共识。**

华盛顿共识本来是针对陷于债务危机的拉美国家如何进行经济改革，由美国出面邀请国际货币基金组织（IMF）、世界银行（WBG）、美洲开发银行（IADB）等相关人员，以及美国政府代表在华盛顿讨论后的结果，主要包括实行紧缩政策防止通货膨

---

[1] Jennifer M. Welsh, *The Return of History: Conflict, Migration, and Geopolitics in the Twenty-First Century*, House of Anansi Press Inc., 2016.

[2] 原田泰・大和総研：《新社会人に効く日本経済入門》，毎日新聞社（毎日ビジネスブックス），2009年。

胀、削减公共福利开支、金融和贸易自由化、统一汇率、取消对外资自由流动的各种障碍以及国有企业私有化、取消政府对企业的管制等十大项目。也就是**用新自由主义来改造拉美国家。自从克林顿政权用"华盛顿共识"来构建对日战略之后，这就成了美国与其他国家关系的基础。也就是说，美国在用新自由主义来改造世界。**

当然，使用新自由主义或者全球化等名词远比"华盛顿共识"这个名词更能让人接受。所以，在1990年以后，全球化就成为大家耳熟能详的名词，并且还是政治正确的代名词，这就形成了一股滚滚浪潮，谁都难以阻挡。也就是在这样的潮流中，宣传"遏制日本"的对日本认识的修正论者成了白宫的座上宾，他们遏制日本的思想成为美国政府对日的政策。只是在冷战后被洗过脑的世界舆论中，这样的美国对日本的打压也只算是"经济的算计"，日本的学者也就很难说出日本的泡沫经济实际上就是美国打压的后果这样的论点了。

五．泡沫经济与美国的不许超越

实际上，在日本泡沫经济崩溃后不久，日本政府和专家学者们已经认识到泡沫经济的起因要归结到日元升值方面。**问题是，这时候的日元升值并不是市场发展的表现，而是政治家运作的结果。**这种政治运作有一个冠冕堂皇的理由，那就是要解决国际贸易不均衡的问题。

但是，正如日本学者小宫隆太郎指出的那样，国际贸易收支的不均衡只是各国根据最有利的条件进行选择行动而得到的结果，根本不是特意针对对方的行为。所以，这样的不均衡就算持续下去的话，也不是不健全的[1]。从这一论点出发，可以看出在泡沫经济时代的美日贸易的不均衡逼出日元升值的政策，而日本不得不维持金融宽松的政策，其实是并不符合经济运营规律的。

然而，为了缓解从美国来的压力，日本政府非常积极地参与制订广场协议并积极地实施金融宽松政策，以配合广场协议要求的日元升值尽快实现。当时担任日本大藏大臣的竹下登不无自豪地指出，打开利用金融政策解决国际问题大门的就是他自己。因为广场协议其实就是他和时任美国财政部长詹姆斯·贝克两巨头拍板决定的。不过，根据日本财务省财务综合政策研究所编著的资料[2]，在1985年6月，美国已经完成了广场协议的构想，而日本直到7月23日美日巴黎会谈时才被告知美国有这样的构想。竹下登如果要自豪的话，应该是自豪他非常积极地配合了美国打压日本的计划。

竹下登的政敌宫泽喜一先后担任了大藏大臣和日本首相等重要职务，他一直希望能对泡沫经济做有意义的总结，但是，由于他担任大藏大臣时，推出了6兆日元经济对策实际上催化了泡沫经济，使得他自己就受到了批判。结果，宫泽除了反省之外，并没有引导日本对泡沫经济做有意义的总结。

实际上，在新自由主义这样的政治正确的影响下，日本很多学者对泡沫经济的分析只能停留在货币泛滥下经营者失去理性的

---

[1] 小宫隆太郎编：《金融政策論議の争点：日銀批判とその反論》，日本経済新聞社，2002年。

[2] 財務省財務総合政策研究所編：《安定成長期の財政金融政策－オイル・ショックからバブルまで－》，日本経済評論社，2006年。

层面上，只能指出经济的政策问题，不敢提经济中混合了政治的战略问题。京都大学教授本山美彦指出，如果不对广场协议后美国的经济战略进行分析的话，就无法理解到现在依然低迷的日本经济。**美国鼓吹一切应该听市场的理论，自己却用政治手段引导日元的升值，说明市场最终还是会听政治的这种事实的存在。**本山在他的论著[1]中明确地指出了泡沫经济的形成与政治的关系。

虽然广场协议的设计者把重点放在牺牲日本等国的经济发展来拯救美国经济，但是这个处方药力过猛恐怕也是他们没有想到的。美国更没有想到的是日本对美国竟然会如此KOWTOW（叩头，这个词已经变成英文单词，并被喻指日本对美国的态度），不仅对美国的对日政策毫无反抗，而且还积极地主动配合。1991年，常年处于赤字状态的美国国际收支竟然变成了黑字，这是在日本等国为海湾战争支付了450亿美元的同时，日本银行把法定利率调高到6%，让日本的资金一时停留在国内等因素造成的。既然通过这样的国际关系能解决美国的经济问题，同时日本又是那么顺从，美国也就下定了决心，通过不许日本超越的结构性改造，来解除在21世纪日本可能赶超美国的威胁。

六．为什么要关注日本的认识？

在美国依然认为世界还处在"美利坚治世"的状况下，各国就必须面对这样的打压，日本的应对就成为各国必须参考的非常宝贵的资料。所以，**在关注美国是如何打压日本的同时，还必须**

---

[1] 本山美彦：《売られるアジア—国際金融複合体の戦略》，新書館，2000年。

关注日本对这种打压的反应，这为各国如何有效地应对美国的打压肯定是有帮助的。

日本银行原副总裁岩田一政就曾经语重心长地告诫中国的同行。2018 年，在博鳌亚洲论坛上，岩田指出：美国特朗普政府为了减少对中贸易赤字问题，就施展压力，强迫人民币升值。如果中国简单地同意美国的要求，那是有很大风险的。至于为什么这样说，看看日本就知道了。

岩田的话一语中的，并说出了日本政府以及很多专家学者可能看到但并没有指出的一个基本事实，那就是广场协议的结果对日本经济具有日本政府根本没有预料到的打击力，这造成了后来日本经济的衰退。1985 年，美国迫使日本签订广场协议的时候，岩田是日本经济企划厅的官员，参与了相关的工作。后来，对日本签订广场协议以及这个协议给日本带来的影响，岩田说一言以蔽之：遗憾。词语虽短，个中辛酸无限悠长。

在美国打压日本的日子里，很多日本人都有这样的想法，即以经济方面的让步来换取美国在国防方面对日本的保护，是不得已的，也是可以接受的。当时有日本政治家对大众说，美国是老公，而日本是老婆。老公在外面欠的钱，作为贤惠老婆来处理是理所应当的事[1]。1993 年 7 月 11 日《日本经济新闻》发表的《经济让步是安全保障的成本》就是这种认识的代表。

不过，把经济和安全保障问题联系到一起也让日本从中学到了很多。根据 2019 年 8 月日本多家媒体的报道，美国特朗普政府

---

[1] 当时日本家庭的经济大权全部归主妇管理，所以，一般日本人都能听懂这个比喻。语出《诸君》杂志 2000 年 9 月号。

扩大了对日本的要求，不仅要求日本削减对美国的贸易黑字，而且还要求日本出钱协助美国保卫霍尔木兹海峡，更希望日本提高驻日美军的"保护费"。美国在与日本交涉贸易问题时，又把安全保障问题牵涉进来，逼迫日本让步。**日本当然不能心甘情愿地接受美国的所有要求，就采取了根据贸易问题交涉的结果来决定如何出钱协助美国的应对态度。**

日本之所以这样反其道而行之，实际上也是从痛苦的历史教训中学来的。从日本经济崛起之后，就不断地遭受到美国的打压，当日本经济有望成为世界第一的时候，这样的打压也迎来了高潮。在这样的较量中，日本都以经济让步是安全保障的成本为由，采取了全面退让的策略，但从后来的历史来看，这样的策略造成了日本经济的衰退，并使日本进入了一个躺平的时代。

日本经济学重要的代表人物寺西重郎教授曾经回忆说[1]，由于对20世纪70年代以后美国流行的经济学的背景没有深刻的理解，日本的经济学界产生了很多混乱。而这样的混乱，影响了日本政府的各项经济政策。

第一，促使日本政府接受美国关于美日贸易的无理主张，在日本国内过度地推行金融缓和，从而形成了泡沫经济的远因。第二，根据对美日贸易赤字问题的曲解，迫使日本修改《大店法》，造成了地方城市中心的荒废。第三，无端地批判日本金融自由化的进程，迫使日本政府加快改革速度，造成金融机关的经营混乱，结果在泡沫经济崩溃后留下了大量的不良债权。

---

[1] 寺西重郎："歴史的に見たバブル/デフレの時代と経済学"，小峰隆夫编集：《日本経済の記録 歴史編》，第1卷，佐伯印刷，2011年。

寺西重郎认为，这样的后果非常严重。而产生这样后果的原因是日本经济学家通常都是接受美国的教育，把美国的经济理论奉为圭臬。在为了维护美国霸权的情况下，美国的经济学必然会从注重实证的科学方法上偏离，向更加实用的解释性方向发展。也就是说，美国的经济学主张增加了更多的政治经济学的内容。而作为经济学课程优等生的日本经济学家在对此没有充分理解的情况下，把美国的经济学主张拿来作为"外压"来迫使日本政府修改政策，事实上成了一种"买办"。这需要日本经济学家深刻反省。

20世纪70年代以后流行的那种支配性经济学是从美国的土壤里产生的，美国的研究者从教科书中学习这样的理论是没有问题的。但是，在经济文化土壤与美国完全不同的日本，经济学家是不能把美国的经济学原封不动地搬过来的。无视经济学变化的背景，即便再怎么努力，也只能得到惨淡的结果。

这是寺西重郎在2010年写下的短文，希望日本学者引以为戒。这篇短文收录在小峰隆夫编辑的《日本经济的记录·历史编》第一卷里，而这套系列书籍是日本内阁府的经济社会综合研究所总结日本泡沫经济时代经济的一项重要研究成果。日本政府组织日本著名经济学家对泡沫经济时代做总结性研究就是要认清事实，总结教训，为今后的政策制订和落实提供参考。然而，从后来小峰隆夫和野口悠纪雄等人涉及泡沫经济的著作来看，寺西重郎的呼吁似乎效果不大。而在日本进入躺平的时代后，也就不需要像这样深入反省了。但是，对不愿意开启躺平模式的国家，寺西重郎的呼吁则非常值得重视。

第三节　不许超越是美国的共识

一. 美国工人为什么能砸日本车？

20世纪80年代初，美国经济出现大幅度衰退，企业不得不大量解雇员工来应对。当时汽车行业失业者超过了30万人，被解雇的工人有一肚子的怨气不知往哪里出。美国的汽车销售商就想出了一个奇招，即只要来销售点试驾美国生产的通用汽车的人，可以抡起铁锤砸扁一辆从日本进口的日本生产的汽车，从而宣泄掉一肚子的怨气。这个奇招得到了响应，一些被解雇的工人准备前来砸车。而美国汽车工会也看到了宣传的机会，为此特地制作了一个广告牌，上面写着："要卖车，就必须在美国生产！"

1981年5月，美国密歇根州，被汽车公司解雇的几个工人在媒体的围观下，抡起铁锤，把一辆日本汽车敲扁了。新闻记者把这个场景拍摄下来，照片很快就刊登到当时的报纸上，从而又掀起了一股反日的热潮。

日本的教育工作者在编写美国打压日本时期的中学教科书时，也把这张照片选进了书里。但是，中学历史老师又如何向学生说明这张照片呢？

世界贸易原则上是自由贸易，能够生产高品质低价格产品的企业当然会在市场上获胜。比如，日本企业可以生产优秀的汽车，所以，这些日本企业生产的汽车能够在国际市场上所向披靡，销售数量节节攀高。但是，正是这样按照自由贸易原则而获得市场胜利的日本汽车却遭遇到进口国的反感。美国工人怒砸日本汽车的照片就反映了这样的事实。只是日本的学生对此感到无法理解。

于是，日本一位中学历史老师就这样教导学生[1]：

在日本的工厂生产出来的汽车大举出口美国，为日本的贸易顺差做出了很大的贡献，但同时威胁到美国汽车工人的工作机会，因为日本生产的汽车在美国大卖，使得美国企业生产的汽车减少了客户。美国汽车企业的销售减少的话，企业就会削减工人的工资，甚至直接解雇工厂的工人。当然，从事汽车行业的美国人就会要求必须改变这样的状况。从汽车工人的角度出发，他们就要求日本汽车企业在美国开设工厂生产汽车，并且使用美国生产的汽车零部件。这样，就会增加美国汽车工人的就业机会。这就是汽车工会制作那个"要卖车，就必须在美国生产！"广告牌的原因。

不能以为贸易自由是普世原则，就不顾及进口逆差国的工人的感受，因为他们确实受到了伤害。所以，教历史课不能简单地

---

[1] https://ameblo.jp/rekishikyoshi/entry-12596834875.html.

陈述历史史实，而是需要从各种角度来分析，这是我们在这个时代生活下去所必需的。如果我的课能让学生养成从多种角度来分析问题的能力，那就是无比幸福的事了。

毫无疑问，这位历史老师的出发点非常好，但是这样的文字只是说明了美国工人怒砸日本汽车自然有他们的道理，日本人不能只是从自己的角度出发来看待这样的事情。然而，这位历史老师虽然说要理解美国工人有理由来砸日本汽车，但并没有说清楚美国工人为什么要把失业的怒气发泄在日本汽车上。也就是说他没有让中学生真正地明白美国工人可以怒砸日本汽车的合理性。

虽然说日本生产的汽车冲击了美国市场，但美国工人的怒气不应该指向日本，而应该指向美国的汽车企业。日本企业以出色的管理技术和生产技术生产出比美国企业更加优秀的汽车，所以，美国工人不能怪日本汽车，而是要怪美国企业为什么不能生产出比日本企业更优秀的汽车，所以，要砸车的话，砸美国车更为合理。但是，美国工人没有怒砸美国生产的汽车，而是把怒气指向了日本汽车。他们为什么可以这样做，而美国的媒体为什么又去做这样的报道呢？这是因为美国人都以为这个世界处于"美利坚治世"之下，他们是有权利这样做的。

二．"美利坚治世"

西文中的"美利坚治世"即 Pax Americana 实际上是拉丁语，其来源就是 Pax Romana。Pax 是和平女神，Pax Romana 可以译为罗马治世，也可译为罗马和平，意思是罗马带来的和平，这个名称最早是18世纪的英国历史学家爱德华·吉本在《罗马帝国衰亡史》中使用的，是指公元1世纪末之后约80年左右罗马帝国最为稳定的时期。这段时期，罗马帝国繁荣强大，几乎无人能与之分庭抗礼，形成了一段没有较大的战乱而相对和平的盛世，也可以称之为强权维持的和平时期。后来历史学者就以此为模板，把英国以强大的军事实力威慑世界很多地方不敢和他们对抗的时期称为Pax Britannica。二战后美国完全取代英国成为西方世界的霸主，于是，Pax Americana 即"美利坚治世"一词也就自然产生了。

不过，由于使用这个名称的人具有不同的政治立场和历史观，所以这个名称的定义和用途往往有很大的歧义，把强权装饰为和平女神，既是对强权维持的和平的一种追认，也是在强权的高压下依然渴望和平的表现。大家总是希望和平，追求幸福的。只是大家不应该忘记的是，美国带来的和平是为了美国的和平这一根本性的内涵。很多人不愿意把 Pax Americana 译为美国和平，大概是从二战结束后，美国一直在世界各地驻扎军队并常常军事干涉各国内政。二战结束的时候，美国的GDP占据了全球的一半。在这样强大的经济实力的支撑下，美国在全球建立了多个军事基地，威慑世界各国。

除了军事威慑之外，美国还构建布雷顿森林体系，确立了以美元为中心的国际货币体系，并建立了国际货币基金组织（IMF）和关贸总协定（GATT），采取具体的措施来稳定战后国际经济秩序。当IMF成员国出现国际收支不均衡的时候，IMF将会以提供短期资金为条件要求该成员国进行改革，而这样的要求通常是伴随着很大的痛苦的。1997年，韩国因为金融危机与 IMF 签订城下之盟虽已过去多年，但记忆犹新。标榜自由贸易的 GATT 实际上是美国不满英联邦特惠体制而组织起来的贸易体系，希望在自由贸易的原则下扩大美国对世界的出口，因为当时美国的工业生产能力在世界上占有压倒性的优势：1950 年，美国的汽车生产量就占全球汽车生产量的四分之三。客观来看，IMF 和 GATT 对维护"美利坚治世"都起到了相应的作用。

然而，具有讽刺意味的是，美国为了维护美国霸权而出台的各种政策和措施反而成了动摇"美利坚治世"的主要原因。为了遏制社会主义国家，美国帮助西欧和日本迅速地恢复了经济实力。结果日本的价廉物美的商品开始冲击美国市场，于是美国政府出面要求日本在自由贸易的旗号下限制自由贸易，这实际上已经显示了"美利坚治世"的脆弱的一面。到 1971 年，"尼克松冲击"后，很多人认为"美利坚治世"结束了，因为以美元为中心的布雷顿森林体系宣告瓦解，而这个体系是在战后支撑"美利坚治世"的重要侧面，但美国迅速把美元与全球的石油贸易绑定在一起，重新稳定了"美利坚治世"。到东西冷战结束后，美国一国独大，弗兰西斯·福山等人讴歌的自由主义意识形态的胜利，实际上也就是"美利坚治世"的胜利，显然"美利坚治世"没有那么容易终结。即便是在奥巴马总统宣称美国将不再充当世界警察的时候，那也不是宣告"美利坚治世"的终结，而是表明了**美国希望其他国家能更多地负担"美利坚治世"的成本**。美国的这种想法到特朗普担任总统时就以更加明确的数字表现出来了。

美国希望其他国家能分担更多的"美利坚治世"的成本，既是美国经济不堪重负，也是各国经济增长的结果。印裔时事评论家法里德·扎卡里亚在他的论著《后美国时代》[1]里指出，虽然美国的超级霸权的支配结构眼睁睁地在瓦解，但这并不是美国的凋零，而是其他所有国家都在崭露头角。中国和印度等新兴国家的影响力不断增加但并不反美，而是在构建后美国时代的世界。这实际上指出了在和平的年代里，各国的经济文化必然会得到应有的发展，虽然它们并不是反美的，比如一直唯美国马首是瞻的日本在很长时期内都不可能反美，但是，**它们的发展相对降低了美国的实力，削弱了美国的霸权，正在构建后美国时代。这样的状况当然是美国所不允许的**。

三．只有吃透日本，才能吃定日本

为了有效地打压日本，美国对日本做了彻底研究。

正如鲁思·本尼迪克特的弟子们所说的那样：我们不能无视日本，需要知道他们的强势和弱势。这句话是在《官方日本人论：〈菊花与刀〉贸易战争篇》[2]中提出来的。而这本书本来是美国相关情报部门秘密合作的研究日本的成果，一直到1987年才有少数几个人知道这项已经花费3年时间的研究，不仅有美国方面的7名执笔者撰写本书，而且还有10名左右的日本的大学教授和翻译作为协助者参与了这项研究，不过，日方的协助者谁也没有被告知这项研究的整体计划以了解其中的情况。

---

[1] Fareed Zakaria, *The Post-American World*, W.W. Norton, 2008.

[2] 対日貿易戦略基礎理論編集委員会編集，テレコムパワー研究所翻訳：《公式日本人論—"菊と刀"貿易戦争篇》，弘文堂，1987年。

第一章 商业是战争

根据美国的法律，这本书会在2001年1月全文公开，由于美国希望知道日本人的反应，就用片段方式向日本政府相关部门约35人透露了这本书的内容。如果是有心人，可以通过当时的个人电脑通信搜索相关的数据，大致复原这本书的主要内容。日本电信力研究所的本间尚作为美国为研究选定的日方协助者，被告知的也只是一部分内容，但他敏锐地察觉到了美国的研究目的，就通过一些关系，获得了这本书的全部内容，并在1987年选择重点在日本翻译出版了这本《官方日本人论》。

虽然在二战之后，美国和日本都大量地出版了有关两国关系的论著，但是，在二战中美国攻占塞班岛时受美国战略情报局（CIA前身）委托而撰写的《菊花与刀》，竟然在日本成为畅销书并且经久不衰，让美国人感到非常意外和困惑，因为这本书真正的目的是制订对日处理方案。而且，由于作者用文化人类学的方式阐述了日本的"耻和罪"理论，让麦克阿瑟的占领当局感到过于高大而不切实际，所以，在实际对日处理中几乎没有起到什么作用。为了避免重蹈覆辙，美国要求这次对日本的研究必须从更加务实的角度出发，得出一些可以执行的结论。美国认识到，进入20世纪80年代后，美日关系日益紧张，而所有的经济问题也都是政治问题。对于这些问题，集结了美国和日本专家学者睿智的《官方日本人论：〈菊花与刀〉贸易战争篇》给出了答案。那就是利用外部压力，改变或者破坏日本人的思维方式和行动方式，因为日本对自己的内部改革十分不擅长。而且，必须持续到日本接受美国的新规则为止，都不能停止施加外压（外部压力）。为了使这种外部压力被正当地利用，这本书的研究者认为，其实日本人也认识到了日本制度的僵化，所以他们也应该发自内心地欢迎这样的外压，而美国需要找到这些人并利用他们。只要吃透日本，就能吃定他们。

虽然70多年前的《菊花与刀》并没有给当时占领日本的盟军实际的帮助，但其续篇《官方日本人论：〈菊花与刀〉贸易战争篇》为美国政府积极干涉日本的内政提供了理论依据，并起到了实际的效应。

1993年，美国彼得森国际经济研究所所长伯格斯滕也用日本必须利用外压的观点为他推行的改造日本计划做了辩解。他指出[1]，虽然利用外压属于旧时代的做法，但在以后日本国内形成改革共识的时候，美国针对经济改革的各种要求施加的外压还是必要的，深谋远虑的日本政治家已经注意到并且常常公开阐明这一点。所以，作为日本第一的同盟国，也是经济性伙伴的美国，既可以在促使日本改变商业习惯方面施以压力，也可以在日本政府决策时给予决定性的影响，而且，这还是美国的义务。在这样的过程中，还要发现日本国内具有同样认识的势力并与他们合作，从而获得最大限度的成功。

伯格斯滕是克林顿总统的智囊，在克林顿政府的对日政策制定过程中发挥了巨大的作用。也就是说，**在实际的对日交涉中，用外压帮助日本进行改革是美国干涉日本的绝好的借口。**

---

[1] C. Fred Bergsten, Marcus Noland, "Reconcilable Differences?: United States-Japan Economic Conflict", *Institute for International Economics*, 1993.

四．是人种的偏见吗？

1988年，日本著名的右翼人物石原慎太郎去了一次美国，让他感到震惊的是当时美国的反日气氛是如此险峻，美国的国会刚刚通过了半导体方面的对日惩罚决议，很多美国人还把日本偷袭珍珠港拿出来说事，渲染日本的做法卑劣。对此，石原认为美国打压日本是出于人种的偏见。实际上，这样的认识是出于日本人的自卑感。

从明治维新以后，日本就想脱亚入欧，只是当时日本与列强之间还存在不平等条件，即便是在1904年日俄战争胜利时，甚至在成功地吞并韩国的1910年，帝国主义列强在日本依然保留了治外法权和关税权，从这个意义上说，日本还不是一个完全的独立国家。

日本最终废除列强的治外法权和收回关税自主权要等到明治四十四年（1911年），即明治末期。也就是说，在明治时代，日本的脱亚入欧还是一种幻想。但是，这样的意识一直没有消失，并且随着时间的推移越来越强。二战之后，日本经济迅速发展，终于跻身西方发达国家的俱乐部，认为此时可以和欧美列强平起平坐了，没想到美国却指责日本的经济发展是依靠偷来的技术，有人甚至再次提到黄祸论。把这些联系起来，到了20世纪80年代，日本人自然会认为美国打压日本就是出于人种的偏见。

心理学家岸田秀对这样的人种偏见论做了心理学上的解释。他指出，在日本和美国直接接触的最早时刻，即在幕府末年，佩里准将率领"黑船"来到日本的时候，"黑船"的冲击让日本如同遭受了强奸，日本人在心底感受到了屈辱，留下了精神性外伤。他们想通过太平洋战争一雪前耻，没想到再次遭受到了屈辱[1]。不过，美国人却不是这样想的，他们认为这给日本带来了近代文明，日本应该感恩才对。实际上，美国的外交政策从19世纪50年代以来基本上没有变过，也就是他们一直没有放弃过炮舰外交，即用武力去进攻他国，并说是给他国带来了自由和民主。在他们看来，战后日本经济奇迹般的发展实际上证明了美国占领日本的正确性，所以，美国对他们的炮舰外交非常自信。但是，问题出在日本经济有超过美国的势头。

针对日本经济这样的发展，美国人开始认为这是日本把国防成本全部推给美国而集中精力发展经济的结果，特朗普在1987年刊登的意见广告实际上就是在这个认识背景下发出的。不过，岸田更深刻地指出，**日本经济有超过美国的势头，损伤了美国人的自尊心。**

在20世纪80年代，做出这样的分析有一定的道理，但还是显示了很大的局限。我们不能否定美国在克服人种差别上的努力。20世纪60年代以前，美国的黑人甚至不能和白人并排坐公共汽车，但是，后来他们的地位得到了改善。20世纪80年代以后，好莱坞电影里优秀白人主角的后面总会出现黑人上司，说明美国人的意识发生了重大变化。而进入21世纪后，黑人不仅充当了美国驻联合国大使，而且还出任了国务卿、国防部长等重要职务，甚至还登上了美国总统的宝座。但是，即便黑人担任了如此重要的职务，掌握了左右美国命运的大权，他们的炮舰外交政策却没有丝毫的改变，几乎在每一个美国总统的任期内都有对外发动战争的记录。

---

[1] 岸田秀：《唯幻論論》，青土社，1997年。"强奸"一词来自岸田秀的原文。

从美国历史上第一位黑人总统奥巴马曾经持有十多亿中国人如果拥有和欧美人同样的生活水准那就是一场大灾难这样的论调，到具有中国血统的美国贸易代表戴琪说对中国的惩罚性关税是美国与中国在商业谈判中的有力武器这样的论调，**可以反证说，美国对其他国家具有超过美国的发展势头进行打击并不完全出于人种的偏见。**

五. 维持霸权的具体设想

在美国国内认为苏联的军事性威胁日益减小而日本的经济性威胁日益增大的时候，记者詹姆斯·费洛世仿照冷战时期乔治·凯南对苏联的遏制政策，在月刊《大西洋》上发表了一篇《遏制日本》[1]的文章，呼吁美国为了维持世界性霸权而必须对日本进行遏制。这篇论文具有划时代的意义：**以前美国要遏制苏联，这个时候美国就要遏制日本，这样的遏制日本论把美国打压日本的气氛推到了一个前所未有的高度。**

费洛世认为，战后的世界是"美利坚治世"的世界，所有的国际关系都应该归结到维护美国的利益这方面来。而为了维护让很多国家繁荣起来的自由贸易制度，作为最强大国家的美国必须维持这样的强大，这样才有可能保持负担各种成本的能力。但是，日本经济的爆发性增长不仅让美国每个月要付出100亿美元的贸易赤字，而且他们对此无动于衷。结果这严重地威胁到美国对维

---

[1] James Fallows, "Containing Japan", *The Atlantic*, May 1989.

图 1-2　刊登《遏制日本》一稿的《大西洋》杂志封面

护自由贸易体制或者说维护美国的霸权而必须支付相应成本的承受能力。

日本认识到美国对日本的重要作用，即在太平洋区域拥有的支配性能力，不仅让日本减少了直接的军费支出，而且还能有效地阻止亚洲其他国家与日本的军备竞赛。而美国也认识到日本是美国的资金源。也就是说日本将提供对美国的投资资金，吸收美国的国债来支持美国的财政。而且，美日之间拥有巨大的商业市场，并且向两国的企业提供了必要的人力资源、器材等其他资源。但是，这些方面的因素无法否定美日之间存在着利益关系的根本性冲突。这种冲突是日本不具有对单方面的而且是爆发性的经济膨胀的抑制能力，或者根本没有这样的抑制意愿所引起的，并且破坏了美国战后建立的让很多国家繁荣起来的自由贸易制度。最终这样的冲突也会损害美日的伙伴关系。

所以，**美国必须想办法来阻止日本这样的爆发性增长**。既然日本自身无法改变这种状况，那么，为了挽救美日之间的伙伴关系，就必须从外部采取行动来制约日本的无节制的发展。

在发表这篇《遏制日本》文章的同一年，费洛世还出版了一本名为《更像美国》[1]的著作，副标题是《让美国再次伟大》（特朗普 2016 年竞选总统时也用了同样的口号），要求美国不用再去学习日本那样的缩手缩脚的做法，而是要重建自由开放的传统文化。这实际上也是强调了日本的异质性，使得遏制日本有了充分的理由。不过，作为记者，费洛世没有也不可能提出遏制日本的具体措施，只是提出了美国必须遏制日本的重要理由。而彼得森国际经济研究所所长伯格斯滕作为克林顿总统的智囊，在克林顿政府实际的对日政策制定过程中发挥了重要的作用，他对如何阻止日本经济的爆发性增长的想法不仅具体而且还有可操作性。

伯格斯滕认为[2]，美日两国直面的经济问题是非常现实的问题，而且是宏观经济和微观经济两方面的结合问题。在宏观经济方面，在没有达成完全雇佣状态下，美国大规模的国际收支赤字持续下去的话，意味着美国的生产和雇佣实际上被转移到世界其他地方去，即美国失业的增加。对这样的赤字调整通常需要运用会导致美国的财富和所得减少的美元贬值措施，或者能抑制国内消费和投资的其他机制，也就是说，处理累积的对外债务，需要把很多资源转移到海外去。这应该不是美国所愿意的事。当然，对外债务并不是只有不利的一面，与国际收支赤字相同规模的外国资金可以实质性流入美国，可能以补充国内储蓄的形式提高国内的投资和提高生产效率，外国产品实质性流入美国的话也能起到帮助美国抑制通货膨胀的作用。问题是，美国经济处于缓慢增

---

[1]　James M. Fallows, *More Like Us: Making America Great Again*, Houghton Mifflin Harcourt, 1989.

[2]　C. Fred Bergsten, Marcus Noland, "Reconcilable Differences?: United States-Japan Economic Conflict", *Institute for International Economics*, 1993.

长中，并没有通货膨胀的压力。这就减弱了外国资金和产品流入美国时的正面作用。这样，日本不断膨胀的国际收支黑字就成为深刻的国际问题。因为日本是牺牲了包括美国在内的其他国家而维持了国内的生产和雇佣，而其他国家相对日本对外黑字的增加则会反比例地增加国际收支的赤字。

但是，从宏观经济方面对这个问题的讨论已经非常多了，似乎还没有得出一个很好的结论。这是因为美日的经济问题实际上出在微观经济方面。也就是说**在美国和日本之间存在着特异的贸易结构是产生美日贸易摩擦的根源。**

美国市场是开放的但日本市场却不是开放的，他们拒绝了美国的产品。这首先会损害美国企业在规模经济和范围经济两方面的现有能力，并使得美国企业在激烈的竞争过程中无法及时实现学习曲线，即经验的累积，而这在竞争过程中又是十分重要的。概括地说就是**日本封闭的市场阻碍了美国企业去获得竞争优势。**

所以，为了提高美国企业的竞争力，就必须让日本打开市场大门。问题是，20世纪80年代以后，日本在很多市场领域都废除了关税，在这样的情况下美国企业还是不能进入日本市场，那就是日本存在着非关税壁垒，具体地说就是日本的企业经营的理念和方法、银行与企业的关系、企业的雇佣制度、政府与民间部门的密切关系，以及组装企业和零部件供应企业之间的特殊关系，即著名的"系列"关系等，**这些日本的商业习惯、日本的企业制度阻碍了美国企业和美国商品进入日本市场。**

如果让日本的这种制度继续存在下去的话，日本就会超过美国，在很多方面起到世界性的支配作用。如果让日本按照美国的样板来改变这样的制度，两国的经济性业绩就会大幅度收敛起来。也就是说，日本将会面临深刻的劳动力不足，人口高龄化，对外来劳动力的社会性反感等问题，日本的国民储蓄率会迅速地下降，而日本国民则要求更高的生活水准，追求更多的消费，把资源更多地用到非贸易领域中去。也就是说，**改造日本，不仅可以使美国企业和美国商品顺利地进入日本市场，从而有力地恢复美国的竞争力，而且还能通过瓦解日本的习惯和制度大幅度地削弱日本的竞争力。**

也就是说，伯格斯滕他们认为日本是不是要通过自我限制出口等措施来缓解美日贸易摩擦已经不再有意义了。美国需要对日本社会进行再一次的结构性改造，才能真正地提高美国的竞争力和降低日本的竞争力。问题是这样的改造能不能顺利进行呢？伯格斯滕相信，日本的消费者应该渴望更高质量的生活水准，是愿意接受美国社会模式的。同时，日本为了降低美国以及世界其他国家的敌意，也会允许更多外国企业和外国商品进入日本，也就是说，通过美国施与的外压，是完全可以改造日本的。

六．新自由主义打压自由主义

提出遏制日本主张的费洛世等人一开始被认为是修正论者，属于在野的势力。但是在 1993 年克林顿就任美国总统后，修正论者就成为白宫的座上宾，促使克林顿政府确立了不惜采取制裁措施的重视短期成果主义的对日政策。

实际上，克林顿政府的对外政策是建立在华盛顿共识基础之上的。而华盛顿共识是要在世界推行新自由主义。东西冷战结束后，美国虽然成为独一无二的超级大国，但在经济上的破绽还需要其他国家来填补。于是，美国积极向外传输新自由主义，希望在这种听起来十分高尚的理念下实现自己希望达到的目的。

新自由主义旗手是经济学家米尔顿·弗里德曼。在凯恩斯主义经济学失败时，这种强调自由市场机制的经济思想从异端思想变成了主流思想，弗里德曼也因此获得了诺贝尔经济学奖。弗里德曼主张人们的消费水平并不是基于现在的所得，而是基于未来可以得到的平均所得（恒常所得）[1]，从而否定了凯恩斯主义的在富裕的社会里容易引起消费不足，所以政府的介入是不可避免的主张。他基于对美国百年的货币史的研究发现了金融政策的有效性和重要性[2]。同时，他认为对货币的需求是根据市场上个人和企业基于对他们的资产收益的各种比较而采取的选择所决定的，并不是中央银行的货币发行量所决定的。所以，弗里德曼强调人们应该有选择的自由。日本的经济学家伊东光晴曾经回忆过他早年与弗里德曼在日本见面时的情况[3]。当时弗里德曼曾经说过：犹太人遭受了希特勒的迫害，所以，我主张自由的市场，就是希望国家也好制度也罢都不要掌握任何权力，有

---

[1] Milton Friedman, *A theory of the consumption function*, Princeton University Press, 1957.

[2] Milton Friedman, Anna Schwartz, *A Monetary History of the United States, 1867-1960*, Princeton University Press, 1963.

[3] 伊东光晴：《21世纪の世界と日本》，岩波书店，1995年。

一种机制维系人类社会那是无比幸福的事，这也是在希特勒迫害下的犹太人用鲜血发出的呼声。

新自由主义理念的核心实际上是市场万能主义、小政府、规制缓和以及金融万能主义。为了实现这样的理念，新自由主义还包括了涓滴理论，在税制方面采用平等税制和取消累进课税法，等等。具有讽刺意义的是，虽然弗里德曼的理论是建立在实证基础上的，但是让他赢得声名的是凯恩斯主义的失败而不是新自由主义的实践。事实上，弗里德曼的理论在两个方面显现出这个理论尚未完结。

首先，就是为了避免中央银行肆意地决定货币供应量，需要设定一定的规则。弗里德曼早期为此设计了一套复杂的规则，但因为过于复杂而被他自己放弃，所以，他又提出了著名的K%规则，但是他最后也承认K%规则是在对金融知识认识的不全面性下的一种试验，结果几乎所有国家的中央银行都放弃了这个规则。但是，这样的规则对弗里德曼的理论来说是重要的支点，找不到这个支点，只能说明这种理论依然是未完结的理论。

其次，弗里德曼没有指出新自由主义理论的适用范围，或者是因为各国都适用这样的理论所以不用赘言。但是，他对美日贸易摩擦也没有什么发言。如果按照新自由主义理念，一切由市场来解决，那么，美日之间的贸易摩擦就不应该由政府出面来解决，但事实上美国政府不仅出面进行了干预，而且在成果不大的情况下继续升级，直至对日本社会结构进行大改造。然而，弗里德曼一直认为日本经济的成功是自由市场经济带来的。如此的话，美国大阵仗地干预美日贸易应该如何说明呢？

或许正是这样的未完结理论，导致了很多人对新自由主义的片面理解。日本经济学家菊池英博指出[1]：所谓的新自由主义的原点就是赚钱可以不择手段，不需要考虑社会的伦理观和道德观。弗里德曼自己就说过，政府取缔麻药，会引起腐败政治、暴力、丧失法律尊严，还会和其他国家发生纠纷，所以，取缔麻药是不需要的[2]。菊池是站在被掠夺的角度上来看新自由主义的，或许有所偏颇。但是，从弗里德曼认可日本经济属于自由主义的立场来看，美国打压日本实际上就变成了新自由主义打压自由主义的矛盾体现。

七．资本主义的最高阶段就是帝国主义

2000年，里根总统被美国国民选为历史上最伟大的总统。里根总统是新自由主义的信奉者和实践者，但是，在打压日本的时候，他毫不犹豫地丢掉了新自由主义的信仰。

1985年，美国总统里根在广场协议签订后的第二天发表了新的贸易政策，表示美国政府将积极介入经济活动。实际上，里根总统一直以来是信奉自由放任主义的，现在要违背自己的信仰而积极干预市场，介入经济活动，是出于不得已的苦衷。就是在这一年，美国时隔70年跌入纯债务国，而日本却转为纯债权国。里

---

[1] 菊池英博：《そして、日本の富は略奪される——アメリカが仕掛けた新自由主義の正体》，ダイヤモンド社，2014年。

[2] Milton Friedman, "The War on Drugs", *Freedom Channel*, Thursday, July 31, 2008.

根总统的路线转变，可以说是因为美国充满了输给日本的危机感。所以，美国必须战胜日本，哪怕是改变自己的信仰。从美国国民对里根总统是历史最伟大的总统的投票结果来看，1985年的这一路线转变是深得美国的民心的。

二战之后的"美利坚治世"，实际上在一代人的时间内，让美国几乎所有的国民都过上了历史上前所未有的高水平的生活。也让一般的美国国民也都有了美国第一的意识，并充分地享受着这样的状况。

美国的一般国民也认为美国是不能输给任何一个国家的，无论是盟国的日本还是敌对的苏联，或者是其他国家，只要他们国家的发展让美国感受到了威胁，那么，美国国民就会支持他们的政府对那些国家进行无情的打击，并且是不达目的誓不罢休。

从美国对既是盟国又是民主国家的日本那样的无情打压来看，从里根总统为了打压日本而毫不犹豫地放弃了自己的信仰来看，美国对其他具有超过美国发展势头的国家进行打压也不是出于意识形态的斗争，只是出于维持霸权的需要。只要有谁有超越美国的发展势头，就会成为美国无情打压的对象。更为恐怖的是，这不仅仅是少数政治家的想法，更是多数美国国民的真实想法。政治家只要提出谁是美国的威胁，就能获得选票，这有力地说明了不许（他国）超越自己是全美共识。

第二章

政治解决经济问题

第一节　打压的第一波
第二节　贸易摩擦没完没了
第三节　半导体行业被拔高
第四节　不让日本的高新技术出头

第一节　打压的第一波

一. 国破人还在

第二次世界大战末期，美军接二连三地对日本轰炸，让东京等主要城市成为一片焦土，也让日本的主要工厂遭到毁灭性的打击，很多生产设备遭到摧毁，使得1946年日本的矿工业生产能力只有1934—1936年的三分之一，而制造业企业要维持下去也是十分困难的事。而且，美国在1945年9月公布的《日本投降后美国的初期对日方针》中明确指出，必须破坏日本的工业设施或者将其转移到其他国家，而绝不允许日本重建[1]。日本战败投降之后，将近650万日本人从日军占据的亚洲各地撤回日本，其中包括很多复员军人，但是在占领当局支配下的日本政府没有能力及时对

---

[1]　《降伏後に於ける米国の初期の対日方針（仮訳）》，国立公文書館アジア歴史資料センター，www.jacar.archives.go.jp/das/image/C15011312900.

这些人进行妥善安排,几乎就是让他们自生自灭。日本的实际统治者占领当局并不希望日本经济能及时恢复,只求不出现危及占领秩序的社会动荡,占领当局是不管那些失业的人如何生活的。

当时,通货膨胀急剧攀升,日本国民的生活非常困难。日本政府不得不承认,有很多人只能通过黑市维持生活。在东京上野车站附近出现了专门倒卖美军物资的黑市,叫作美国横丁。这个地方到现在还存在,已经变成外国游客经常光顾的市场。当时搞不到美军物资的人,只好变卖自己的家产,对这样的生活,日本人自己形容就像剥春笋,靠一点点地变卖衣服、家具来换取生活费用。这样窘迫的生活,迫使很多非劳动力人口(即15岁到64岁之外的人口)也不得不去找工作来养活自己。这种状况一直到1950年朝鲜战争爆发之前都没得到明显改善。

对1945年夏天之后的日本来说,简直就是"国破人还在,城倒饥荒多"的状态。

但是,"人还在"既导致了当时政府亟须解决就业的头疼问题,也是重振日本经济的宝贵资源。在二战时期,**出于军事目的的需求,日本在战时集中有限的资源投入特定领域里,从而取得了一定的成绩**。比如,日本的飞机制造,在战时取得了长足的进步。而光学兵器方面的研发,也为日本积累了精密机械的生产技术。在战争时期日本也积累了金属加工技术,这些技术到战后被运用到其他领域里,对这些行业的发展起到了推动作用。

由于战争时期进口光学测定仪器等产品变得越来越困难,日本政府加强了光学产业的国产化政策,这个政策强化了日本光学(即现在的尼康)在战后把战时军需产品的光学技术运用到照相机生产方面,企业得到了迅速的成长,到20世纪50年代,日本的照相机生产技术已经达到了世界的领先水平。这也为尼康继续进入到半导体制造设备领域打好了基础。办公用品企业冈村的前身是日本飞行机株式会社富冈制作所的分工厂，战时积累的技术使得企业有了重新出发的可能。朝鲜战争爆发后，冈村又使用这些技术为美军生产不锈钢家具，让企业得到了进一步的发展。这些经验让冈村最终成为日本主要的办公用品的生产企业。

　　类似这样利用战争时期积累的技术来发展的企业为数不少，实际上，日本汽车以及家电等行业在战后得到飞跃的发展，也与战时日本飞机制造业积累的技术和经验有密切的关系。日本投降后，作为军需工厂的中岛飞机也不得不停止生产，实际上生产工厂已经被美军炸烂，也无法生产飞机，残存在这家企业里最多的就是技术人员。占领当局不仅不允许中岛飞机重操旧业，而且还把这家企业分割为12家公司，只能生产锅具、童车等民生用品。但原来生产飞机的技术人员开始用他们掌握的技术来生产摩托车，后来又生产汽车，让生产飞机的技术在汽车领域里开花结果。日后的斯巴鲁汽车以及并入日产汽车的王子汽车都是在中岛飞机的基础上成长起来的。战争时期积累的技术为战后日本汽车从弱到强，走向世界奠定了一定的基础。

二. 占领政策的180度转弯

　　虽然杰出的文化人类学家鲁思·本尼迪克特潜心研究日本，为美国占领当局提供了一本政策参考书《菊花与刀》，可是这本著作理念崇高但缺乏实际可操作的建议，所以并没有被占领当局拿来做真正的参考[1]。实际上，经过浴血奋战的美国占领军的要求非常单纯明了，那就是日本不能重新强大起来，再次挑战美国。所以，需要按照美国的要求从根本上改造日本。

占领日本的盟军总司令部设在可以俯瞰日本皇居的第一生命大楼里，而麦克阿瑟总司令手叉腰会见天皇的照片的公布，都明确地告诉日本国民谁才是真正的主人。而这个主人绝不允许日本有所反抗。基于这一原则，占领当局除了用宪法的形式剥夺了日本一切武装和交战的权力之外，还以经济民主化为名，解散财阀，赶走财界企业界的有力人物，并把大地主的土地分给农民，而且还鼓励工会起来斗争，使得很多日本企业陷入长期的混乱中。这些措施实际上削弱了日本企业的竞争力。同时，占领当局对日本从海外进口的石油和铁矿石等能源和资源都采取了严格控制的措施。从1945年9月开始，一直到1947年6月，占领当局严禁日本进口重油，几乎是在扼杀日本经济。日本的民间贸易活动也是一直到1947年才在一定的条件限制下得以重新开展，这些都让日本企业得不到足够的生产物资来进行生产活动。

占领当局要削弱日本的工业实力的政策取得了明显的效果。到1950年，日本的人均GNP为109美元，只有美国的3.8%，而且也远远落后于阿根廷和智利等南美洲国家。但是，突如其来的朝鲜战争让占领当局改变了原有的方针。这种占领政策到朝鲜战争爆发后戛然而止，美国改变了方针，要求日本成为阻截共产主义的桥头堡。为此，美国开始扶植日本，让日本成为他们的基地。

---

[1] 对日贸易战略基础理论编集委员会编集，テレコムパワー研究所翻訳：《公式日本人論—"菊と刀"貿易戦争篇》，弘文堂，1987年。

随着美国政策的改变，更加上美国在市场、资金和技术各方面的援助，日本企业得到了迅速发展的机会，日本经济也得以从 1955 年开始起飞，进入经济高速增长时期。

三．日本交的"学费"

从战后的废墟上重新出发的日本企业不仅缺乏资金，而且缺乏技术。第二次世界大战隔断了日本与世界在技术方面的纽带，虽然日本鼓励国内的技术发展，但与世界的技术发展相比，日本国内的技术大面积落后。日本商工省[1]工业技术厅在战后整理出了日本与以美国为例的世界技术的差距。

比如造船部门日本和美国出现了 30 年的差距，钢铁领域出现了 20 年的差距，就连日本比较拿手的纺织领域也出现了 10 年的差距。从生产效率来看，与美国的生产效率相比，煤炭领域日本只有美国生产效率的不到 5%，化工领域只有 5%，橡胶领域只有 10%，化纤领域也只有不到 20%。

调查同时指出，日本企业必须引进欧美的先进技术，学习欧美的企业管理方式，因为日本和美国之所以会出现这么大的差距，是因为美国企业拥有非常先进的机械化设备，很多地方实现了自动化，同时，美国企业的科学性工厂管理方式也达到了非常高的程度。

---

[1] 商工省 1925 年从农商务省分离独立，主管商工矿业以及各类交易。1943 年改称军需省，日本战败后改回商工省名称。1949 年改称通商产业省（MITI），在日本经济高度增长时期发挥了巨大作用，曾被称为"日本株式会社"的经济参谋部。2001 年，被改组为经济产业省。

对于这样的技术差距，日本企业采取了非常务实的态度，积极从欧美引进先进的技术。1949 年日本公布了《外汇和外贸管理法》等法律，确保了日本企业在引进外国技术时外汇支付的途径。这造成了日本企业引进技术时的激烈竞争。以合成纤维、合成树脂方面为例，1951 年 6 月，东丽公司宣布从美国杜邦公司引进尼龙的生产技术，支付给杜邦公司的专利费达到 300 万美元。按当时的汇率折合日元是 10.8 亿日元。从当时东丽的资本金只有 7.5 亿日元，年销售额是 9.3 亿日元的情况来看，他们付出的专利费是非常高的。不过，对东丽公司来说，支付这笔巨额专利费还是非常值得的，因为在此之后，消除了与杜邦公司的专利纠纷，东丽公司依靠尼龙生产不仅很快赢得比专利费更多的盈利，而且还帮助日本的尼龙行业从此步入高速发展的阶段。

除了纤维行业，日本在机械和电机方面对欧美技术的依赖性也越来越严重。到 1955 年为止，日本在这一时期支付给欧美企业的专利费累计达到 250 亿日元，而 1956 年一年就支付了 120 亿日元专利费，到 1957 年更是超过了 150 亿日元。1959 年日本支付给美国的专利费达到了美国当年出口技术所得专利收入的 30%。而这个金额也相当于日本企业在国内研发费用的一半。美国在 1957 年出口技术获得了 1.4 亿美元的收入，而进口技术只花费了 2000 万美元。可见当时美国企业和日本企业在技术方面的差距。同时，这也说明，美国对日本在技术方面的支持力度非常大，而这样的支持也使得日本企业很快地形成了支撑高速发展的技术能力。

随着这些专利费绵绵不断流向美国，大量的技术也不断被引进到日本。不过，引进技术，光拿到专利许可是远远不够的。事实上理论性的技术落实到实际的生产中去还需要更多的投入。

四．竞争优势产品

20世纪50年代，日本将棉制品、胶合板、洋伞骨、金属洋餐具等劳动密集型产品出口外国以换取外汇。廉价的日本产品深受美国消费者的欢迎，特别是日本产的廉价女式罩衫在美国很受欢迎。不过，日本企业取得竞争优势并不只是依靠低廉的价格，而是通过市场的激烈竞争获得的。

纺织业也是战前日本的主要产业之一，随着战争的深入，日本的很多纺织业企业被编入军工企业，加上战争的破坏，纺织业遭到了巨大的破坏。战后，纺织行业成为率先复兴的行业，尤其是战前就比较发达的棉纺织业更是纺织业复兴的核心。虽然日本希望尽快恢复纺织业，但纺织业的复兴水准却是由占领当局规定的。但是，在朝鲜战争爆发后，占领当局改变了对日本的占领政策，对纺织行业的限制也随之被取消。同时，日本政府也鼓励纺织企业进行设备投资，并且还鼓励新的企业参与纺织市场。这样进入20世纪50年代，除了日本政府对外贸和外汇继续采取管制的政策，日本的纺织企业基本上可以按照市场原理来决定它们的企业行动。在市场持续扩大的情况下，不仅十大纺和新纺企业积极地开始了新一轮设备投资，更多企业也纷纷进入了纺织行业。它们被称为新新纺。到1952年，连同十大纺和新纺以及新新纺在内，在日本已经有超过100家纺织企业在市场上进行激烈的竞争。

这种市场的激烈竞争促使日本的纺织企业积极利用新设备提高产品的质量，以争取市场份额。从1950年到1961年，日本进口的棉花原材料的价格平均下降了17%，而同一时期日本出口的棉制品的价格平均上涨了32%。日本的棉制品之所以能够价格上涨，正是日本产品的质量日益提高带来的结果。而在这一阶段日本劳动者的平均薪资却只有美国劳动者的十分之一左右。纺织业属于劳动密集型产业，劳动者平均薪资的低廉给日本纺织企业带来了极大的产品价格的优势。这样高质量低价格的日本纺织品就如汹涌澎湃的潮水一样席卷了欧洲和美国市场。另外，战后新进入纺织领域的新纺企业由于都是家族型的非上市企业，加上没有工会组织，使得这些企业可以利用更低的劳动成本，并且能够把盈利部分再投入到扩大生产方面，从而不仅在日本市场上获得了很强的市场竞争力，而且在国际市场上也获得了很强的竞争力。

当时的1美元1件的衬衫成为日本棉制品的代表，受到了美国消费者的热烈欢迎。但是，这却遭到美国纺织业的反感，他们认为这么便宜的日本货一定是粗制滥造的伪劣产品，具有向美国倾销的嫌疑。美国的议会也响应纺织业的情绪，准备了很多限制日本产品进口的法案。**为了避免美国政府落实这样的法案，日本纺织业界提出了自我限制对美国出口的方案，并从1956年开始落实。**这样的自我限制主要是限制了粗制滥造产品的对美国出口，实际上对帮助日本产品进一步提高质量起到了重要的作用。

五. 美国说贸易不能自由

在二战后美国构建的"美利坚治世"刚刚开始的时候，讴歌自由和民主。可是这种在道德上占有制高点的口号很快就被美国弃之不用。因为美国开始说贸易不能讲自由，而需要讲公平。美国为什么有这样的转变，套用一句流行语，那就是"理想很丰满，现实很骨感"。美国发现外国价廉物美的产品冲击了美国市场，这也造成了美国劳动者的就业出现了问题。这本来是经济发展的一般规律，但美国却既希望享受价廉物美的产品，同时又希望能保证美国劳动者的工作机会，既然美国企业无力对抗日本等外国企业，那么只能由美国政府出面来调整外国产品对美出口，这也就是大家常说的贸易摩擦。

日本纤维产品对美国出口的自我限制，并没有帮助美国企业获得竞争优势，反而进一步提高了日本产品的质量，使得美国对日本产品的需求愈发扩大。

1961年，美国的棉、羊毛、化纤等纤维关联的10个团体联名向美国国防动员办公室提出了这样的申请：纤维产品事关美国的国家安全，需要根据1958年延长的《互惠关税法》（*Reciprocal Tariff Act*），对是否允许日本纤维产品进口的决定应该进行调查。国防动员办公室接受了这个申请，开始了对日本纤维产品进口的调查[1]。

这大概是最早把贸易和国家安全联系起来的对进口商品进行调查的申请。如果这个调查认定进口日本纤维产品威胁到了美国的国家安全，那么他们就会提请美国总统采取措施来限制日本纤维产品进口。而当时的美国总统肯尼迪出身于美国纤维产业的中心之一马萨诸塞州，保护美国纤维产业也是他的主要政策。为了阻止美国对日本的限制政策的落实，日本方面以纺织协会为首的19个团体组织了"纤维国际问题联络会"，并与美国的纤维产品

---

[1] 田和安夫编：《戦後紡績史》，日本纺績協会，1952年。

进口协会联名向美国纺织业界提出反论。但是，这样的努力不见效果，所以，**日本政府就积极与美国政府磋商**，再次形成了日本自我限制出口的协议。

然而，**这样的自我限制无法解决美国对日本的纤维产品贸易逆差问题**。到1968年，尼克松总统推出把羊毛和化纤也纳入贸易问题的政策，成功当选美国总统。第二年，尼克松总统派遣美国商务部长去日本，要求日本进一步自我限制纤维产品的对美出口。美国威胁道：如果日本不接受美国的要求，那么美国就通过法律来限制日本。1970年，美国更是以日本不接受美国的要求就不准备归还琉球的施政权，强迫日本自我限制对美国的出口。1971年，新上任的日本通商产业大臣田中角荣跑到美国说：所谓的自由贸易就是有贸易顺差国和贸易逆差国从而取得均衡，这个原理是你们美国人教给我们的。田中所说的是20世纪60年代前半期以前，日本与美国的贸易存在着巨额逆差，所以日本政府就几次三番地要求美国增加从日本的进口来平衡两国之间的收支问题。但是，美国对日本的要求都给予了符合经济学原理的模范回答，即贸易收支必须从多角度来看，并不是两国之间的不平衡问题。如果日本的国际收支出现赤字是问题的话，那么日本政府需要自我检讨来做改善[1]。所以，当美国政府开始要求日本政府采取措施来解决美日贸易不平衡问题的时候，田中就以其人之道还治其人之身，重复了美国人对日本的教育。

---

[1] 小宫隆太郎：《贸易黒字・赤字の経済学　日米摩擦の愚かさ》，東洋経済新報社，1994年。

田中的这番话虽然得到了日本随员们的喝彩，但却招致了美国对日本准备采取对敌贸易法单方面限制日本纤维产品进口的最后通牒。虽然美国和日本都认为日本是美国的友好国家，日本也调查出美国的纤维行业没有受到危害，日本的出口符合关贸协定的原则，而且，美国以前也支持美国企业这样的出口，但是，**美国把这些通通推翻**，祭出了对敌贸易法来强迫日本全面接受美国的要求。而按照美国的要求，受到限制的日本纤维企业将会出现2000亿日元的损失。

日本政府无法抗拒美国的要求，于1971年10月与美国签订了关于纤维问题的政府间协定谅解备忘录。日本政府也对日本纤维行业进行了2000亿日元左右的救济融资。日本政府向国民这样交代：为了自由贸易进一步发展，鉴于今后的国际经济形势的发展，强化以自由和协调为基调的贸易体制，日本政府通过与美国签订协议为世界经济的安定做出了更大的贡献[1]。

但是，日本政府没有想到的是，日本的妥协虽然解决了美日之间的纤维产品摩擦问题，但并没有解决美日之间的贸易摩擦问题。纤维产品摩擦问题解决后，很快美日之间就出现了钢铁、彩电、汽车和半导体的多种贸易摩擦，**美日之间签署纤维协定，实际上意味着美日两国进入了贸易摩擦时代**。

---

[1] 《毛製品及び人造繊維製品に関する日米政府間取極の署名に関する官房長官談話》，1972年1月4日，www.mofa.go.jp/mofaj/gaiko/bluebook/1972/s47-shiryou-5.html。

第二节　贸易摩擦没完没了

一. 从技术引进到产品席卷全球[1]

战后，纤维行业的产品很快成为日本出口的重要产品，为日本赚取了大量外汇。但是到1955年前后，纤维行业失去日本出口的领军行业地位，很快被机械行业赶超，到20世纪60年代初期，已经落后于石油化学行业了。而日本钢铁行业在1955年前后夺得出口行业榜首之后，没过几年就把这个位置让给了机械行业。这样，在日本进入高速增长时代的初期，对外出口的领军行业发生了急剧的变化。而这些变化的基础，除了勤劳的日本企业员工的努力之外，引进和吸收世界先进技术也是重要原因。

---

[1]　此段节选于黄亚南：《经营正道：日本企业兴衰史》，浙江大学出版社2021年版，第三章、第四章。

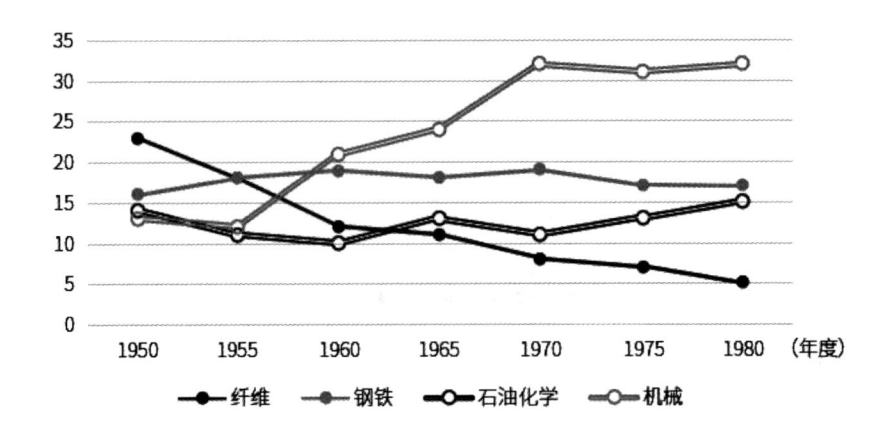

图 2-1　日本 1950 年至 1980 年各行业出口比重变化（%）[1]

战败后日本的钢铁生产水平还不到战前最高钢铁生产水平的十分之一。面对这样的惨状，在日本甚至出现了废除钢铁业的论调。但是，**基于"铁就是国家"的认识，日本政府和钢铁业都很重视钢铁业的复苏与振兴。**为了尽快让钢铁业从废墟中复苏，日本钢铁协会设立了以东京大学三岛教授为会长的钢铁对策技术委员会，组织专家学者制定了钢铁振兴对策，要求以恢复生产为第一要务，而确保稳定生产，需要尽快赶上世界钢铁生产的先进水平。

川崎制铁社长西山弥太郎认为，日本的钢铁业必须从欧洲那样的小规模生产方式转向美国式大规模生产方式，这不仅能够大幅度降低生产成本，而且还可以迅速地增加国际竞争力。而要落实大规模生产，就必须把炼铁炼钢和轧钢的各种生产连续起来进行，大规模投资不可避免。

---

[1]　総務庁統計局：《日本統計年鑑》。

后来日本钢铁业建设工厂时的选择也证明了川崎制铁千叶工厂模式的先进性。20世纪50年代以后建设的各家炼钢厂都设在了方便运输的沿海地区，同时也都采取了炼钢轧钢连续生产方式。1955年之后，住友金属和八幡制铁等企业已经积极投资了连续生产设备，日本的钢铁企业在这一领域中很快取得了世界性领先地位。到1981年，美国钢铁企业的连续生产设备的普及率为21.1%，欧洲也只有45.1%，与此相比，日本的连续生产设备普及率达到了70.7%。而到1985年，日本的普及率更是超过了95%。也就是说，到20世纪80年代，采用了千叶模式的日本钢铁企业在炼钢的生产方式方面，已经遥遥领先于世界其他国家的钢铁企业。

电视机生产领域更是完美地展现了日本企业创造的神话。在20世纪50年代初，日本企业连电视机的基本技术还没弄懂，遑论生产电视机。日本企业明白，只有更早地和欧美企业合作，才能更快地生产出电视机。1952年前后，日本有70—80家企业争相引进美国的技术，最后共有42家日本企业和美国RCA公司签订了引进电视机技术的专利转让协议。日本的神户工业和美国RCA公司首先签订专利转让协议时，大概没有人会想到在10年之后，美国和日本的电视机工业会出现攻守交替的变化。

获得了专利技术的转让，并不意味着一定能够生产出电视机，实际上有很多企业无法消化这些技术而倒在前进的台阶前。1953年之后，日本只有23家企业推出了它们的电视机产品。也就是说与美国RCA公司签订专利转让协议的42家企业中有近一半最终没有能够推出他们自己的电视机。而能够推出产品的企业都是在充分消化外国技术的基础上成功的。在这段时期，上演了很多日本企业如饥似渴地吸收消化欧美技术的动人故事。这样，在不到

20年的时间里，日本企业不仅掌握了电视机的生产技术，而且，日本企业开发的新技术还进一步引领了世界电视机行业的发展。到1962年，日本电视机产业的国际竞争力以明显的形态显现出来，日本的电视机开始在世界市场驱逐欧美产品。

就在日本企业在黑白电视机方面逐步获得国际竞争力的同时，彩色电视机开始得到普及。日本电视机生产企业希望再次复制黑白电视机的成功经验，都纷纷投产彩电。在彩电的研发过程中，日本企业更是展现了他们努力钻研并且不怕市场考验的特质。1965年索尼推出了栅控彩色显像管电视机，受到市场的瞩目，并让索尼获得了"技术的索尼"这样的美誉。而索尼在此基础上研发出来的特丽珑彩色显像管更是一种革命性的产品，引发了日本彩电的爆发式普及。到1973年，日本的彩电普及率超过了美国，同时也把英国远远地甩在了后面。

二. 从自我研发到世界第一

1949年，在占领当局允许日本企业重新生产汽车时，日本的汽车生产能力非常贫弱，号称"金融界天皇"的日本央行总裁一万田尚登认为，日本培育汽车产业是毫无意义的，为什么不利用国际分工机制，从美国采购价廉物美的汽车呢？幸亏当时的日本并没有足够的外资可以进口大量的美国汽车，所以，这种汽车无用论没有占主导地位。

但是，当时的日本汽车工业的技术水平与世界的差距非常大，在日本汽车生产企业之间产生了引进技术还是自主研发的分歧。日产汽车、五十铃汽车还有日野汽车等都认为引进国外的先进技术是发展汽车行业的捷径，也是比较现实的道路。而丰田汽车坚持自主研发才能真正掌握技术，即便这会困难重重，很费周折。

日本通产省想到了一个两全其美的方式，即允许日本企业与海外企业合作，引进生产技术，但为了减少宝贵的外汇的支出，必须在6年内完成国产化。这种方式非常高明，既可以通过引进外国技术来生产日本市场急需的汽车，同时，通过包括配套的零部件在内实现汽车生产的逐步国产化，从而让日本企业掌握世界先进的汽车生产技术，从而全面提高日本汽车企业的生产能力。在日本政府的支持下，三菱重工最早引进了外国技术，他们与美国企业签订协议，从1951年6月开始组装生产汽车。1952年7月，日野柴油汽车从法国雷诺公司引进技术，组装生产雷诺4CV汽车。1952年，日产汽车选择了英国的奥斯丁汽车公司为合作对象，引进了作为英国大众车型的奥斯丁汽车的流水线，在日本生产奥斯丁汽车。1953年，五十铃汽车则从英国引进了汽车技术。通过引进技术，日本的汽车企业在技术上都得到了迅速的提高，顺利地先后推出了自己品牌的汽车。

但在这样的潮流中，丰田汽车坚持自主研发，于1952年制定了研发皇冠汽车的决策。尽管自主研发颇费周折，但丰田汽车还是成为最早出口美国的日本厂家，但因技术问题一度被迫退出美国市场。这些反而成了丰田奋发图强的动力，他们在不利的条件下取得了一个又一个突破。而最值得称赞的是在没有条件完全引进福特式生产方式的情况下，丰田汽车克服种种困难，反而形成了具有极大竞争力的丰田式生产方式。

由于1950年年初的劳动大争议一直让丰田汽车的经营层心有余悸，不敢积极扩大雇用规模，所以，人手不够一直是丰田汽车的常态。不过，正如经济学家安蒂思·潘罗斯所指出的那样，劳动力常常是半闲置的生产资源。通过对生产活动中无效时间的缩减，就可以提高生产效率。为此，丰田汽车专门对员工的作业时间进行了严格的测定，结果发现，员工作业时间中真正创造价值的作业时间只有10%多一点，这样，丰田汽车就找到了在雇用规模受到限制的情况下提高生产效率的途径。

虽然丰田汽车有意全面引进福特生产方式，但是，由于实际经营资源等条件的不同，丰田汽车不得不在很多方面对福特生产方式加以改进，结果起到了歪打正着的效果，形成了独到的丰田生产方式，获得了世界水平的竞争力。美国麻省理工学院组织的国际汽车研究项目（IMVP）在1989年和1993年对世界汽车行业的调查结果，显示了日本汽车企业在生产效率方面的巨大优势。

1980年，日本汽车行业的汽车生产量超过了1100万辆，而同一年，美国汽车行业约40%的劳动者下岗，两者形成鲜明的对比，当然也有密切的关系。因为日本汽车行业终于在生产量上超过了半个多世纪以来一直君临世界汽车市场的美国汽车行业，日本也因此一跃而成为世界最大的汽车生产国。而且，超过一半的日本生产的汽车不是投放日本国内市场而都是出口世界市场的，尤其是美国市场，占据了日本出口汽车的绝大部分。

三. 美国企业不进则退

在 Made in USA（美国制造）作为高质量产品代名词的时代，Made in Japan（日本制造）还是粗制滥造、假冒伪劣产品的代名词。但是，很快日本企业就创造了神话，把 Made in Japan 培育成高质量产品的代名词，而 Made in USA 也因此失去了光辉。

实际上在 20 世纪 50 年代，美国的钢铁业的产量曾经是世界上最高的。由于战后复苏巨大的需求，在其他国家还没完全恢复的情况下，美国钢铁业坐享独占市场的红利，自然而然地操纵了钢铁产品的价格，所以，对钢铁行业劳动者的加薪要求也非常宽容，反正劳动成本的提高最后也能转嫁到产品价格上去。结果，**美国钢铁工人的平均薪资水平不仅远远地超过了欧洲、日本同行业的水平，而且在美国的制造业中也居高不下**。20 世纪 50 年代，美国钢铁行业的平均薪资比其他制造业高 20%，以后逐年扩大，到 1970 年更是扩大到了 60%。同时，为了追求企业收益的最大化，美国钢铁企业都不愿意投资设备，也不关心技术开发，导致其生产效率极其低下。

与此相对的是，日本的钢铁企业争先投入最新设备，积极展开技术开发，很快就摆脱了生产技术水平在战后落后于欧美的困境，这样，价廉物美的日本钢铁产品也很快在美国市场上获得了很多客户。1968 年，美国钢铁企业不得不降价以应对外国产品的冲击，但这显然不够，于是，美国钢铁行业就要求当时的约翰逊总统采取限制外国产品的措施。经过 1 年多的谈判，**日本与美国签署了钢铁行业自我限制出口的协议，规定 1969 年日本出口美国的钢铁产品要比上一年削减 22%，1970 年再削减 5%**。在日本企业执行这个协议后，却导致美国市场上因为钢铁产品的紧俏，价格上涨了 20%。为此，美国的消费者协会就把日本企业连同美国政府和美国企业一同告上了法庭。真是让日本企业左右为难。

虽然说钢铁业是一个特例，但在其他制造业方面，美国安于享受既有的技术带来的利益，而没有如日本那样要努力赶超的气概。根据日本政府公布的 1988 年版《世界经济白皮书》[1]，从 1960 年到 1973 年，日本的民间设备投资的平均增长率超过了 13%，而美国平均不到 5%。美日之间对提高生产性的态度迥然不同。1973 年后两次石油危机影响了世界经济的发展，在这段时期里，日本的设备投资依然比美国旺盛。到签订广场协议的 1985 年之后，日本出现了日元升值带来的萧条，但是设备投资却反而增加了。与此同时，美国的设备投资竟然变成了负增长。虽然设备投资受到各种经济条件的影响，但可反映企业的发展状况。美国制造业在设备投资方面的减少，很快就反映到美国企业的竞争力上来。到 20 世纪 70 年代以后，美国制造业的生产性从领先转为落后，家电、汽车、半导体等行业的产品失去了竞争力。

从 20 世纪 60 年代开始，美国制造业在国际贸易中的地位逐年下降。1965 年，美国制造业出口占世界市场份额超过 17%，但到 1987 年，已经下降到 11% 左右。与此同时，日本、西德以及其他发展中国家的市场份额都获得了大幅度的增长。在本来是美国代表性行业的电子行业，伴随着日本企业攻城略地，美国企业失去了近 20% 的市场份额。在电子零部件、半导体、集成电路等方面，美国企业也丢失了 10% 的市场份额。而在原来市场份额就比较小的民生用机器领域，美国企业的市场份额从 1982 年的 30% 降低到 1987 年的 15%，进一步失去影响力。

一般来说，美国的基础研究还是比较扎实的，美国企业的研发费用占销售收入的比例远比日本企业要高，但是，美国企业却出于

---

[1] 经济企画厅：《昭和 63 年世界经济白書・本編——変わる資金循環と進む構造調整》，www5.cao.go.jp/keizai3/sekaikeizaiwp/wp-we88-1/wp-we88-00402.html。

种种原因，比如偏重于国防军事目的的研发等而无法把这方面的竞争优势转化为一般民用产品的竞争优势。美国的导弹可以傲视全球，但是方便面却做不过日本，而这些都是民生所需要的东西。

四．发展了就要打压

日本的纤维产品对美国出口的比重很快下滑，之后钢铁及钢铁产品对美国出口比重超过了纤维产品，美国又开始指责日本的钢铁行业，掀起了钢铁贸易摩擦。在解决了钢铁摩擦后，美日之间又爆发了彩电摩擦、汽车摩擦、半导体摩擦，还有农产品问题、超级电脑问题，贸易问题层出不穷。总之，**只要日本的产业超过了美国，那么等待他们的就是美国的打压。**

1960年，日本首次向美国出口黑白电视机，当年就遭到美国电子工业协会的反倾销诉讼。对美国企业来说，日本企业一直在攻城略地，从美国企业手里夺取了晶体管、汽车无线电等市场份额，所以，必须想办法阻止日本企业的进一步扩张。到1968年，美国电子工业协会又对11家日本企业提出反倾销诉讼，要求得到法律的支持和经济的补偿。这次诉讼得到了美国政府的认同。1971年，美国裁定这11家企业里除了索尼，其他都有倾销的行为。所以，这些日本企业都遭到了一定的制裁。但是，在石油危机之后，由于日本的电视机更加符合美国的家庭需求，这让日本企业生产的电视机在美国的销售呈爆发式的增长态势，日本企业凭借着价廉物美的电视机产品进一步扩大了在美国的市场份额。结果，这又使得美国企业再次要求政府限制日本企业的产品进口。1977年，美国和日本签订了维持彩电市场秩序的协定，规定日本在1980年以前每年出口美国的彩电数量限定在175万台之内。这份协定签订后，日本企业不得不到美国开设工厂生产日本的彩电。虽然日本企业到美国设厂生产，大幅度地减少了日本对美国彩电的出口量，但在美国生产的日本企业则把美国原有的彩电生产企业彻底击败。在20世纪60年代全美有20多家企业生产电视机，但到20世纪80年代，美国企业基本上退出了电视机生产领域。1995年，韩国的LG并购了美国最后一家电视机生产企业Zenith，使得美国本土的电视机生产企业不复存在。这也说明了美国的人为压制并没有撼动日本企业的竞争优势，反而把美国自己的电视机生产企业全部给毁灭了。

然而，美国并不以此为教训，而继续以相同的方式压制日本企业。进入20世纪80年代，美国与日本的贸易摩擦也波及了汽车领域。长期以来，美国的汽车行业一直走在世界的最前列。到20世纪50年代中后期，日本和德国的汽车才开始进入美国市场，不过，当时美国进口的德国汽车主要是美国企业在德国生产的小型汽车，作为美国市场主流的大型汽车的生产企业对这样的小型汽车的进口并没有放在眼里。随着经济的发展，年轻人和有职业的妇女对小型汽车的需求越来越大，但美国的三大汽车企业对此依然不关心，他们更加努力地开发更加豪华的大型汽车。结果在石油危机之后，美国的大型汽车在耗油方面不敌外国企业的经济型汽车，尤其是日本生产的小型汽车，美国汽车企业只能眼睁睁地看着日本企业蚕食美国市场。

面对日本汽车的大量进口，美国汽车生产企业却拿不出有效的对策，市场份额被蚕食，面临着深刻的经营危机，以致美国政府在1980年不得不宣布对美国三大汽车企业之一的克莱斯勒提供

15亿美元的联邦保证金，从而避免了这家美国汽车工业代表性企业的破产。汽车企业的经营危机，汽车工人的大量下岗，让大量进口的日本企业成为众矢之的。美国社会舆论认为美国汽车陷入困境的罪魁祸首就是不断增加的日本汽车。全美汽车工会和福特汽车都向美国国际贸易委员会（ICT）提出申请，要求限制日本汽车的进口。美国汽车行业的产业工人占美国产业工人的六分之一，汽车产业在美国占有的重要地位是不言而喻的。美国政府当然不能无视汽车行业的要求。所以，如何限制和减少日本汽车的对美出口，是美国政府不得不向日本提出的一个课题，但是，在以贸易立国为宗旨的日本，汽车工业也是举足轻重的组成部分，日本自然不会简单地放弃美国市场。这样，在纤维、钢铁和电视机等贸易摩擦之后，美国政府又要来处理汽车的贸易摩擦了。

表2-1 美日贸易摩擦变迁[1]

时期	摩擦名称	结果
1969—1972	美日纤维摩擦	1972年，日本接受出口的自我限制措施。
1969—1974	美日钢铁摩擦	1969年，美国与欧日签订出口自我规制协议。1974年，美日签订维持市场秩序协议（OMA）。
1969—1977	美日彩电摩擦	1971年，美国裁定日本11家企业倾销彩电。1977年，美日签订维持市场秩序协议（OMA）。
1975—1992	美日汽车摩擦	1981年，日本自我限制对美出口，设定出口额度。1992年，日本制定去美国开设汽车工厂的行动计划。

---

[1] 资料来源：日本外务省。

续表

时期	摩擦名称	结果
1977—1988	美日牛肉、橘子交涉	1978年，日本决定进口美国牛肉和橘子。 1983年，进口数量扩大。 1988年，进口自由化。
1985—1986	MOSS协议（市场导向型多领域协议）	1986年，日本决定电气通信自由化，撤销部分木材制品及电脑零部件的关税。
1985—1991	美日半导体摩擦	1986年，就扩大外资半导体企业在日本市场的机会达成共识。 1991年，再次就扩大外资半导体企业在日本市场的机会达成共识。
1987—1990	美日超级电脑问题	1989年到1990年，通过4次会议基本解决。
1989—1990	美日结构协议	1990年，发布最终报告。日本同意改革投资、流通方面的制度，排他性交易习惯，特殊企业制度以及价格机制。
1993—1996	美日保险协议	1994年，日本改革制度，允许外资进入日本市场。同年10月，美日再次就制度改革相关细节达成共识。 1995年到1996年，就以上制度改革增加补充性措施。
1993—	美日包括性经济协议	1993年，在SII基础上，就宏观政策、合作领域、个别领域的结构问题达成了包括性经济协议。 1994年，就日本政府采购、保险、玻璃板领域达成共识。 1995年，就汽车、汽车零部件、金融服务等达成共识。 1996年，就半导体领域达成共识。 1998年，就航空领域达成共识。

五．贸易摩擦的政治解决帮不了美国企业

日本和美国都标榜自己是市场经济国家，按照市场经济的规制，在市场上自由竞争，以价廉物美的商品和服务去扩大市场份额，获取更多的利益。如果都是市场经济国家，它们之间的贸易会越来越发达而不应该也不会发生贸易摩擦，但显然这是现代社会一个美丽的童话。**在市场上输掉的美国企业，要求美国政府在政治上帮它们赢回来。**当然，这样的情况也只有在具有世界霸权的美国才会发生。

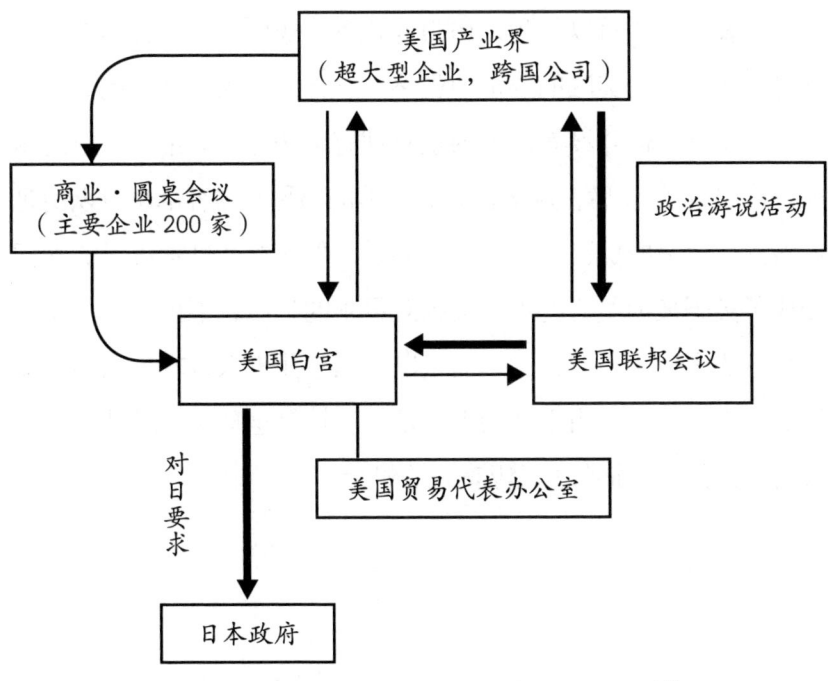

图 2-2　美国的产业界·政府·议会的复合关系[1]

---

[1]　石川博友：《日米摩擦の政治経済学——プラザ合意から10年》，ダイヤモンド社，1995年。

美日之间之所以会发生贸易摩擦，是美国企业的竞争力不断弱化，无法向市场提供具有竞争力的产品所导致的。1980年，日本汽车生产量超过美国，美国的汽车企业就提出了日本汽车在美国市场有倾销的问题，而美国国际贸易委员会正式裁决日本汽车没有倾销的问题，但是，美国汽车界通过议会的活动不断地游说美国政府，结果美日汽车贸易摩擦依然是两国交涉的重要问题，而日本不得不采取了自我限制出口的措施。实际上美国存在着这样一个机制：产业界和联邦议会以及美国政府互相配合，联合对日本施压。

从表2-1中可以看到，1990年以前，美国每次对日本的打压都是以日本接受美国的要求而告终。这样的结果虽然限制了日本企业的发展，但并没有给美国重新拥有市场竞争力带来有益的帮助。从1990年以后，从美日之间交涉的名称和内容上也可以清楚地看到，贸易摩擦已经不是主要问题，如何打开日本市场的大门变成了美国最为关心的事。美国对日本的打压，不再是以限制日本企业的出口为主要目的，而是以美国企业进入日本市场为主要目的。美国以新自由主义为理论依据，推行全球化，敲开各国的大门，让美国企业有了长驱直入的机会。

第三节　半导体行业被拔高

一. 半导体摩擦的爆发

"你母亲的旧姓是什么？"

"佐藤。"

"是谁派你来美国的？"

"铃木先生。"

"你和纽约的铃木先生是什么关系？"

"我不认识纽约的铃木先生。"

…………

这是1986年，NEC美国工厂技术负责人中沼尚被叫到斯坦福大学附近的一家旅馆里作有关半导体诉讼的证人陈述[1]时的对话。向美国法院提诉NEC的是美国著名半导体企业德州仪器，诉

---

[1]　中沼尚：《日米半導体貿易摩擦とは一体何だったのか》，日本半導体歴史館，開発ものがたり，www.shmj.or.jp/dev_story/pdf/nec/nec_e10.pdf.

讼的内容是德州仪器控告 NEC 侵犯了他们在半导体方面的专利。但是，在证人陈述的过程中，却并没有让中沼说明技术方面的问题，而是不断重复以上那些没有什么意义的内容。这让中沼感觉到德州仪器似乎并不是想在专利诉讼上取胜，而是想用没完没了的诉讼来拖垮竞争对手 NEC。

1986 年，正是日本企业生产的动态随机存取存储器（Dynamic Random Access Memory, DRAM）超过美国的那一年，不仅 NEC 登上世界半导体市场销售排行榜的榜首位置，而且第二和第三的位置也被日本企业东芝和日立占据。结果招来了美日之间半导体摩擦的爆发。德州仪器控告 NEC 侵权只是其中的一个小案件，更大的压力来自美国政府。

1983 年，日本生产的 64KB DRAM 产量获得了世界市场 70% 的份额。不过，当时美国的半导体市场出现了欣欣向荣的景象。洛杉矶奥运会带来了很大的个人电脑、VTR 游戏机等产品的市场需求。而这个时候，日本对美国的出口也获得了很大的增长，其中，半导体、传真机和 VTR 游戏机的增长最为显著。但是，1984 年秋天之后，半导体热开始退潮，尤其是 256KB DRAM 的出现让 64KB DRAM 的市场价格出现暴跌。这直接导致了美国半导体企业的经营危机，除了摩托罗拉，其他美国的半导体企业都出现了亏损。这样，美国半导体企业把这口恶气出在了销售不断增长的日本半导体企业身上。**美国国会众议院提出了多项对日制裁的法案，并在 1985 年通过了要求日本对美国半导体企业开放市场的决议。**

也就是说，在日本的半导体企业追上美国的时候，美日之间又爆发了半导体摩擦。

二. 半导体是产业的粮食

2000年全球的半导体出货金额达到2044亿美元。其中，日本的生产规模为467亿美元，占日本GDP的1%左右。

这是日本电子情报技术产业协会（JEITA）编著的《IC指引》2000年版里记载的一段话。467亿美元约合5兆日元，而2000年日本的GDP为511兆日元，所以说，日本的半导体行业规模占日本GDP的1%左右。如果从"占日本GDP的1%"来看的话，很有可能导致半导体行业在国民经济中的地位矮化，因为半导体是很多行业必不可缺的重要部件，直接使用半导体的电子行业就有23兆日元的规模，而半导体生产也离不开相关材料市场和装置设备市场，所以，围绕着半导体生产的上下游行业加起来的话，就有25兆日元的规模。当然，半导体的影响力并不局限在上下游行业，因为对很多行业来说，半导体已经是不可或缺的重要零部件了。

比如在汽车行业中，半导体越来越不可或缺。日本是世界上最早在汽车里安装导航系统的国家，而导航系统离不开高性能的微型计算机和图像处理器等半导体。至于高速公路上的电子收费系统（ETC），没有控制用的集成电路（IC）和非挥发性内存的话也就成不了系统。随着半导体和通信技术的进一步发展，在汽车上安装防止交通事故系统，甚至是自动驾驶系统也都会成为可能。在2019年的时点上，高级汽车里已经使用了80—100个电子控制器（ECU），大众型汽车里也使用了30—40个ECU，而这样的趋势还在逐年扩大。2000年日本国内汽车市场规模为43兆日元，到2020年又增长到57兆日元。不言而喻，汽车市场的发展完全离不开半导体行业。

除了制造业离不开半导体之外，医疗、教育以及金融等其他行业的发展也离不开半导体行业。

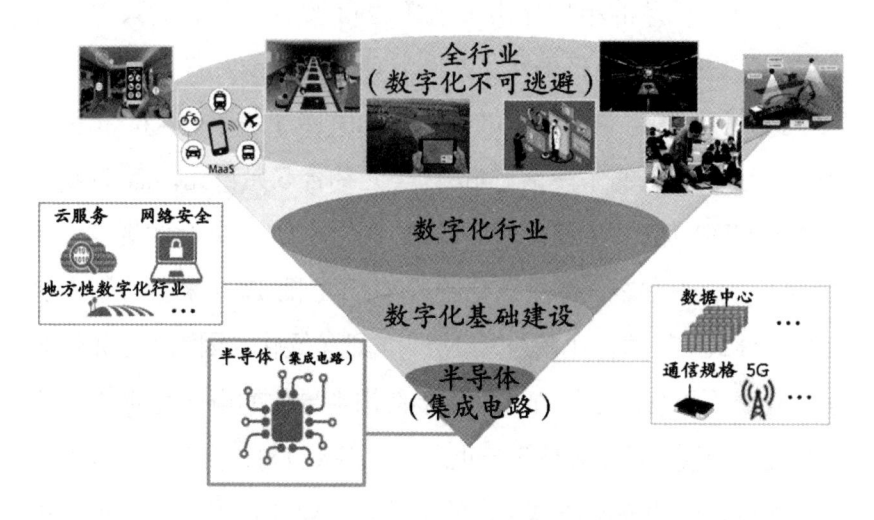

图 2-3　半导体是各行各业数字化的基础[1]

三．技术立国的代表

《作为第一的日本》的日文版译者广中和歌子在译者后记中曾经写了这样一段话：回想起20年前，我来到美国时，感觉到美国人非常看不起日本人，因为日本人生产的东西都是廉价的伪劣商品。这让刚刚离开祖国的我非常痛心。也就是说，在20世纪50年代以前，在美国人眼里，日本商品都是粗制滥造的地摊货。让美国人改变这种看法的是半导体产品晶体管。

---

[1]　経済産業省作成：《半導体戦略（概略）》，2021年6月。

晶体管是美国电话电信公司下属贝尔实验室在1947年研发出来的改变世界的一个发明，但是，美国主要把这个发明用于军事目的，而日本把这个发明用在民用电子机器上，并取得了令人瞩目的成就。

以当时日本的经济水平和技术来说，在晶体管发明方面取得突破并非易事。索尼的公司史记载，索尼开发晶体管产品实际上是在豪赌公司的未来[1]。当时，索尼的资本金只有1亿日元，而需要支付给美国的专利费用就要2.5万美元，折合日元为900万日元，这对索尼来说是一个过重的负担。而且，美国对索尼如何运用这个专利进行生产并不提供其他帮助，全部需要索尼自己来研发。也就是说，索尼不仅要支付巨额专利费，而且还需要摸着石头过河进行产品开发，可谓实实在在地豪赌。

索尼以公司上下全力以赴的代价赢得了这场豪赌。在克服了数不清的困难之后，1955年，索尼推出了日本第一台晶体管收音机。虽然世界上第一台晶体管收音机是美国企业推出的，但完全利用自己公司生产的晶体管来生产收音机，索尼是世界上第一家企业。经过不断的改良后，日本高质量的晶体管收音机改变了美国人对日本产品的印象。在收音机领域成功地使用了晶体管之后，1960年，索尼又在世界上首次推出晶体管黑白电视机。以后，晶体管的使用领域不断扩大。日本企业夏普和精工在电子计算器领域展开了惨烈的竞争，而精工和西铁城等在电子手表领域也展开了殊死搏斗。日本企业之间的激烈竞争，使得日本在半导体民生事业领域里取得了领先的地位。

---

[1] www.sony.com/ja/SonyInfo/CorporateInfo/History/SonyHistory/1-05.html.

日本企业的胜利，把美国企业逼到了墙角。1975年，美国新墨西哥州的电子计算器企业MITS在面临破产的境地中决心另辟蹊径，进军电脑领域。他们采用英特尔的MPU8080和19岁青年比尔·盖茨编出的软件，组合成一台电脑。这台电脑的售价为500美元，没想到一个月就获得了50台的订单，取得惊人的成功。实际上，这也是个人电脑行业成立的标志。之后，美国企业引领了个人电脑行业，出现了IBM、苹果那样的著名企业，更是出现了采用Windows软件和英特尔CPU组合成个人电脑的Wintel事业模式。

实际上，英特尔专注CPU领域也是为日本企业所逼。1971年，英特尔公司发明1KB DRAM，宣告了半导体储存器行业的启动。日本企业也希望在这个新兴的市场中获得一席之地，就迅速地投入进来。1972年，日立、富士通、三菱电机和东芝等日本主要企业都着手研发DRAM，在1974年完成了4KB DRAM的研究，在1976年完成了16KB DRAM的研究，并且很快投入量产，大规模地向美国出口。促使日本DRAM行业出现爆发式增长的还有一个大环境的条件，就是1973年的石油危机也冲击了当时的半导体行业，从1974年到1975年，半导体行业非常不景气。然而，这也成为日本半导体行业迅速崛起的一个机会。

第一，日本半导体企业在半导体行业不景气的时候不得不改变客户对象，把DRAM的目标客户集中在大型计算机领域。而日本的大型电脑，尤其是超级电脑的发展为DRAM提供了有力的市场支持。

第二，为了更加有效地进行研发，日本企业放弃了单打独斗的体制，而是组织了超级 LSI 的共同组合[1]，从政府那里申请研究经费，加强对 DRAM 的研发，并设立了共同研究所强化 DRAM 的研究。在参加共同研究的同时，富士通和日立以及三菱电机共同成立了电脑综合研究所（CDL），从需求的角度研发存储器。NEC 和东芝联合设立了信息系统研究所（NTIS），从半导体的用途来研发。日本对 DRAM 的研发是在雄厚的资金保证下，在主要企业的大力配合下展开的，也可以说是日本的产官结合，发挥了整体力量。

当初共同研究所的研究目标是 1MB DRAM 的基本技术的研发，CDL 和 NTIS 的目标是把共同研究所的研究结果实用化，相互之间绝不允许研究相同的课题。所以，CDL 集中精力研发高度集成的装置，而 NTIS 研究高性能装置的实用化技术，也就是针对 64KB 和 256KB 的 DRAM 进行实际量产化的研究。CDL 和 NTIS 通过共同组合获得了政府补助的巨额资金，加上各个企业拿出的开发费，日本对 DRAM 的研发进展得非常顺利。

就这样，日本的 DRAM 的研发和生产面对不断扩大的市场，在充足的资金保证和各家企业的努力下，发展得非常顺利，日本生产的 DRAM 的市场份额不断扩大，到 1982 年，终于超过了美国。之后，日本企业没有停止脚步，日立制作所在 64KB 市场上，NEC 在 256 KB 市场上，东芝在 1MB 市场上，先后获得市场第一。到 1986 年，日本的 DRAM 已经占据世界市场份额的 80%，取得了压倒性的胜利。在前一年的 1985 年，美国摩托罗拉、AMD、

---

[1] 该组织是日本政府和民间企业共同组建的研发超大规模集成电路技术的团体。

NSC 和 MOSTEC 等企业相继宣布退出 DRAM 市场,而这个市场的开拓者英特尔也在这一年宣布退出 DRAM 市场,专攻 CPU。

日本的半导体企业得以高歌猛进,还有一个重要原因是专注民用市场的发展,而美国的半导体企业则更加依赖军事需求[1]。虽然日本没有军需支撑,但民用的电子计算器需求支撑了早期的日本半导体行业,随着民用市场的迅速扩大,美国半导体企业各方面的优势也就逐步缩小,这使得让日本企业能够引领技术发展,在价格竞争激烈的市场上保持竞争优势。

四. 被提到国家安全高度的半导体行业

晶体管是美国人发明的,世界上第一台晶体管收音机也是美国向市场推出的,DRAM 还是美国人发明的,但是,日本后来在这些方面都超过了美国。而当初,美国还看不起日本。当索尼把他们的晶体管收音机推销到美国去的时候,美国销售商一下子就发出了 10 万台的订单,但条件是必须使用美国企业的品牌,因为在当时的美国谁也不知道 SONY 这样的品牌,销售商不敢销售索尼品牌的产品。他们根本没有想到,不到数年,直接使用日本品牌的日本产品就风卷残云般地席卷了美国市场,不仅把美国的家电企业全部赶出市场,而且还使美国的半导体企业被迫调整发展方向。

---

[1] 佐藤定幸:《日米経済摩擦の構図》,有斐閣,1987 年。

1978年，美国在与日本的半导体贸易中首度出现2900万美元的贸易逆差，于是，美国半导体行业内对日强硬派的6家企业成立了美国半导体工业会（SIA），在日本进口壁垒和政府补助金方面展开了对日批判，他们投诉日本在1973年到1975年半导体萧条时期的设备投资是过剩投资，生产出来的过剩产品导致了美国企业陷入困境，并要求美国政府采取措施改变美国企业不利的地位。

1980年5月，美国惠普公司在华盛顿五月花酒店由日本电子工业协会主办的质量管理讲座上，发表了对NEC、富士通和日立制作所3家日本半导体企业，以及英特尔、MOSTEC和德州仪器3家美国半导体企业所生产的4KB和16KB DRAM产品进行的质量调查结果[1]：日美企业各自送交1个样品，其中3家日本企业的送审样品次品率都为零，而3家美国企业的次品率在0.1%到0.2%之间；在实际使用的产品抽查中，日本3家企业的产品次品率为每千小时0.01%到0.02%，而美国的产品次品率则是每千小时0.06%到0.27%。日本产品与美国产品在质量上的差距非常明显。另外在产品的成本、服务和供货体制等10个方面的综合评价中，3家日本企业的产品都获得了87分以上的成绩，而美国企业的最高分是86分，其余是63分和48分。这说明日本企业在生产系统方面也明显优于美国企业。日本企业正是凭借着出色的产品质量和生产系统，迅速地在世界半导体市场上攻城略地，获取了更多的市场份额。

---

[1] 内田登美雄："日米半導体摩擦の根源を探る——ワシントン・セミナーみる日本の高生産性の秘密"，《コンピュートピア》1980年7月号。

不许超越——美国打压日本的教训

　　1980年，日本生产的16KB DRAM获得了世界市场40%的份额。1981年3月，美国《财富》杂志刊登了一篇《日本半导体的挑战》[1]，指出在64KB DRAM领域的竞争，美国企业恐怕要输给日本企业。

图2-4　1981年3月美国《财富》杂志的插图

如果这一战美国企业输掉的话，不仅会给半导体行业的未来造成巨大的影响，而且，还会危及影响更加巨大的电脑行业。在这篇文章的开头，还配上了一幅插图，展示了矮小的美国拳击选手与日本巨大的相扑力士对决的场面。

　　而这场对决的胜负很快就由《财富》杂志自己宣判了。这一年12月的《财富》杂志刊登了另一篇文章，标题是《不吉利的日本半导体的胜利》[2]。

　　1983年，日本生产的64KB DRAM产量获得了世界市场70%的份额。于是，美国《商业周刊》就以《芯片战争：日本的威胁》[3]为题推出了有11页之多的日本半导体的特辑，用战争来形容美日两国的半导体竞争，详细报道了日本半导体的威胁，

---

[1]　Gene Bylinsky, "Japanese Chip Challenges", *Fortune*, Mar.23, 1981.

[2]　Gene Bylinsky, "Japan's Ominous Chip Victory", *Fortune*, December 14, 1981.

[3]　"Chip Wars: The Japanese Threat", *Business Week*, May 23, 1983.

并以夸张的口吻强调了"这场半导体战争的胜负不仅事关半导体企业的前途，而且是事关国家未来的重大事件"。这样，半导体行业不仅被认为是美国所有行业的基础，而且还被提高到了事关国家安全的高度上。1984年，美国通过了《半导体芯片保护法》。

1985年，SIA向美国国会提交了关于日本市场封闭性的报告。他们认为美国半导体在欧洲取得了极大的市场份额，但在日本却只得到了很小一部分市场份额，究其原因就是日本市场的封闭性，这对美国企业来说是极大的不公平。这样的报告引起了美国国会议员的极大愤慨，众议院很快就通过了要求日本对美国半导体开放市场的决议。而美国社会中更是充斥了日本设置障碍，让美日贸易之间存在着很大的不公平的批判声。在这样的气氛中，美国企业也开始积极提诉日本企业。

美国方面认为：日本企业有在美国硅谷偷盗技术的嫌疑；有为了提高在美国的市场份额而进行倾销的嫌疑；日本产品的市场竞争力与政府的补助金有关联；日本对美国企业在日本进行生产和销售设置了种种障碍；日本的半导体企业就是日本株式会社的成员[1]。

也就是说，**美国认为日本是以不正当的手段获得了半导体技术，又用不公平的贸易取得了市场优势**。而这一切都是美国需要排除的。

---

[1] Daniel I. Okimoto, Takuo Sugano, et al., *Competitive Edge: The Semiconductor Industry in the U. S. and Japan*, Stanford University Press, 1984. 日本株式会社是指日本政府和企业的混合体，是欧美媒体对日本经济的一种比喻。

五．半导体协定的签署

虽然日本方面认为美国对日本的指责是与事实不符的错误认识，美国要运用《贸易法》第301条是极不合理的。而日本已经废除了半导体关税，也不存在其他贸易壁垒。所以，没有必要和美国进行半导体方面的交涉。但是，在美国如此强大的压力下，为了维护美日关系，日本不得不开始与美国协商来改变日本半导体比美国有优势的局面。

1985年8月，美国和日本开始关于半导体贸易的政府间磋商。美国直截了当地提出为了让美国企业能在日本市场上开疆拓土，日本政府必须保证美国企业在日本市场拥有一定的市场份额。这显然违反了市场机制，也会让日本企业的努力付之东流，打击它们的积极性。所以，日本方面不能简单地答应美国的要求，谈判陷入僵持阶段。但是，日本政府从政治立场出发，最后接受了美国提出的要求。经过一年的谈判，到1986年9月2日，美国和日本两国政府签订了《美日半导体协定》。协定的主要内容是：

（1）扩大日本市场上外国半导体企业的市场份额。

（2）为了事先能够防止半导体产品的倾销，日本政府对出口美国以及第三国的半导体产品的价格进行监控。

《美日半导体协定》的有效期为5年，即1986年到1991年。美国要求日本答应在这段时间里把外国半导体产品不到10%的市场份额提高到20%，虽然日本方面认为这是非常不合理的要求而不承认有这样的数值目标，况且在协定里并没有明确的规定，但鉴于日本与美国的国力还有很大的差距，日本还是不得不实际接受了美国的这种要求。为此，日本设立了半导体国际交流中心，把日本电子行业的企业与外国半导体企业联系起来，进一步促进日本企业购买外国的半导体产品。本来是保护日本半导体企业的日本通产省开始指导日本企业尽可能地购买外国生产的半导体，并要求日本的半导体企业为了实现这个数值目标来推销外国生产的半导体。

同时，日本通产省的政策曾经被认为是阻碍外国产品进入日本市场的障碍，所以，通产省就开始强调规制缓和来回应美国的指责。但是，规制缓和本身却造成通产省失去存在意义，结果让通产省的官僚们严重丧失了信心[1]。到2001年，在日本政府的机构改革中，通产省被改编为经济产业省，宣告了在日本经济中举足轻重的通产省正式的告别。

日本政府和企业以为与美国签订了半导体协定后，就能放下心来继续工作，没想到在这个协定签订后刚刚过了半年，**美国国会参议院以日本没有遵守《美日半导体协定》为由一致通过了对日制裁的决议。当时里根总统根据《贸易法》第301条，对日本的电脑、彩电和电动工具等产品实施100%的报复关税。**这些出口到美国的产品的合计金额为3亿美元，要追缴3亿美元关税，这给日本带来了又一次巨大的冲击。当时的日本首相中曾根康弘迅速到美国与里根总统协商。在日本拼命保证一定会遵守这个协定后，美日之间关于半导体的摩擦总算开始平复。1988年，日本

---

[1] 土屋大洋："日米半導体摩擦の分析－数値目標とその影響－"，《法学政治学論究》第25号（1995年夏季号）。

政府不顾企业的反对，坚持要求日本各家半导体企业出资 2000 万日元设立了外国半导体产品客户协议会（UCOM），进一步要求日本企业购买外国半导体产品。

1991 年《美日半导体协定》规定的时间到期后，美国不满意协定执行的结果，结果这个协定又延长了 5 年，并且在修订的协定中明文规定了外国半导体产品在日本市场必须达到 20% 以上的市场份额。日本政府根据这个协定不得不在每个季度都要进行外国半导体产品市场份额的调查，如果外国半导体产品的市场份额有所下降，美国就会立刻要求日本政府采取特别措施来确保数值目标的顺利实现。根据事后调查，日本半导体企业最受打击的不是反倾销调查而是外国半导体占日本市场的份额调查[1]。

到 1993 年第三季度，外国半导体产品在日本市场的份额超过了 23.2%。所以，日本通产省宣布美日半导体摩擦已经结束。而早在 1992 年，NEC 就把世界半导体企业排行榜榜首的位置拱手让给了英特尔，日本的半导体行业开始失去光辉。

六."失去的十年"的象征

1945 年 9 月 2 日，日本政府代表在停留在东京湾的美国密苏里号军舰上签署了日本投降书，让这一天成为日本战败的日子。1986 年的同一天，日本政府又签署了《美日半导体协定》，被很多日本人认为是日本第二次战败的日子。之所以有这样的认识，

---

[1] 東壮一郎："半導体企業の設備投資に関する実証研究：日米半導体協定の影響について"，《関西学院大学商学研究》2015 年 69 号。

是因为签署《美日半导体协定》之后，日本的半导体事业江河日下，迅速地走向了衰败。

作为负责终结《美日半导体协定》的日方代表团团长，日立制作所前专务牧本次生回忆说[1]，这个协定规定了在日本市场上扩大外国半导体产品的市场份额和以公正销售价格固定了日本半导体的价格，这两个规定捆住了日本企业的手脚，以致日本企业失去了事业信心，干什么都不顺心。这样的气氛弥漫在当时的日本半导体行业。

为了保证外国半导体产品在日本市场获得20%的份额，日本的半导体企业不得不防止自己产品的过度销售，而去大力推销竞争对手的产品，这让一线的员工士气受挫。而所谓的公正销售价格实际上让日本企业失去了通过新产品开发而获得市场竞争力的动力。被捆住手脚的日本企业开始满足于维持现状。但是，这样的态度使得日本半导体企业的大客户迅速流失，又造成日本企业在系统LSI方面的营销能力和开发能力的衰退。加上日本企业在软件开发工具方面距离世界一流水准越来越远，结果使得日本企业在价格、性能以及交货时间方面的优势消失殆尽。

《美日半导体协定》的执行也被形容为拔掉了日本半导体行业的虎牙，让日本半导体行业失去了发展的势头。 日本企业在20世纪90年代兴起的个人电脑市场上落后了一步，而在生产水平分工的潮流中又落后了一步，到手机成为半导体市场主要客户的时候，日本企业已经完全跟不上了。日本的半导体行业的衰落成了失去的十年的象征。

在严峻的竞争形势和日本政府的指导下，东芝、富士通等企

---

[1] 牧本次生：《日本半導体 復権への道》，筑摩书房，2021年。

业放弃了DRAM事业，而日立制作所、NEC和三菱电机则把它们的资源集中起来，在1999年合资成立了DRAM生产企业尔必达，但发展并不顺利。虽然尔必达在2009年得到过政府的补贴，但还是不敌韩国等企业的投资能力，在它们的竞争攻势下走向了破产。也就是说，日本的DRAM事业被大企业抛弃后只维持了10年的寿命。2012年，在尔必达被美国美光科技收购之际，《日本经济新闻》发表文章指出，日本的半导体在这次DRAM败退中失去了10年，能不能像美国半导体那样复活，要看日本半导体行业有没有那样的魄力和能力了。

也就是在2012年，由三菱电机、日立制作所和NEC的LSI事业部门组合起来的瑞萨电子因为业绩下滑，就准备和业绩同样下滑的富士通半导体、松下电器进行重组，成立新公司，但是，巨额的投资费用得不到及时解决成为合资企业的拦路虎，新公司的组建迟迟没有进展。到2015年，富士通半导体和松下电器先行合资成立了新公司，继承这两家企业的LSI事业。新公司完全独立于富士通半导体和松下电器，这意味着即便新公司业绩不振，也不会影响到这两家公司的财务报表。这从一个侧面反映了这家新公司并没有明朗的前途。

在日本的半导体行业里，只有东芝在放弃DRAM事业后，集中资源生产闪存，总算维持了一定的市场地位。1986年，世界半导体企业排行榜上，日本企业在前十强中占据了6位，1988年，日本半导体的销售额占全球半导体市场的50.3%，但到了2019年，日本半导体在世界市场上的份额只剩下了10%。在世界半导体企业排行榜上，只有从东芝独立出来的闪存企业Kioxia挤进前十强，名列第9位，但是，到2021年，日本企业则从世界半导体市场前十位的排行榜上完全消失了。

表2-2 6个年度的世界半导体企业销售排行榜[1]

排名/年份	1980	1986	1992	2000	2010	2021
1	Texas Instruments	NEC	Intel	Intel	Intel	Intel
2	Motorola	东芝	NEC	东芝	Samsung Electronics	Samsung Electronics
3	Philips	日立制作所	东芝	NEC	东芝	SK Hynix
4	NEC	Motorola	Motorola	Samsung Electronics	Texas Instruments	Qualcomm
5	National Semiconductor	Texas Instruments	日立制作所	Texas Instruments	Renesas	Micron Technology
6	东芝	National Semiconductor	Texas Instruments	ST Microelectronics	Hynix	Broadcom
7	日立制作所	富士通	富士通	Motorola	ST Microelectronics	NVIDIA
8	Intel	Philips	三菱电机	Hitachi	Micron Technology	联发科技
9	Fairchild Semiconductor	松下电器	Philips	Infineon Technologie	Qualcomm	Texas Instruments
10	Infineon Technologie	三菱电机	松下电器	Micron Technology	Broadcom	AMD

[1] 半導体産業研究所：《FACT BOOK 半導体手帳2004年版》，IHS iSuppli, Omdia。

第四节　不让日本的高新技术出头

一 . 不让日本 OS 引领市场

在日本泡沫经济最繁盛的 1989 年，日本国产电脑操作系统 TRON 也正要迎来商业化的春天。然而就在日本电脑行业刚刚树立起自信心的时候，美国迎面泼来了一盆冷水，直接把这把火给扑灭了。

1989 年，美国贸易代表办公室公布的外国贸易壁垒报告中，列举了日本在半导体、光纤、宇宙航空、汽车零部件、流通系统、商业习惯和大店法以及 TRON 等领域里的贸易壁垒问题。令人奇怪的是，其他分类都是指一种事业领域，而只有 TRON 是一个具体的电脑操作系统。这样的分类说明了美国对 TRON 这个系统非常重视。那么，美国为什么会如此关注 TRON 这个电脑操作系统呢？

TRON 是 The Real-time Operating system Nucleus（实时操作系统内核）的首字母缩写，就是指一个公开的实时操作系统内核。1984 年由东京大学的坂村健教授发起了 TRON 项目，提倡日本独自开发电脑的操作系统。日本社会对这个项目给予了高度的关注，日本通商产业省、文部省都大力支持这个项目，东芝、三菱电机等国内电机企业也纷纷出钱出力，参加了这个项目。可以说，TRON项目也是20世纪80年代，集合日本产官学资源的一个开发项目的典范。

在日本社会的高度关注下，TRON项目的开发进展顺利，分别开发出用于工业生产方面的ITRON以及用于商业和教育方面的BTRON。根据项目小组的报告，将来还要开发整合这两方面的MTRON系统。1987年，项目小组发表的TRON项目目标是"为全社会的需要创造一套理想的计算机结构和网络"。这是通过超功能分散系统（Highly Functionally Distributed System，HFDS），把各种分散的电脑联系起来，随时随地都可以操作，及时地处理各种问题。

当然，这样宏伟的未来需要一步一步踏实前进。1989年，日本文部省和通产省共同管理的财团法人电脑教育开发中心（CEC）决定在日本中小学的教育系统中引进以BTRON为标准的个人电脑，使得TRON项目出现了美好的前景。

不过，从技术方面来说，TRON项目还属于非常初步的系统，既没有技术累积，也没有应用软件的扩展，加上不是由一家企业主导开发，所以，在激烈的市场竞争中或许并没有生存下去的可能。但是，在1989年这个时点上，美国把TRON项目作为美日之间的贸易摩擦问题提出来，是因为美国的MS-DOS等软件虽然更具有市场优势，但还有重要的难题没有克服，比如MS-DOS完全是英文系统，无法进行汉字转换，这些技术问题已经妨碍了美国软件进军世界。如果这个时候任由日本自主软件进一步

113

发展，那么美国软件就有失去世界霸权的可能。所以，**美国在迫使日本修改国内制度为美国企业让路的时候，就把 TRON 项目单独立项，要求日本切实停止对这个项目的支持。**虽然日本政府辩称在教育体系中使用以 BTRON 为标准的电脑是日本的中小学、教育委员会市场选择的结果，但这样的说明美国方面当然是通不过的，这样，在美国的压力下，日本中小学事实上就没有可能再选择以 BTRON 为标准的电脑了。

二. 不让日本技术国际标准化

虽然 TRON 项目在 1991 年以 IROS 的名称复活，并被 NTT 作为独自的通信操作系统所采用，但日本自主原创的电脑操作系统永远失去了市场普及的可能。然而，美国并不满足这样的结果，因为 TRON 项目象征了日本还是具有自主研发高新技术的可能，美国已经不允许这种不被他们控制的技术发展了。

1990 年，在美日结构协议的一次关联会议上，美国贸易部原副代表发言指出：日本的高新技术已经威胁到美国。他们力量的源泉是 NTT 研究所，在下面有 NEC 和富士通等企业，日本的电脑行业因此而发育成长，已经到可以威胁美国的地步了。日本方面认为这时美国透露了他们真正的想法。

实际上，日本认为美国不让日本高新技术出头也是有事实根据的。**根据东京大学教授石黑一宪多年来的论述，可以知道除了 TRON 项目，NTT 的光纤通信技术和移动通信技术都属于世界领先技术，完全可以成为国际标准。**在一流企业做标准，二流企业做品牌，三流企业做产品的年代，获得国际标准标志着商业上的成功。但是，在美国的打压下，NTT 虽然拥有国际领先技术，不仅无法独享国际标准的成果，而且还遭遇了企业被分割，竞争力被削弱的命运[1]。

1995 年，NTT 正式形成了把自己开发的光纤通信技术推广为国际标准的战略。为了实现这个目标，NTT 采取联合欧洲企业共同研发的方法，希望借助欧洲企业的力量把 NTT 的技术国际标准化。由于这里面并没有美国企业参加，而日本和欧洲的联合，让美国感到了战略性威胁。在光纤通信领域，到 1976 年为止，美国企业掌握了最尖端技术，引领了世界的光通信行业，但是从 1976 年以后，NTT 开始在技术方面取得领先地位，这已经引起美国的愤懑。**1998 年，NTT 主导的 FSAN（Full Service Access Network）所推进的光纤到户（FTTH）技术得到联合国专门机构国际电信联盟的认可，成为 FTTH 的国际标准**。这一动向更是激怒了美国。当时美国副总统戈尔正在推进信息高速公路计划，非常不愿意看到日本技术超过美国成为国际标准。于是，美国批判日本的做法很不公平，要求其作出改善。

实际上，在 NTT 刚刚启动国际标准战略的时候，美国就已经给日本施加压力，要求分拆 NTT，减少 NTT 的研发经费，从而弱化 NTT 的研发能力。美国通过年度改革要求书，把日本的通信业作为改革的对象，要求日本进行改革。日本政府在 1997 年修改了《NTT 法》，于 1998 年把已经民营化的 NTT 分割为东西两个市内电话公司和一个长途电话公司。虽然 NTT 研究所幸免于难，没有被分拆，但母公司的分拆，造成研发经费的来源

---

[1] 石黒一憲："NTT 解体という謀略"，関岡英之 + イーストプレス特別取材班：《アメリカの日本改造計画—マスコミが書けない"日米論"》，イーストプレス，2006 年。

出现了问题。不过，面对打压，日本企业往往是越战越勇。NTT不仅在光纤通信方面继续处于领先地位，就是在新兴的移动通信方面也保持了领先地位。

1979年，NTT的前身日本电信电话公社推出汽车电话服务，这是世界上最早的民用移动电话服务。1985年，又推出携带式移动电话终端，因为终端过于笨重，而费用极高，所以，使用者只限于部分特殊用户。到1987年，NTT以移动电话的名称正式推出了移动通信服务。NTT移动通信部门于1992年从NTT分离出来，成为NTTdocomo而独立运营。当然NTTdocomo也继承了NTT的移动通信技术，并继续发展。1997年，该公司在世界最先向国际电信联盟提交基于W-CDMA的移动通信国际标准，并于2000年得到认可，成为第3代移动通信的国际标准。由于第1代和第2代移动通信的国际标准比较混乱，所以国际电信联盟希望到第3代的时候，国际标准能真正地统一起来。但是，美国害怕日本用这样的国际标准引领世界市场，就通过各种压力，让国际电信联盟把美国研发的CDMA2000也定为国际标准。诚如美国人认识到的那样，获得国际标准也就保证了自己的利益。美国就以国际标准为名，让日本的移动通信企业采用了CDMA2000系统，成功地在日本市场上分得了一杯羹。

三．美国在不重视的领域里也不支持日本

由于害怕日本的技术在取得国际标准后能得到进一步发展，美国就是在自己不重视的领域里也不支持日本技术去获得国际标准。

比如，在电视机领域，美国企业早已经退出这个市场，事实上并不关心电视机的高清技术的发展。而在这个领域，日本企业表现出色。如果日本的高清电视的技术标准成为世界标准的话，无疑，参与其中的日本企业将获得极为有利的竞争地位。但是，这却不是美国所愿意看到的一幕。

日本高清电视机的开发是在日本的国营电视台 NHK 放送技术研究所主导下展开的。NHK 放送技术研究所在日本的广播电视的普及方面起到了非常重要的作用。该研究所不仅开展广播电机器材的基础性研究和应用型研究，而且还对这些器材的商品化进行研究。在这家研究所的主导下，日本的家电生产企业也加入了研发，NHK 为此投入了 290 亿日元，而各家企业的研发费用合计超过 1 兆日元。

一直到 20 世纪 80 年代，欧美企业并没有重视高清电视的研发，所以，日本在这一领域始终处于世界领先地位。在 20 世纪 70 年代推出了分辨率线数 1125 条的暂定规格的基础上，进入 20 世纪 80 年代，高清电视所需要的摄像机、高清显像管、录像机以及编辑设备都得到了发展。1982 年，高清电视的 MUSE 制式开发出来之后，高清电视首先从卫星电视开始试验，到 1994 年日本开始了高清电视的实用化试验播放。

高清电视技术不仅发展了电视传播的方式，而且也促进了电视机的发展。1979 年，日立制作所就开始了高清电视的研发，在 NHK 放送技术研究所的技术指导和帮助下，成功地开发出一系列高清电视产品。东芝也不甘落后，从 1981 年开始投入高清电视的研发行列中。这也引发了日本电视机生产企业全面进军高清电视的热潮。在 NHK 放送技术研究所的技术指导和帮助下，1988 年，日本胜利、索尼和松下电器纷纷推出了内置 MUSE 解码器的高清电视产品。但是，这些产品的价格高得惊人，比如松下电器在 1990 年推出的 36 英寸高清电视机的价格竟高达 450 万日元，当然不是普通老百姓可以接受的价格。不过，有了这样的开始，后面的事就容易多了。日本企业所擅长的制造的"减法"技术再一次得到淋漓尽致的发挥，到 1993 年，东芝推出的 32 英寸高清电视的价格就降低到 100 万日元以下，其他企业也纷纷推出价格更为低廉的高清电视机，这样，高清电视机很快就进入了普及时期。

高清电视在日本取得一定的成果之后，NHK 就把眼光投向世界，他们希望他们开发出来的高清电视规格能够成为世界的统一标准，所以就把高清电视翻译成 High Definition Television，用欧美人更容易接受的名词，积极地向欧美推销。但是，美国由于电视台与电视节目制作的体制问题，迟迟得不出是否接受日本规格的结论，而欧洲为了保护自己的企业则明确地反对日本的规格。再加上高清电视的传输技术规格 MUSE 是基于模拟技术的一种规格，并没有跟上数码技术的发展，2000 年以后，美国的 ATSC、欧洲的 DVB-T 标准与日本的 ISDB 数字广播系统技术都成为国际电信联盟规定的高清电视标准之一。而日本研发的高清电视标准没有成为唯一的世界统一的标准。

四．前门是狼，后门是虎

对于东京大学教授石黑一宪指出的这些问题，笔者也去寻找了相关资料，发现有这样的事实，却很少有这样的报道。难怪石黑指出，在美国打压日本高新技术的时候，在日本国内存在着美国的代言人。他称之为前门有虎，后门有狼。

比如日本的邮政省，他们不仅没有挺身出来保护本国的企业，反而对美国言听计从，帮助美国瓦解了日本企业的竞争力。石黑指出，2000年12月，邮政省在电气通信审议会上提出的答辩书，不仅打压了NTT，更是允许把日本资产廉价地出卖给外国资本，完全是一副奴才相。还有，日本的公正交易委员会，不仅不能理解NTT的技术能力具有国际领先地位，而且，还严厉打击NTT向美国示好。公正交易委员会十分理解外压的作用，主动利用美国的压力，既能在日本畅通无阻，又能得到美国的赞许，这样，就可以在官僚界中提高自身的地位，所以，打击NTT也就成为获取美国赞许的捷径。

实际上，美国也有这样的战略。即利用在日本的美国代言人来为美国牟取利益。2004年，美国贸易代表办公室的副代表威廉姆斯就曾经在国会听证会上明确说明，要在日本国内找到美国利益的代言人，让他们发声来为美国牟取利益[1]。这样的主张在美国也不乏知音，在美国对日政策中发挥重要作用的伯格斯滕也是这样认为的。

这样的代言人是通过各种渠道产生的，其中不乏在美国直接教育下成长起来的代言人。二战后，美国通过奖学金的方式吸引了世界各国的精英去美国留学，在让这些精英接受最新教育的背后，隐藏着美国的国家战略，即通过这样的教育把各国来的精英培养成美国利益的代言人。富布赖特奖学金制度就是

---

[1] 関岡英之：《拒否できない日本——アメリカの日本改造が進んでいる》，文藝春秋，2004年。

其中的一环，后来成为小泉纯一郎政府主持邮政民营化等改革的竹中平藏，就是得到富布赖特奖学金而留学美国的成员之一。作家盐野七生曾经指出，美国的这种教育制度实际上是模仿罗马帝国的。古代罗马帝国也曾经出资吸引各地权贵的子弟到罗马学习，然后把他们教育成罗马帝国的代言人。"美利坚治世"不仅在名称上，就是在内容上也是罗马治世的翻版。

在美国的代言人里，日本的主流媒体算是典型的代表。媒体人东谷晓通过日本主流媒体对"结构改革"报道的分析，揭穿了这些媒体"卖国"的本质[1]。

在日本式经营之下的日本企业往往重视现场，重视员工，而不太强调股东的权益。日本企业的并购也往往是以扩大业务为主要目的的。而美国企业的并购更多的是财务性并购，而不太考虑被并购企业与并购企业的业务关系。从美国开始对日本进行结构性改造后，日本也引进了美国的企业制度，财务性并购开始增加。对此，日本的主流媒体都以积极的态度做正面的报道。《朝日新闻》曾对村上基金和来复道尔在日本的并购发表社论指出，虽然以前日本对企业并购存在着"只是赚钱的道具"这样的负面印象，但为了祛除日本企业的旧风陋习，开拓新的道路，并购战略是现在日本企业可以选择的新战略。《读卖新闻》在王子纸业并购北越制纸时也大加称赞，指出日本代表性企业开始打破禁忌，有可能改变日本企业并购的历史。《日本经济新闻》也指出，并购的最终判断者应该是股东，这一点是不能忘记的。

---

[1] 東谷暁："日本マスコミは信用できるか"，関岡英之＋イーストプレス特別取材班：《アメリカの日本改造計画—マスコミが書けない"日米論"》，イーストプレス，2006年。

东谷指出，日本主流媒体之所以如此称赞企业并购，实际上是配合了美国改造日本的计划。美国通过年度改革要求书，要求日本改善企业并购的环境。在1994年版的年度改革要求书里，就已经非常明确地提到了这一点：外国企业在日本的并购活动水平非常低，为了改善环境，促进外国企业的并购活动，日本企业必须形成和保持对这种企业并购表示肯定的气氛。显然，日本主流媒体对企业并购的称赞应该是对美国要求的回应。同时，主流媒体对美国给日本提出的年度改革要求书却不予正常的报道，使得日本国民在很长的一段时间里并没有注意到竟然有这样的要求书的存在。

日本的主流媒体是不是美国利益的代言人不能简单地下结论。但是，日本媒体报道缺乏自由度由来已久。根据NHK的报道[1]，国际媒体团体根据日本媒体在大企业的影响力下争相做自我审查的事实，在2022年再一次降低了日本媒体报道自由度的全球排名。而且，能够屈服于大企业的压力，难道就不会屈服政府的压力吗？可以明确知道的是，没有掌握主流媒体的类似石黑这样的批判到现在也没有成为日本的主流声音。

---

[1] www3.nhk.or.jp/news/html/20220504/k10013610921000.html.

第三章

从打压到压榨

第一节　更深层次的对日打压
第二节　结构性改造日本
第三节　货币战败的结构

第一节　更深层次的对日打压

一. 美国总统访日

1983年11月，美国总统里根访问了日本。但这个时候，大概没有几个日本人会想到，**里根总统的这次访问标志着美国对日本的态度已经开始从打压变为压榨了。**

虽然日本首相在20世纪50年代就开始访问美国，但美国总统到日本访问却是从1974年福特总统开始的。1972年，尼克松总统访问了当时还没有建交的中国，却没有顺路访问日本。实际上，美国在发布尼克松总统将访问中国的消息时，事前没有派人向紧跟美国外交的日本通报，而这恰恰是日本最担心的事情。据说，这与日本佐藤荣作首相没有积极应对所谓的纤维贸易摩擦有关[1]。福特总统之后的卡特总统两次访问了日本，一次是参加东京七国首脑峰会，让日本同意充当火车头来拉动世界经济。被

---

[1]《繊維交渉決裂、米が"失望と懸念"　71年の外交文書》，《日本経済新聞》，2014年7月24日。

捧得晕乎乎的日本不得不向世界保证让日本的经济增长率达到6.7%，甚至到7%。然而，尽管日本努力奋战，但在世界经济处于深度低迷的时候，欧洲共同体的增长率也只有2.5%，日本已经力不从心了。日本没有坚守他们的诺言，只是留下了一大堆国债。卡特总统在这次访问时还顺便去静冈县的下田，参加了和当地民众的聚会，缅怀了一百多年前美国黑船敲开日本大门的历史。卡特总统再次来日本是为了参加大平正芳首相的葬礼，属于礼节性访问。所以，日本对里根总统的这次访日非常重视。里根总统也有这样的呼应，他不仅参加了各项正式活动，还到东京郊外的日之出町的中曾根康弘的私人别墅去了一次，并穿上了和服外套，显示了美日首脑之间前所未有的亲密关系。

不过，里根总统显然不是为了增进与日本首相的私人关系来日本的，而是有更为重要的事情要做。**在与中曾根首相会谈后，美国和日本决定成立美元日元委员会来处理美国要求日本金融自由化的问题。因为日本自主进行的金融改革远远不能满足美国的要求，美国要进行直接的干预。**

20世纪70年代接连发生了尼克松冲击和两次石油危机，给世界经济带来了巨大的冲击，各国不得不修正它们的经济增长率预期。日本也在这段时期内告别了经济的高速增长，进入了稳定增长的时期。但日本由于很快地克服了这些冲击带来的问题，表现出比其他国家更好的经济发展水准。这就进一步招来来自美国的压力。为了应对这些压力，日本着手改革金融制度，并于1981年公布了新的《银行法》，并从这一年开始落实银行行政的自由化及相关强化措施。但是，日本的自我改革金融制度的举动并没有让美国感到满意。

里根总统为了在 1984 年的总统选举中获得连任，需要通过解决日元汇率偏低的问题来缓和美国产业界的不满。所以，他**接受了"所罗门报告"关于日元汇率偏低问题的结论，即日本的国内金融市场和资本市场都十分封闭，使得日元的国际化程度非常低**，这导致了国际上对日元的需求不多，从而让日本汇率远远低于正常的水平，这最终使得美国的贸易赤字日益增多。所以，封闭的日本金融和资本市场是万恶之源，需要从这里开刀。"所罗门报告"实际上是 1983 年卡特彼勒董事长摩根委托斯坦福大学埃兹拉·所罗门教授撰写的日元汇率如何损害美国企业竞争力的报告。对此，作为经济学优等生的日本政府则以完美的经济学理论来反驳美国的主张。日本认为，美元和日元的汇率是根据美国和日本的通货的需求与供给关系决定的，这与日本的市场是否开放是没有关系的。而且，关于通货的供需如何对汇率产生影响也不是用一句话就能说清楚的，日元国际化的深化不一定带来对日元需求的结果，对金融自由化也应该用这样的观点来分析。虽然从经济学的角度来看，很难证实市场是不是开放与一个国际的贸易收支之间有密切的关系，但是，对美国人的要求，日本官僚的态度是理解的要接受，不理解的也要接受。

就这样，美元日元委员会从 1984 年 2 月以后举行了 6 次会议，到 5 月，就提出了美元日元委员会报告书。**从这份报告书中可以清楚地看到，日本几乎全面接受了美国在所关心领域里的要求**。比如在金融和资本市场自由化方面，日本同意关于利息设定的自由化，短期金融市场的创立，存款证书（CD）发行条件的缓和，日元银行承兑汇票（BA）市场的创设，日元的对外借贷自由化等。在外国金融机构进入日本市场方面，日本也同意放开各种条件，让外国银行进入日本的信托行业。美国所提的要求，实际上都是以日元汇率偏低为由而促使日本金融市场的自由化，让美国金融企业更加方便地进入日本市场。从这里也可以看出，美国已经开始从单纯地打压日本转向压榨日本了。

二．广场协议的签署

美元日元委员会报告公布以后，日本的金融自由化进程明显的加快，让日本的银行家感到了困惑[1]，但也有很多人认为在日本走向稳定增长的过程中，这样的改革是不可避免的。不过，美国通过美元日元委员会提出的各项要求虽然让日本大部分接受，但还是没有改变美国的对日巨额贸易逆差问题。事实上，美日贸易问题也不是美元日元委员会所能解决的简单问题。

20世纪70年代的两次石油危机导致美国能源价格大幅上升，美国消费物价指数随之高攀，美国出现了膨胀率超过两位数的严重通货膨胀。比如在1980年初把钱存到银行里去，到年末的实际收益率是-12.4%。为了解决严重的通货膨胀，美国实施紧缩的货币政策。这一政策的结果是美国出现高达两位数的官方利率和20%的市场利率。这种高利率政策最后平息了通货膨胀，也吸引了大量的海外资金流入美国，导致美元飙升，从1979年底到

---

[1]　滝田洋一：《日米通貨交渉20年目の真実》，日本経済新聞社，2006年。

1984年底，美元汇率上涨了近60%，造成出口减少和进口剧增，带来了严重的贸易逆差。到1984年，美国的国际贸易赤字达到了创历史纪录的1000亿美元。同时高利率政策也压抑了国内的企业投资，企业业绩下滑造成了税收的减少。这样，**美国虽然平息了来势汹汹的通货膨胀，却留下了贸易逆差和财政赤字的双胞胎赤字的局面**。1982年的美国财政赤字与名义GNP之比为-4.1%，到1985年更是达到了-5.4%[1]。因此，美国的实际利率也在逐年增高。而日本从1982年以后，随着财政重建的进展，政府预算对国债的依存度下降，导致了实际利率的下降。也就是从1983年以后，美国和日本利率之差逐步拉开。

美国从1982年的萧条中很快恢复过来，到1984年经济增长率达到了7%左右。随着美国景气的扩大，日本对美国的出口也不断增加。日本为了消化不断增加的外汇储备，开始积极投资美国证券和美国国债。这些也增加了对美元的需求，形成了日元贬值的情况。到1985年初，日元汇率贬值到1美元兑换260日元，使得日本出口企业处于更加有利的位置。美国对日贸易赤字占美国外贸赤字的比例从1983年的31.4%上升到1985年的40.2%。虽然美国要求日本开放市场来解决美日贸易不平衡的问题，但是成效不大。而美国虽然表面上认为在稳定国内物价、提高生产效率、吸引外资流入美国等方面，美元的坚挺十分重要，但实际上在双胞胎赤字情况下，对维持美元坚挺的做法开始出现了质疑。

---

[1] *Budget of the United States Government for Fiscal Year 1889*, Historical Tables.

这样，在美元坚挺下的日元汇率就成为大问题了。美国出现了引导日元贬值的日元汇率操作论，来指责日本利用汇率帮助日本产品侵占了美国市场。克莱斯勒汽车公司总裁李·艾柯卡的讲话代表了美国人的逻辑[1]："所有的事项都必须按照对自己有利的方向进行解释。市场原则根据立场的变化而变化，绝不是万能的，是需要修正的。"日本产品的国际竞争力之所以那么强，就是因为日本引导了日元贬值。对这样的指责还需要什么根据吗？"只要像鸭子那样走路，像鸭子那样叫的话，那就是鸭子无疑了。"**美国开始把日元汇率偏低指责为不公平的贸易习惯。**

既然日元汇率偏低有问题，那么，解决方法也就自然产生。1985年2月，在美日德英法5国财政部长会议上，一直坚持坚挺的美元符合美国利益的财政部长唐纳德·里根的态度也出现了软化。而贝克接替出任财政部长后，就进一步推动美元转向贬值方向。同时，**贝克继续给日本施加压力，要求日本以扩大内需的方式来削减日本对美贸易的顺差。**然而，日本国内对为了扩大内需而增加财政支出非常消极，因为在20世纪70年代，欧美鼓吹火车头论，也就是希望日本通过国内的财政刺激来牵引世界经济。结果，这给日本留下了国债急剧上升的一地鸡毛，让日本政府心有余悸。而根据当时的日元和美元的实际购买力来看，日本认为适当地提高日元汇率是没有问题的，如果这能解决美日贸易摩擦问题，那就是对美国的一个很好的交代了。所以，**日本在1985年初，更愿意接受美国的要求，倾向操作汇率来解决贸易摩擦问题。**

---

[1]　Lee Iacocca, *Iacocca: An Autobiography*, Bantam 1984.

这样，在1985年上半年，在美国财政部长詹姆斯·贝克的直接指挥下，美日德英法5国达成了让美元贬值的协议。9月22日在纽约广场饭店举行的美日德英法5国财政部长和中央银行行长会议基本上就是一个形式，所以这次具有历史意义的会议只用20分钟就结束了。会议结束后，与会者立刻与国际媒体见面，宣布了会议达成的协议，即5国政府联合干预外汇市场，使美元对日元和马克的汇率循序下调，帮助解决美国巨额的贸易赤字问题。这个协议因为是在广场饭店公布的，也被称为"广场协议"。

广场协议立竿见影，公布一个星期后，美元对日元就贬值了10%，一年之后，美元对日元贬值了40%[1]。

三. 对抗日本的"不公平贸易习惯"

尽管美国周到地导演了广场协议，迫使日元进入升值轨道，但恐怕连美国的设计者们也没有预计到广场协议会带来改变日本经济发展趋势的结果。所以，对美国来说，在广场协议发布后第二天里根总统关于贸易的新政策才是更为重要的。这从美国把广场协议签订的日期硬是安排在里根总统讲演之前也能看出，只是时过境迁，大家更多是记得广场协议，而里根总统的新贸易政策讲演大概已经被忘却了，然而，这次讲演却在美国如何继续维持美国的霸权方面具有重要的意义。

---

[1] 参见日元兑美元即期汇率，www.federalreserve.gov/releases/H10/hist/dat89_ja.txt。

里根总统标榜自己是自由贸易主义者，但是，在他的贸易政策里充满了保护主义色彩。美国国际贸易委员会前主席斯登也曾经指出[1]，如果说里根政府关于贸易法规有一贯的姿态的话，那就是在美国产业界申诉不公平的时候，会给予充分的考虑。不过，在里根总统第一个任期里，他更喜欢采用让出口国自我限制对美国出口的方式，这种方式虽然没有和美国缔结明确的协议，但在要求与美国贸易的国家限制对美国出口的方面，效果是没有什么差别的。也就是说，里根总统可以继续打着自由贸易的旗号来保护美国的产业。

但是，这样的自我限制措施对解决美国的贸易赤字问题似乎没有什么帮助。比如，日本汽车行业在1981年开始自主设定了168万辆的对美出口额度，但因为美国国内市场的需求旺盛，这个限制额度也不得不逐步上调，到1985年以后，上调到230万辆。而这样的额度增加也没有对美国汽车行业造成实质上的伤害。事实上，自我限制与GATT的无差别原则和多极主义原则也是不相容的，在1995年创立的WTO就原则上禁止了这种做法。

1984年，美国的贸易逆差首次突破1000亿美元，美国把这些都归罪于日本的不公平贸易习惯。进入第二个任期的里根总统决定改变以前的做法，推出新的贸易政策。在广场协议公布后的第二天，里根总统在白宫东厅发表了关于新贸易政策的演说。内容主要有三点：（1）把自由贸易变为公正贸易；（2）通过动用1974年《贸易法》第301条款来纠正外国政府的不公平贸易习惯；（3）推进地域主义政策。

---

[1] 瀧井光夫："レーガン政権の通商政策 一歴史的転換とその遺産"，桜美林大学：《国際学レウュー》，2006年第18号。

里根总统在这次演说指出，自由贸易的定义就是公平贸易。这是美国政府首次在正式的贸易政策中表明要更加重视公平贸易，这给后来美国保护主义立法带来了重大的影响。同时，里根总统也表示如果外国政府不顺从美国的要求，美国就要采取单方面的惩罚措施，而且惩罚措施可以扩大到问题领域之外，这完全是一种威吓行为。对外国政府有没有不公平的贸易习惯，美国政府并不需要提出任何证据就可以直接判定，从而使美国政府的威吓具有更恐怖的威力。虽然美国曾经对欧洲的地域特惠政策做过强烈的批判，但里根政府对关贸总协定的整体谈判越来越不耐烦，开始积极推动地域主义政策。这从1984年美国与中南美国家签订加勒比地区特惠协定后就一发不可收，接连推动了与以色列的自由贸易协定、北美自由贸易协定以及与智利的自由贸易协定。实际上，美国已经开始用地域主义政策来取代关贸总协定的多国主义政策。

里根总统的新贸易政策事实上也促使了美国的保护主义立法。1988年，美国国会参众两院经过4年的争吵，最终通过了《1988年美国综合贸易法案》（Omnibus Trade and Competitiveness Act of 1988）。针对所谓的外国的不公平贸易习惯，该法案加强了美国总统的谈判授权，以提高其在多边、双边谈判中迫使外国政府作出让步的能力。该法案还比较突出地包括了大量与知识产权有关的条款，并创造了"超级301条款"等新机制，使得美国政府在与外国进行知识产权谈判中获得可以威吓对手、打压对手的尚方宝剑。

四. 普拉特演说

其实在美国一直到 20 世纪 80 时代初，对知识产权的保护并不重视。虽然美国很早就制定了专利法，但是在 20 世纪 30 年代，当时的美国总统罗斯福为了克服全球性经济危机的冲击，严格实施了《反垄断法》，对企业用专利法来保卫自己利益的做法做了很大的限制。但是，到 20 世纪 70 年代后半期，日本企业的崛起等因素让美国企业认识到技术创新对于确保竞争力的重要性。1982 年，联邦巡回上诉法院（CAFC）在专利制度改革方面取得了快速进展。**也就是在这段时期，美国企业开始把保护知识产权与美国企业的竞争力结合起来，从而在美国逐步形成了用保护知识产权的手段来打压外国（主要是日本）的氛围。**

1984 年 10 月，美国辉瑞董事长兼 CEO 爱德华·普拉特在美国国际工商理事会发表了题目为"保护美国竞争力的知识产权"的讲演[1]。作为在发展中国家投资最多的世界大型制药企业，1984 年辉瑞海外部门的营收占公司总营收的 44%，面临着很多仿制药企业给他们带来的威胁，所以，辉瑞希望通过保护他们的知识产权来保护他们的利益。而普拉特讲演的目的就是要让国际工商理事会成员理解保护知识产权就能增加美国企业利益的关系，从而促进美国获得一种通过强化知识产权来压制其他世界各国的新方法。

普拉特在讲演中强调，美国的产品，不仅在钢铁、汽车、机床等成熟领域里失去了支配能力，就是在一些高新行业中也失去了对

---

[1] "Intellectual Property——Safeguarding America's Competitive Edge", a Speech by Edmund T. Pratt, Jr. to the U.S., *Council for International Business*, October 10, 1984.

世界的支配权。但这并不意味着美国失去了竞争力，因为美国企业的生产效率、革新能力以及企业家精神依然处于世界领先水平。美国之所以在很多领域里失去支配能力，是其他国家通过关税、对国内企业的补助、补贴国内的研发、限制外资等不公平的竞争所带来的，这些不正当的行为妨碍了美国企业的活动。更为严重的是，外国的企业利用美国的信息公开法盗取美国的最新技术，并用这些盗取的技术生产产品出口美国。实际上这种盗用还不是个人行为，而是外国政府支持和鼓励的行为。而美国在很长的时间里对这些盗用采取了宽容的态度，让这样的盗用更加恶化。

接着，普拉特强调，**美国的技术已经成为美国最有价值的国家资源**。为了保护美国的竞争力，就必须把保护知识产权作为国内政策和外交政策的最重要课题。也就是说，要确立美国的新综合性知识产权保护政策。具体来说，在美国国内需要修订防止技术流向外国的法律，对外要修订防止外国竞争者盗用美国技术的国际协定。

普拉特认为，真正的挑战是强化如何在海外保护美国的知识产权。为此，他提出了四项国际战略的建议：（1）美国政府必须在贸易和海外投资的国际交涉中把保护知识产权列入主要目标。（2）美国政府必须利用优惠的关税制度这样的恩惠来推进在发展中国家对知识产权的保护。（3）美国政府应该研究如何和发展中国家签订两国间的知识产权保护协定。（4）美国政府也应该推进多边的知识产权保护协定。多边协定应该明确禁止排他性强制许可，必须有最低限度的保护基准。由于保护知识产权是贸易和对外投资不可或缺的基础，所以，还必须确立像经合组织（OECD）、GATT那样的具有广泛存在基础的经济组织。

普拉特还强调，美国企业应该和政府一起积极行动，互相配合。因为，美国未来的国际竞争力将取决于这个行动。

普拉特在讲演中把外国利用美国技术称为盗用，具有诽谤性的煽动作用。把一切不利于美国企业的要素都认定为不公平的贸易习惯，本身就具有不公平的性质。而把美国企业的竞争力等同于美国的竞争力更是被保罗·克鲁格曼认为是一种痴迷[1]，也就是说，普拉特的关于技术盗用等于不公平贸易习惯等于竞争力低下的逻辑本身充满了矛盾，但是，因为普拉特在美国政府中担任顾问，并在很多时候能够起到决定性的作用。所以，这次讲演后，普拉特强调的逻辑就成为美国的主流声音。美国上下开始强调保护知识产权。

在这样的舆论影响下，里根政府也认识到，用保护知识产权的手段可以解决"促进自由贸易体系"和"维护美国公司的权利"的两难问题，这样，美国政府和民间企业都开始加强对知识产权的保护，并在具体的运用中收获颇丰。

五. 知识产权的新战场

美国政府依据总统产业竞争力委员会提交的《全球竞争：新现实》报告，制定并出台了专利保护政策。**美国把专利与贸易挂钩，在阻碍他国商品进入美国市场上发挥了重要作用。**本

---

[1] Paul Krugman, "Competitiveness: A Dangerous Obsession", *Foreign Affairs*, Vol.73, No.2, 1994.

来美国的专利保护政策是因为在产品竞争力方面美国企业节节败退而采取的保护措施，所以，美国的知识产权就比当时联合国对专利的规定还要严格。当时拥有专利权的美国公司纷纷向日本企业提出支付专利费，停止生产和销售的要求。通过这样的知识产权保护，美国不仅有效地遏制了日本企业发展势头，同时也给美国企业带来了丰厚的收益，而美能达就是美国保护专利政策下最著名的牺牲者。

在因缘际会的 1985 年，日本精密机械制造企业美能达推出了世界上第一款自动对焦单反相机——α7000，给世界照相机市场带来了巨大的冲击。这款革命性的自动对焦单反相机在市场上不见对手，所以非常热销，几乎是一上市就出现了断货，市场上一机难求。渴望早日拥有的用户只能预约等待一个月甚至更长的时间。爆发性需求还引发了加价销售现象的出现，所有这些都可以说是日本照相机工业历史上空前绝后的现象，被称为 α 冲击波。

然而，沉浸在成功的喜悦中的美能达很快就遇到了美国保护知识产权的当头一棒。美国的霍尼韦尔在 1987 年 4 月对美能达等日本制造自动对焦单反相机的企业提出了控诉。

日本的产业界对这个专利诉讼一直耿耿于怀，他们认为霍尼韦尔公司的专利技术还非常粗糙，虽然可以判断相机没有正确对焦，但是对如何能够对焦却无能为力。实际上霍尼韦尔的专利技术最多只能在傻瓜相机上使用。在美能达推出 α7000 之前，没有一家企业能够用霍尼韦尔的专利技术来生产自动对焦单反相机。但是，霍尼韦尔的专利是一个很基础的专利，其他企业如果要开发自动对焦单反相机，很难绕开这个专利。美能达公司本来也是和霍尼韦尔有技术合作的，但是，霍尼韦尔迟迟推不出如何对焦的新技术，美能达只好独自来研发，终于开发出完全实用的自动对焦系统。

尽管美能达拼命向美国的陪审员说明美能达技术和霍尼韦尔技术的不同之处，但是因为霍尼韦尔的专利是一个很基础的专利，美能达的申诉没有起到作用。1992 年 2 月，美国的法院判决美能达败诉，美能达必须按照 α 系列产品销售额的 10% 向霍尼韦尔赔偿。这样的判决，摧毁了美能达的战斗意志，为了减少今后可能的诉讼费用，美能达选择了庭外和解，支付给霍尼韦尔专利赔偿和以后的专利使用费共计 1.275 亿美元，终结了这次长达 5 年的诉讼。美能达虽然摆脱了这个专利诉讼，但还是元气大伤，一直没有恢复过来。2003 年，这家在日本光学领域里的历史仅次于尼康的精密机械制造企业不得不被柯尼卡合并。然而，这也没有挽救美能达照相机的命运，到 2006 年，柯尼卡美能达宣布从照相机和胶卷市场上彻底退出。

美能达的命运只是在美国专利保护政策下牺牲的日本企业的一个缩影，而美国企业则因为专利保护而获益匪浅。1985 年之后，美国在技术贸易方面的出口迅速地大幅度扩大，1985 年到 1995 年，美国的技术贸易出口额增加了 3.5 倍，而同时期日本的技术贸易出口额只增加了 1.4 倍。[1]

---

[1] 文部科学省，科学技術・学術政策研究所：《科学技術指標 2015》，www.nistep.go.jp/sti_indicator/2015/RM238_00.html。

六. 日元升值带来的萧条和反弹

广场协议公布后，日元进入快速升值轨道。到1986年9月，日元已经从广场协议公布时的1美元兑换240日元左右升值到153日元左右，在1年的时间里升值了近90日元。这对日本企业的出口造成了灾难性的后果。

日元升值会带来经济的萧条，这在日本并不是第一次发生。1971年日元汇率从固定制变成浮动制，日元汇率从1美元兑换360日元升值到308日元的时候，日本企业的出口就受到了打击，很多企业都出现了亏损。为了摆脱这样的萧条，日本又重新采用了固定汇率制度，但这样的临时措施反而造成了几次货币危机，所以，1973年12月以后，日本重新采用完全的浮动汇率制度。结果，日元汇率很快就飙升到1美元兑换260日元，再次让出口型企业遭到巨大的打击。可以说，日本应该能清楚地知道日元升值可能带来的坏结果。但是，迫于美国要求日本削减贸易黑字的压力，在日本企业的竞争力超过美国的情况下，日本能够采取的行动大概也只有同意日元升值了，因为这可以打击日本的出口。

日元升值的负面影响很快就出现了。在广场协议公布的1个月后，日本大藏省发表了1985年度的税收可能低于当初的目标，财政将要出现赤字的报告。结果，1985年度日本减少了5760亿日元的税收，这是因为日本的企业因为日元升值导致营收恶化，应缴纳的税收就自然会减少。这已经说明日元升值对日本经济产生了负面影响，然而，日本银行总裁宣布将继续维持高利率政策，防止资金流向美国。也就是说，为了解除从美国来的压力，日本政府和中央银行不顾日本经济出现的问题也要坚持配合美国让日元升值的政策。

1985年10月，日本政府通过了扩大内需的对策，希望通过市场开放、稳定日元坚挺汇率，扩大内需，从而消解和美国的经济摩擦。为此，政府采取措施，促进民间的住宅投资和都市开发、促进民间投资和个人消费，并且扩大公共事业投资。日本政府要求金融机构通过延长ATM机的服务时间，撤销分期付款的时间限制等来促进个人消费。但是，这些政策并没能让日本经济摆脱萧条。

到1986年，日本出口进一步减少，工矿业生产指数也停滞不前，有效求人倍率也呈现下降的趋势。尤其是日本的中小企业明显受到了日元升值的影响。据日本中小企业厅的调查，中小企业都遇到了客户要求降价和订单流失的压力。为此，日本政府不得不向中小企业提供1000亿日元的紧急融资，帮他们渡过难关。

日元升值也给日本的大企业带来了压力。日本银行不得不在1986年4次下调法定利率。在广场协议发布的1985年9月，日本的法定利率为5.0%，经过1986年的4次下调，到1987年2月，已经降为2.5%。

七．日本经济结构的变化

日元的急剧升值给日本企业带来了资产增加的泡沫，同时，也给日本企业带来了成本上的竞争劣势。在无法克服这种成本上升带来的劣势时，日本企业只能选择把生产搬迁到海外去。

对日本企业来说，把生产搬到海外并不是首选。在日元升值后日本企业首先考虑的是如何从价格方面来应对，日元升值必然要使出口产品涨价，但实际上这样的涨价跟不上日元升值的幅度。比如，即便生产企业把汽车的出口价格提上去了，但是在销售阶段，经销商也会采用大幅度打折的手段来吸引消费者，事实上把价格重新拉了回来。这也意味着日本企业无法简单地用提高出口价格来应对日元升值。这样，日本企业只能想方设法地压缩生产成本。然而，日本企业的及时化生产方式已经最大限度地压缩了生产成本，而外包企业也早已无力承担产品价格的进一步下降。正如TDK台湾分社的和田修社长曾经指出的那样，当日元汇率高于1美元兑换130日元的时候，日本机械行业的企业在国内的各种降低生产成本的努力都会失去效果。

实际上，日元汇率一路上升，到1995年更是创造了1美元兑换95日元的历史新纪录。日本企业只能选择把生产转移到成本更低的海外去。但这对当时的日本企业来说，恰如恺撒在公元前49年1月率领大军越过卢比孔河说的那句话，"越过此河，将是悲惨的人间世界；但若不越过，吾将毁灭"。对长期以来一直依靠日本的综合商社来与国际市场联系的日本企业来说，去海外设厂生产，充满了悲壮的气氛。

尽管如此悲壮，日本企业还是在东南亚找到了很好的生产基地。他们在那里设厂生产的产品主要出口欧美市场，同时，日本企业发现这些在东南亚生产的产品运回日本国内也具有很强的价格优势，所以，大量在东南亚地区生产的日本企业的产品就进口到日本国内，形成了日本企业的产品进口到日本的一种所谓逆向进口的现象。这也使得日本企业把生产转移到海外去已经成为一种不可逆的趋势。

然而，正当日本企业开始适应去海外设厂生产的时候，日本国内开始出现了经济空洞化的忧虑气氛。根据日本政府公布的1995年版《经济白皮书》，经济空洞化是由以下情况造成的：（1）日元升值带来的出口减少；（2）进口代替了国内生产；（3）海外的直接投资代替了国内的投资。也就是说，在日元升值的时候，日本企业出口竞争力下降，从而不得不把国内的生产据点转移到海外，造成了国内产业衰退这样的状况。

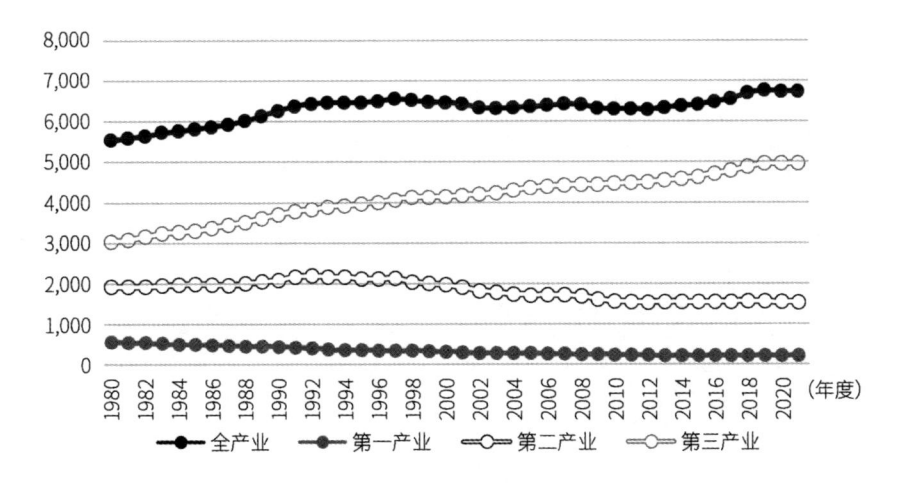

图 3-1 日本 1980 年至 2020 年全产业就业人数推移（万人）[1]

日本政府《经济白皮书》的实际撰写者小峰隆夫曾经指出，经济的空洞化并不只是负面的，因为，日本企业把生产转移到海外去后，在日本留下了大量的土地和人力资源，如果能把这些资源活用的话，反而可以形成产业升级的良好局面。但是，从后来的实际情况来看，小峰的观点似乎过于乐观。从日本全产业就业

---

[1] 独立行政法人労働政策研究。

人数推移状况来看，从 1992 年开始，日本第二产业的就业人数减少后一直没有恢复过来，而从 1996 年以后日本全产业就业人数也出现了减少，这种状态一直持续到 2018 年才得到恢复。与第二产业就业人数减少一致的是，日本制造业在 20 世纪 90 年代以后就风光不再，曾经令人向往的品牌也失去了昔日的光辉。

第二节　结构性改造日本

一. 日本异质论

20世纪80年代末，美国人对美日之间的物价差异感到很不可思议。当时日本的1罐啤酒大概要200多日元，但美国半打（6罐）啤酒也只要2美元，根据当时的汇率，2美元等于300日元，由此可见日本物价出奇地高。当时在美国租车1天的费用大概是20美元，即3000日元，但在日本同样租1天的车则需要1万日元。在这样的物价对比下，日本的汽车在美国的销售价格竟然比在日本更便宜，这也让美国人感到不可思议。而日本企业是以异常的资产价值的国内土地做担保取得银行的融资，然后到美国轻松"扫楼"，甚至把美国的地标性高楼也收入囊中，这就更让美国人愤慨了，因为美国企业并不拥有类似日本企业那样的高价土地资产，而日本的土地价格又是贵得惊人，让美国企业无从下手。在美国人心目中，这就是极大的不公平。

当然，美国的精英并不只是这样感情用事，而是用他们深厚的理论造诣来指出日本社会的一切与西方社会具有深刻的相异之处。在世界应该朝着一个系统的方向发展的前提下，日本与西方的不同，用理论的语言来说，就是"日本异质论"。而这种论调就成了美国可以改造日本的理由。

1989年，《商业周刊》东京分局的鲍勃·内夫记者有感于当年《大西洋》5月号上刊登的詹姆斯·费洛世《遏制日本》的论文，认为有必要把"日本异质论"这样的观点发扬光大。他在《商业周刊》发表了特辑《重新思考日本》[1]，重点介绍了对日本研究的修正论者的意见。修正论者绝不认同日本也会成为美国那样的消费主导的社会这种正统观点，因为日本不仅没有那样的目标，而且更加关心以经济实力来支配世界。修正论者确信只有把日本压到墙角他们才会对贸易对象国开放自己的市场。也就是这一期的《商业周刊》，公布了日本经济的威胁要高于苏联的军事威胁的舆论调查结果，这也为提出日本异质论的修正论者提供了极好的注脚。

被认为是修正论者鼻祖的查默斯·约翰逊对日本有很深的了解。他在1982年出版的《通产省和日本的奇迹》[2]里通过对通产省从20世纪20年代以后半个世纪的研究，首次提出了日本的产业政策与经济发展的奇迹之间的关系。这本书被认为对美国的对日认识产生了决定性的影响。约翰逊按照工业化的时间，把美

---

[1] "Rethinking Japan: The Harder Line Toward Tokyo"，*Business Week*，Aug. 7, 1989.

[2] Chalmers Johnson, *MITI and the Japanese Miracle: The Growth of Industrial Policy, 1925-1975*, Stanford University Press, 1982.

国等归为先发展国家，而把日本归为后发展国家。为了赶超先发展国家，后发展国家就以产业政策促进本国的发展，即最优先扶植国内具有国际竞争力的产业。因此，美国就不能把日本看成是和自己同质的国家，必须把日本看成是和美国完全不一样的异质国家。这样，对日本进行特定的、重视结果的和严厉的战略就理所应当了。

卡瑞尔·范·沃尔夫伦是一位在日本生活了25年的记者，他在1986年就指出[1]，欧美人在两个地方对日本有误解。第一点是日本实际上并不存在与美国等西方国家类似，对国家的决策起决定性作用的总统或者首相那样的人物，日本甚至不存在实质性的中央政府。日本的决策机制是由一群官僚、政治家和经济界领袖参加的合议制。实际上谁也不负最后的责任。第二点大家认为日本和欧美国家一样是属于资本主义自由贸易范畴里的国家，这也是一种误解。实际上，**日本既不是资本主义国家也不是共产主义国家，而属于第三种类的资本主义开发志向型国家**。开发志向型国家的本质是保护国内产业的，而由于责任不清，日本做出的对外开放的承诺是没有什么信用度的。日本不是基于市场原理的欧美型经济国家，而是官僚利用实业家做天线来诱导经济的官民协力型国家。这样，日本的出口就系统地破坏了西方世界的产业基础。他提醒美国政府必须认识到，针对这样的国家应该要有不同的规则。

---

[1] Karel G.van Wolferen, "The Japan Problem", *Foreign Affairs*, winter 1986 / 87.

沃尔夫伦实际上还引用了彼得·德鲁克的敌对性贸易的概念来强调他的论述。彼得·德鲁克虽然不属于修正论者，但是，他的敌对性贸易这一概念在修正论盛行时拥有很大的影响力。他认为日本是战后唯一拥有发展中国家那样的低廉劳动力，同时又拥有发达国家那样的高水平的生产性的国家，这是日本经济取得成功的诀窍。不过，到20世纪70年代以后，日本的经济已经不再是出口外向型经济了，只是里根政府的美元坚挺政策让日本的外贸出口再次获得生机。这样，日本的贸易顺差就是敌对性贸易的结果[1]。

正因为日本拥有这样的异质性，美国已经无法维持自由贸易的体制。修正论者认为，为了坚守自由贸易的原则，就必须把日本人改造成普通的人，让日本这个国家去掉异质性。这样的理论为美国在20世纪90年代提出结构性改造日本的计划铺平了道路。

二．美日结构协议的出炉

大多数愤慨的美国人都没有去想美日之间这样的物价之差有很大的部分是因为广场协议，在此之后日元不断升值，用美元来衡量日本的物价当然是更昂贵了。实际上，广场协议让日元升值的本意是要削弱日本企业的出口竞争力，进而弱化日本经济。这种措施取得了明显的效果，但日本企业也很快找到应对方法。他们如履薄冰地把生产工厂搬到海外，从而维持了对美国企业的竞争优势。结果美国对日本的贸易赤字反而进一步扩大。美国就认

---

[1] Peter F. Drucker, "Japan's Choices", *Foreign Affairs*, Summer 1987.

为，这种贸易逆差扩大的原因是日本市场的封闭性，这是一种非关税壁垒，也是一种结构性的贸易障碍。为此，**美国联邦议会就通过了具有强力报复制裁力的新贸易法超级 301 条款，要求美国政府对日本采取更严厉的措施。**

但是，如果把日本直接纳入超级 301 条款的适用国名单，那就意味着美日之间已经超过个别项目的贸易摩擦，而是以美国的法律把日本整个国家都当作应该排斥的对象。但事实上，美国经济是不能完全与日本脱钩的，是无法把日本这个国家整体排斥掉的。况且，这样生硬地执行超级 301 条款来制裁日本，日本也是可以对美国的超级 301 条款采取报复措施的。所以，美国政府就以照顾盟国面子为由，由美国贸易代表通过一次记者会对外宣布：根据布什总统的提议，美国呼吁日本参加两国就排除结构性障碍的协议，这是在超级 301 条款之外的协议，所以期待日本做出积极的响应。日本在这次记者会上只是感受到了美国没有直接采用超级 301 条款是出于美国对日本的善意，却对美国提出了要排除结构性障碍这个提议全然无知，也很少关心[1]。

实际上，美国是棋高一着。既然无法按照超级 301 条款把日本这个国家整个排除出去，同时，又要解决诸如日本复杂的流通制度，企业间通过相互持股所建立起来的牢固关系，以及日本极高的储蓄率可能带来的对美不利的投资动向等问题，那么，在超级 301 条款之外提出与日本进行排除结构性障碍的协议对美国来说实际上是最理想的手段了。可惜，当时日本国内对此并没有正确的认识，甚至是没有认识。

---

[1] NHK 取材班：《NHK スペシャル 日米の衝突—ドキュメント構造協議》，日本放送出版協会，1990 年。

1989年7月,在纽约的联邦银行会议室里,美国财政部、国务院和商务部的代表和日本大藏省、外务省和通产省的代表举行了一次秘密的非正式会议,商讨交涉有关排除结构性障碍的具体进程。日本代表以为这次协议将涉及美日双方的问题,但美国代表则明确指出美国不存在结构性障碍,只能讨论日本的问题。而且还必须在1990年春提出中间报告,并在这一年的夏天提交最终报告。日本代表虽然表示不能接受,但最后还是按照美国的方案定了下来,并把这次交涉定名为Structural Impediments Initiative(SII),日本翻译为美日结构协议。接着,美国总统老布什在和日本首相宇野宗佑的会谈中,正式决定启动美日结构协议,并在一年内提出最终报告。

三. 改造日本的200多项要求

在纽约举行的秘密非正式会议上,日本代表在美国代表咄咄逼人的压迫下,虽然同意了美国提出的谈判条件,但他们却想用以往使用过的方法来应对。即对美国的提案尽量反对,但也不让谈判破裂,到最后阶段再做出一定的让步,让美国感到有所收获,从而在牺牲最小的情况下结束谈判。但这次美日结构协议的谈判让日方的算盘落空了。

在1989年9月第一次正式谈判前夕,日本政府代表收到了美国提交的6项交涉项目。

储蓄和投资样式;
土地利用;

流通；

企业间系列关系；

价格机制；

排他性交易习惯。

当然，这些都是针对日本的问题，需要按照美国的要求予以改革。实际上，日本国内也认为自己的确存在着这样的问题，可以说，这也是战后四十多年来，在日本政府、自民党和财界支持下所形成的日本的政治经济体制下的问题。但美国直接要求日本去改革，难免有干涉内政之嫌。这样的迎头一击，让日本政府代表感到了问题的严重性。

但日本政府代表依然在据"理"抗辩，认为美国所指出的问题有严重的误解。二次正式谈判没有取得美国人希望看到的进展。急于要在一年之内结束谈判，提交最终报告的美国政府代表就采取了更为强硬的态度。1990年1月，美日双方的政府代表会聚到瑞士伯尔尼，举行了一次非正式会谈。席间，美国代表拿出了在最近2个月里罗列出来的超过200个项目的对日要求。美国在200多项提案里，要求日本：

在未来一定的时期内废除《大店法》；

公共投资支出必须占GDP的10%；

要赋予银行卡分期付款的功能；

减少对土地买卖收益的税率；

修订土地借贷和房屋借贷的法律；

立刻决定建设中部新机场；

修改《反垄断法》，大幅度增加罚金；

在检察厅里设立专门处理企业间业务串通的部门；

银行拥有企业的股权要从现在的5%降低到2%；

撤销任何以影响日本国内事业为理由的对外国投资的审查制度；

…………

美国直接要求日本废除或者大规模修订相关法律，要求日本重新审定预算分配和税务制度，并要求改编政府组织。这些要求都非常具体，可以说细致入微，马上可以操作。

就是在这个时候，日本终于认识到美日结构协议已经不再是一般的贸易交涉，而是意义极为重要的政治协议。实际上，当日本政府代表在看到这份有200多项提案的改造日本的要求书时，顿时感到这简直就是美国第二次占领日本的样子。日本政府代表由此受到了巨大的冲击，他们告诉美国政府代表，日本即将举行全国大选，这样的要求书如果泄露出去的话，引发的后果不堪设想。以这样的借口，日本政府代表拒绝接受这份要求书。

虽然日本政府代表在瑞士的非正式会谈中拒绝接受这份要求书，但美国还是通过传真把这份要求书传送到日本。结果，日本政府也只能以这份要求书为基础着手准备美日结构协议的中间报告。为了避免这份要求书的泄露，日本政府采取了参与项目的人口头交流的方式和政府各个部门进行协调，以便完成中间报告。

1990年4月，美日双方经过3次非正式会谈和4次正式会谈，对外公布了中间报告。之后又经过一些讨价还价，到6月，公布了美日结构协议的最终报告，主要内容见表3-1：

表3-1 美日结构协议最终报告的概要[1]

关于储蓄和投资样式 　　制定截至2000年的10年公共投资计划。
关于土地利用 　　修改市区化区域内农地的固定资产税和继承税； 　　修改房屋租赁法，创设定期土地租赁权。
关于流通 　　废除《大店法》； 　　扩大酒类销售业的执照范围； 　　把卡车运输业务的免许制改为许可制。
关于排他性交易习惯 　　强化公正交易委员会的审查部门的权力； 　　强化对同业联合、企业串通等的惩罚力度，提高罚金额； 　　行政指导透明化、文书化。
关于企业间系列关系 　　强化对企业间交易的监视； 　　由公正交易委员会对相互持股以及股权转让进行限制； 　　废除要约收购（TOB）的事前申报制度； 　　强化企业信息公开制度，扩充股东的权利。
关于价格机制 　　对国内外价格差进行调查； 　　不认可任何阻碍进口的同业联合。

以上的主要内容实际上都是美国对日本的要求。美国要求日本把投资方向从出口产业转向国内公共领域，具体地要求日本对

---

[1]　丸山康之："迫られた経済の体質転換"，《読売クオータリー》，2019冬号。

公共事业的投资额必须占 GDP 的 10%。按照这份报告，日本政府制订了《公共投资计划》，准备在 10 年里在公共事业方面投入 430 兆日元。但是，这个数字没有让美国满意，在美国的要求下，日本政府不得不追加 200 兆日元，使得答应美国的公共事业投资总额达到了 630 兆日元。为了消化这些投资，日本各地有很多重复投资的项目，留下了过多的机场。

最终报告还明确要求日本废除《大规模零售店铺法》（简称《大店法》），以便让美国大型超市进入日本市场。日本政府也按照美国的要求在 1994 年修改了这部法律，放宽了相关规定。到 2000 年，日本正式废除了《大店法》，新制定了《大规模零售店铺立地法》，结果，郊外型大型超市不断出现，而原来的车站前面的商店街越来越萧条，小商店不得不纷纷关门。

四．日本国内的反应

美日结构协议作为美日之间最为重要的课题暴露出来之后，媒体对此进行了紧密的跟踪报道。虽然美日结构协议不仅要求日本修改法律，改变预算分配，而且还要求日本改变政府组织结构，怎么看都有干涉内政之嫌，但是，**在美日双方开始进行交涉的消息传出来的时候，日本国内虽然也有抗议之声，但有很多声音对这样的交涉是欢迎和支持的。**更有人讽刺地提出，日本国民如果对国内问题想申诉的话，与其跑到日本国会前申诉，不如跑到美国白宫前申诉更有效果。

NHK 曾经采访某日本政府高官，这位高官指出：在构造协议方面，从一直以来的日本和美国的关系来看，日本必须接受美国提出的要求，这是理所当然的。但最大的问题不是在美日之间，而是在日本国内。对这种观点，参加美日结构协议谈判的另一位日本高官也表示同意，他认为，通过这次美日结构协议谈判，终于明白了**真正的结构性障碍实际上是在日本的官僚机构中存在着的**。根据这些调查访问，NHK 的调查组认为，这种障碍就是日本政府机构各个部委为了确保自己部门的利益而在决策过程中进行相互牵制，结果导致了决策过程缺乏效率。而美国要求日本进行改革，日本正好可以利用外压来处理这些问题。

但这也就是说，**日本国内其实对美日结构协议本身的内容并不是十分清楚，只是出于希望改革内政而欢迎美国"内政干涉"的**。从这一点来看，美国对日本秘密研究得出的利用外压来迫使日本改革的结论是非常正确的。实际上日本的有识之士也认为，在美日结构协议交涉中美国方面所要求的很多事项，其实在日本也已经很早就被指出来了，之所以到今天还没有得到改善，是既得利益者的强势所致。经济结构的变革实际上是政治的意志，而日本在这方面并没有那么强烈的意愿。所以，美国对日本在美日结构协议交涉中承诺的各项保证能不能实现是抱有怀疑态度的，他们要求设立监视机构，只要在落实方面有所迟缓，他们就会毫不客气地以更强硬的态度强迫日本去落实。而且，欧洲各国对日本如何改善美日结构协议交涉中的课题也非常关心。所以，日本在美日结构协议交涉中的各项承诺已经举世皆知，不能有半点踟蹰。然而，日本政府的代表大概都有一种在交涉过程中始终受到单方面压力，交涉的结果也让日本丢失了面子的不必要的想法。为了最终能落实在最终报告里承诺的各项保证，日本全体国民必须团结一致，坚决支持政府。而为了取得国民的这种支持，政府部门也必须更加努力去落实自己的承诺。

除了需要利用外压来进行改革的认识，日本更多是把美日经济问题和美日安全保障联系在一起考虑的。如果处理不好，那么就会影响到美日安全保障问题，所以，日本的让步也属迫不得已。

美日经济摩擦问题由来已久，个别项目的政府部门之间的交涉无法彻底解决问题，而到了政府首脑层面上对经济结构做全面性的交涉，可以实现最终解决问题的目标。所以，日本也需要以前所未有的斩钉截铁的态度争取交涉的成果，彻底地抹去美国对日本的不信任感，从而改善和维持包括与欧洲在内的稳定的国际关系。现在正是这样的时候[1]。

五. 数值化的要求

日本的有识之士希望美日结构协议是美日之间最后的经济和社会问题的交涉，但显然这样的希望落空了。

美日结构协议最终报告提出后，从1990年10月到1992年7月，美日之间举行了4次跟踪会谈，来监视和确认日本相关承诺的落实情况。但是，虽然日本应美国的要求对国内的相关法律制度进行了修改，但日本对美国的贸易顺差却依然维持在5兆日元

---

[1] 细见卓："日米構造協議最終報告について"，ニッセイ基礎研究所：《調査月報》1990年8月。

以上的高位，而美国的产品并没有如预期的那样源源不断地进入日本，美国变得越来越不耐烦。到1993年7月，美国总统克林顿利用参加在东京举办的西方7国首脑峰会的机会，要求在延长美日结构协议的基础上，进一步扩大讨论的范围。实际上，在首脑峰会后马上举行的日本全国大选中，执政的自民党失去多数席位，宫泽喜一内阁被迫集体辞职。就是在这样岌岌可危的状态下，宫泽首相还是答应了克林顿总统的要求。这次会谈决定设立美日包括性经济协议（U.S.-Japan Framework Talks on bilateral trade）。

也就是说，虽然日本希望美日结构协议能终结两国之间的贸易摩擦问题，但美国不仅没有这个意思，而且还在美日结构协议的基础上，继续扩大和深化对日本的压力。鉴于以往的交涉没有达到美国的目的，所以，在这次美日包括性经济协议开始谈判时，美国希望设定明确的数值目标。美国商务部长米奇·坎特指出，日本政府承诺对这次协议的各项内容的进展在数量和质量两个方面进行评价。美国财政部长劳埃德·本特森也指出，对于数值目标，我们理解的是日本的国际贸易收支应该收敛到国内总生产（GDP）的2%以下。但是，日本认为设定这样的数值目标无疑是管理贸易，所以并不愿意接受。不过，宫泽首相虽然努力跟上克林顿总统的步伐，但还是尽量模糊了克林顿的要求，而是用客观性基准来替代明确的数值目标。因为所谓的客观性基准实际上并没有明确的定义，只是参考过去的数据而已。当然，美国既然提出了数值目标，日本的抵抗也只能是一种姿态，结果日本方面以不公开发表为条件接受了美国设定数值目标的要求。

从1993年开始的美日包括性经济协议以宏观经济问题、各个领域的交涉问题以及全球视点的协力问题为三大主题进行谈判。

经过一年多的协商，1994年10月，美日两国在政府采购、保险和玻璃板三个领域里先达成了合意。接着又于1995年在汽车、汽车零部件以及金融服务领域，1996年在半导体领域先后达成协议，其他领域的协商继续进行。为了消解美国对日本的疑虑，日本同意采取促进对日本投资的相关措施，还允许用英语在日本提出专利申请并改善专利审查制度以便外国企业能早日获得专利权。日本还同意在民间工事方面采取措施排除内外差别、废除公共事业方面不利于外资的规定。

在美日包括性经济协议实施期间，美国和日本从1997年开始，还举行了有关日本规制缓和和促进竞争的会谈。这个会谈包括上层会谈和规制缓和竞争政策、电气通信、住宅、医疗器械和医药品、金融服务、能源这六个领域的专家会谈。到2001年为止，美日一共举行了四次会谈，每次都发表了现状报告书。

总之，虽然日本有所抵抗，但总体上依然是尽量满足美国的要求，也就是说美日包括性经济协议是按照美国的要求具体落实改造日本的计划。

六．年度改革要求书

无论是结构性也好，包括性也罢，美国对日本的改造并没有因为这样的全面性和彻底性的交涉而放松，而是层层加码，越来越仔细了。

1993年，新上任的美国总统克林顿构建了新的对日战略，即采用"华盛顿共识"，用新自由主义来对日本进行结构性改造。"华盛顿共识"本来是针对陷于债务危机的拉美国家如何进行经济改革，由美国出面邀请国际货币基金组织（IMF）、世界银行（WBG）、美洲开发银行（IDB）等相关人员以及美国政府代表在华盛顿讨论后的结果，主要包括实行紧缩政策防止通货膨胀、削减公共福利开支、金融和贸易自由化、统一汇率、取消对外资自由流动的各种障碍以及国有企业私有化、取消政府对企业的管制等十大项目。也就是用新自由主义来改造拉美国家。虽然在2009年二十国集团伦敦峰会上，英国首相戈登·布朗称"旧有的华盛顿共识已经终结"[1]，但是，在20世纪90年代初，用新自由主义来敲开世界各国的大门正是美国找到的新的理论武器。

1993年7月，克林顿总统和宫泽喜一首相签署了新的美日间经济伙伴关系协定，克林顿还向宫泽要求今后两国每年都通过书面文件向对方提出自己的要求。虽然宫泽对此并不积极，但迫于美国的压力，从1994年开始，双方以书面形式向对方提出了自己的要求。美国向日本提出了《年度对日要求书》，即年度改革要求书。这是正式的外交文书，美国驻日本大使馆把这份要求书翻译成日文刊登在大使馆门户网站上，并且向日本记者俱乐部分发和说明。

年度改革要求书分五大部分，即基本原则、规制缓和手续、具体的规制缓和提议、关于行政方面的法律规制及习惯的改革、竞争政策。

---

[1] Prime Minister Gordon Brown, "G20 Will Pump Trillion Dollars Into World Economy", *Sky News*, 2 April 2009.

年度改革要求书在基本原则里有非常严格的规定。比如对日本所有的规章制度，无论是正式的还是非正式的，无论是社会性的还是经济性的，都要加以审查，并且这种审查必须是可持续性的。同时，还规定所有的监管都要建立在透明和无歧视的基础之上，监管人员必须明确对其行为负责。日本应该促进市场机制，并辅之以积极有效的反垄断法的执行。任何限制竞争的做法都是不被允许的。

美国要求日本严格执行反垄断法，实际上就是为美国企业进入日本市场扫清障碍。实际上，从1980年度以后，随着新自由主义逐步取得主导地位后，对反垄断法的执行越来越松懈，美国自己放松对反垄断法的执行，反过来却要求日本严格执行反垄断法。而且，年度改革要求书并没有停留在这样的基本原则方面，而是列出了在以下各领域里的具体改革要求。

A. 农业；

B. 汽车和汽车零部件；

C. 建材；

D. 流通及进口手续；

E. 能源产品及流通；

F. 金融服务；

G. 投资规制；

H. 司法服务；

I. 医疗及药品；

J. 通信和信息系统；

K. 其他。

或许因为美国的这些要求过分赤裸裸，没有人会认为这不是干涉内政，所以，日本政府对此讳莫如深，而日本的主流报纸、电视台也对此视若无物而不予报道。结果一直到2004年因关冈英之的《不能拒绝的日本》一书的刊行，《年度对日要求书》的存在才广为人知。

七. 无奈的误译

面对日益扩大的对日贸易逆差，美国不想再通过关贸总协定（GATT，世贸组织[WTO]的前身）进行协调，而是设计了与日本进行双边谈判的美日结构协议，要求日本直接回答。

不过，美日结构协议是日本政府的翻译，实际上是一种误译，因为美国人是把这种交涉叫作 Structural Impediments Initiative，意思是在美国的主导下如何消除关于日本存在的结构性贸易障碍。但是，日本政府在翻译成日文时有意回避了"障碍"一词的翻译，只留下"结构性"一词的翻译，可以说是留下了修饰词而去掉了主要的名词。而把 Initiative 一词翻译成协议更是完全的错误，因为 Initiative 是指美国有些州的公民立法提案程序，在这里可以指解决障碍的提案或者提案程序，更通俗一点说的话，就是美国布置作业要日本来完成，根本没有协议的含义。或许是在日本并没有公民立法的提案程序，在日语中找不到合适的对应词语，所以，按照日本的习惯把 Initiative 翻译成协议，虽然也可以说是不得已，但还是属于误译，而这样的误译可以使日本国民不会感觉到美国在这次直接交涉中拥有的主导权，从而可以凸显日本在交涉中的平等地位。就像以前曾国藩在围剿太平天国而不断吃败仗后，给清朝皇帝的上奏时就把成语"屡战屡败"改为"屡败屡战"，立刻把自己无能的形象转变为不屈不挠的英雄形象。日本政府这样的误译与曾国藩的改词可谓有异曲同工之妙。

不过不知道是幸运还是不幸，这种本来只是关于贸易障碍的交涉发展到最后就恰如日本政府翻译的那样，涉及日本的整个经济结构体制，甚至是日本整个社会结构。在此以前，美国已经要求就多个市场导向型领域协议（MOSS），也成立美日日元美元委员会就相关贸易问题进行交涉，但这些都限定在个别项目或者汇率问题上，而美日结构协议把焦点扩大到商业习惯、流通结构等生活和文化等方面。

到克林顿政府时代，这种交涉的名称顺理成章地变成了美日包括性经济协议，不只是谈某些所谓的障碍问题，而是要全面地解决美日贸易中存在的一切问题。而且在这一阶段，美国对日本的改革要求更是实行了量化管理，有了具体的目标数字。尽管日本政府不得不满足美国的目标数量，但是美国还是觉得不满意。与其对企业的权利大小斤斤计较，不如来抓企业所有权的问题，所以，到小布什政府时代，这种交涉的名称再次改变，成为美日投资提案（US-Japan Investment Initiative），直接关注企业的并购，为美国企业到日本并购企业铺平了道路。

第三节　货币战败的结构

一. 大藏省的电话

20 世纪 80 年代后期，日本的大藏省几乎每个月都会打电话给日本的生命保险公司，询问他们购买美国国债的计划，同时也会告知其他保险公司购买的情况。虽然这是一种询问而不是命令，但有一种无形的压力，而这种压力是如此巨大，以致接到电话的生命保险公司都不敢说没有购买的计划，只能多少购买一点来交差。

实际上，仅仅在广场协议之后的日元升值过程中，日本对美国的金融投资因为汇率变动已经产生了 3.5 兆日元的损失[1]，不过，这与后来日本在这方面的亏损相比还算很小。这时候，日本的生命保险公司持有的美国长期国债的账面亏损也在不断膨胀。如果不把这些美债卖出的话，账面亏损将继续膨胀。但如果这时

---

[1]　吉川元忠、関岡英之：《国富消尽—対米隷従の果てに》，PHP 研究所，2005 年。

候把这些美债卖出去的话，亏损会立刻浮现出来。所以，生命保险公司陷入了想卖又不能卖的两难困境。然而，就在此时，日本政府却还在希望日本的生命保险公司继续购买美国国债，这让这些保险公司都有了被推向火坑的感觉。

当然，日本政府是不会故意把本国企业推向火坑的。日本政府之所以在生命保险公司为难的时候依然要求它们继续购买美债，是有紧迫的政治动机的。因为四年一次的美国总统选举很快就会来临，而日本政府更希望美国共和党能继续掌握政权。虽然，在共和党执政时期，美国对日打压在20世纪80年代后半形成了一个高潮，但日本政府认为，民主党掌权的话会采取比共和党政权更为严厉的对日政策。所以，他们不希望美国民主党赢得总统选举而夺得政权，为此，日本就应该配合美国共和党政权的政策，从而促进共和党继续执政。实际上，事实也的确如日本预测的那样，民主党的克林顿赢得总统大选入主白宫后，采用了日本异质论的修正论者的意见，采取了更进一步的打压日本的政策。

在里根总统任期就要结束的1988年，美国债券市场出现了一则传闻，日本的机构投资者因为年度会计清算关系将要大举卖出美国债券，引起了市场的动荡。日本担心这样的情况会影响到老布什接任的选情。为了抑制这样的市场动荡，日本的大藏省要求日本生命保险公司发布了不会卖出美国债券的声明。然而，这样的声明似乎还不能让市场相信，于是，大藏省就派出相关人员去说明，强调保险公司的声明实际上是大藏省在后面推动的。同时，日本银行也发出公告，表示日本会把持有的外汇储备的90%用在美元运作方面，进一步向美债市场发出稳定操作的信号。实际上，在当时的美国金融市场上，就有日本的大藏省是老布什的总统竞选办公室的说法。这也就说明，市场已经认识到了日本政府的用意。

日本政府之所以持续地给日本的生命保险公司施加压力，让它们继续购买美债，是因为生命保险公司的企业是一种具有互助性质的前近代的形态，不需要对外公布公司的经营状态。所以，即便是有汇率变动造成的亏损，也因为不用公告而不会立刻造成经营方面的问题。大藏省很好地利用了这点，只是这样把问题往后推的做法，结果还是要了这些生命保险公司的命。到2000年前后，日本的中小生命保险公司有9家出现了经营危机，先后被以美国为首的外资保险公司吸收合并了[1]。

二. 债权消失了一半

日本的生命保险公司因为持有的美元资产大幅度缩水而陷入经营危机，并不是保险行业特有的现象，凡是持有美元资产的日本企业都受到了不同程度的损害。广场协议后，在美日等国联合干预下，美元迅速贬值，与此同时，日元迅速升值，一年之间，就从1美元兑换243日元变到兑换150日元左右，出乎了各国的意料。所以到1987年2月，美日等国又聚集起来缔结了让美元汇率稳定化的卢浮宫协议。为了稳定美元汇率，美日等国必须协调它们的金融政策，比如要保持现有的利息差。但是，在1987年4月美联储调高利率时，日本没有紧跟而是下调了利率，使得美日

---

[1] 関岡英之："奪われる日本"，《文藝春秋》，2005年12月。

两国的利息差进一步扩大，有利于美元回流美国。而当时的西德却因为害怕国内通货膨胀的扩大，不再顾及国际协调，以本国经济为优先，于同年9月也调高了利率来抑制通货膨胀。显然这违反了卢浮宫协议，市场感到了各国政策的不一致，结果造成了美元的贬值，日元对美元的汇率达到了1美元兑换120日元的程度。

这样的日元升值对以美元计价购买美国债券的日本来说，就意味着资产的缩水。而用1美元兑换多少日元这种说法本身就显示了在现代国际舞台上美元的霸权地位。在"不列颠治世"和"美利坚治世"的时候，英国和美国都是用本国货币结算来借贷给资金需求国的，因为这样，债权国就不用考虑汇率风险。但是，日本成为资本黑字国后，美国向日本的借贷却还是用美元来结算，这样，本来由债务国承担的汇率风险，在美日之间，变成让作为债权国的日本来承担了。这在历史上也属于比较奇怪的现象。结果，广场协议后日元迅速地升值了一倍，就意味着日本用美元结算的债权缩水了一半。对实际上大量购买了美国债的日本生命保险公司等民间企业来说，损失是非常惨重的。

从长期来看，似乎存在着反向操作，日本以美元计价购买美国债券，也有可能出现利用美元升值而让债权增加一倍的情况。但是事实上这样的情况很难出现。首先，发债的主动权在美国手上，在美元升值的时候，本来就有美元回流美国的可能性，这也会使美债利率上升。这样，美国就有不发美债的可能性。在历史上，发生过美国根据自己的需求有意引导美元贬值，从而使美国的债务获得了实际上的减免的事例，而同等的损失则由债务国来承担。

三．虚拟经济与实体经济的脱钩

广场协议后，日元的迅速升值，使得很多持有美元资产的日本企业都面临着这些资产缩水一半的苦难。所以，在日本就流行过这样的认识，即**制造方面总体上在与美国的竞争中获得了胜利，但是在金融方面遭到了惨败**。但是，神奈川大学教授吉川元忠认为这样的认识反而离问题的本质越来越远了，这是因为该认识错误地把制造和金融并列成两个部门，但实际上这是同一个事物的正反两面而已。也就是说，制造出来的商品必须通过买卖交换才能成为商品，当商品卖出后得到的货币可以用于消费，还可以用作投资。这一系列获得离不开商品，同时也离不开货币。用经济学的术语来说，就是贸易——商品的动向和货币——资本的动向互为表里的两种表现。也就是说，本来就不存在制造方面获得了胜利而金融方面遭到了惨败这样的可能性。

在金本位制的国家里，当国际收支恶化的时候，该国的货币也会变弱，资金就会从该国大量流出，造成该国的货币流通量减少，形成通货紧缩局面。到了这个局面后，该国的物价就会下跌。而物价下跌反而能增加该国的产品的国际竞争力，促进该国的出口增加。这又意味着国际收支得到了改善。而国际收支改善后，该国的货币价值也会提高，大量的资金会流进该国，相应地会造成该国货币供应的增加。这就又会促成该国物价的上升，造成国际收支的恶化。经济的发展不可避免地会出现这样的循环，而在这样的循环中还能保持国际均衡的，主要就是有基于黄金储备的国际货币以及固定汇率的存在。在二战之后的布雷顿森林体系中就存在着金美元本位制。这是因为美国具有压倒性的经济实力，而美元又是建立在足够的黄金储备之上的。

在"金美元"本位制下,美国有责任向世界各国中央银行用黄金兑换他们持有的美元。这也意味着,美国必须拥有与散布在世界各地的美元价值相符的黄金储备。而因为美元与黄金挂钩,而各国的货币与美元挂钩,结果就维持了外汇的固定汇率制。

但是,1971年,美国总统尼克松突然对外宣布,今后,美国不再负责用黄金来兑换各国中央银行持有的美元。这给所有其他国家都带来了冲击。**随着美元脱离黄金储备的束缚,各国货币之间的固定汇率制也就无法维持,同时,也造成了贸易-商品和货币-资本的分离,也就是虚拟经济与实体经济的进一步分离。**

20世纪70年代以前,外汇买卖都是和实际的贸易挂钩的。比如说,丰田汽车以美元结算的方式出口汽车,收到的是与汽车出口额等额的美元。丰田汽车把这笔收入送回日本的时候,就在外汇银行把这笔美元兑换成日元。也就是说,丰田汽车在这个时候需要把美元卖出,买入日元。同时,因为丰田汽车出口的是汽车,所以这笔外汇交易也是与汽车出口额相匹配的。20世纪70年代以后,在所谓的金融自由化的进程中,外汇交易中根据实际贸易需要的原则被废除了,这个时候丰田汽车可以不看汽车出口数量而自由地进行外汇交易。

在电子信息化技术不断发展的过程中,这样的规制缓和,使得金融机构开发出各类复杂的金融衍生产品,快速地扩大了金融市场。1995年4月,世界主要外汇市场每天的交易量达到了11900亿美元的规模,而同期每天的世界贸易规模只有外汇交易市场的1.2%,[1] 可见货币经济,或者说虚拟经济已经与实体经

---

[1] BIS, *Triennial Central Bank Survey of Foreign Exchange and Derivatives Market Activity*, April 2007.

济分离得足够远了。正是这样的分离，使得日本的资金可以源源不断地供给到美国去。

四．什么是货币战败？

日本政府之所以要求日本企业持续购买美国债券，是因为美国在里根总统的任期里出现了贸易和财政的巨额赤字，美国需要有大量的外国资金流向美国来填补这些赤字。

1971年，尼克松冲击后，美元不再与黄金挂钩，世界各国的汇率进入了浮动制。然而，已经变成浮动货币并且不受黄金储备约束的美元，依然是国际支付常用的国际货币。这当然是依靠了美国的世界霸权，而这样的霸权也是由军事实力和经济实力来支撑的。但是，到里根总统领导下的20世纪80年代，美国出现了巨额赤字。为了维持美国社会的繁荣，美国需要大量的外国资金进入美国来填补巨额财政赤字，而日本似乎是"当仁不让"地充当了丰富的资金提供国。吉川元忠把这样的状况称为货币战败，即日本无法停止向美国输入大量的资金，结果损害了日本自己的经济[1]。

货币战败的第一个特征是作为世界最大的债权国，日本在外贷时不能用本国货币日元来结算，只能用美元来结算。结果，与"不列颠治世"和"美利坚治世"不同的是，汇率风险不是由债务国承担，而是由债权国承担。结果就形成了**第二个特征**，

---

[1] 吉川元忠：《マネー敗戦》，文藝春秋，1998年。

也就是日本为了不让债权（即美元资产）贬值，不得不持续地向美国提供资金来维持美元的汇率。为了维持这样的资金供给，日本不得不长期采用超低利率的金融政策，结果导致了日本泡沫经济的发生和崩溃。为了挽救日本经济，日本使用了巨额的财政支出，但实际财政使用的金额几乎与美元汇率变动带来的汇率亏损相同，财政支出的作用被抵消了，而且还给日本政府留下了巨大的债务，让日本的财政状况一直处在崩溃的边缘。第三个特征就是，日本这样过度的对外投资，导致了国内产业的空洞化，国内的生产和投资活动都受到了打击，就业也受到了影响。结果，日本的地价和股价也大幅度下跌，使得日本在先进的工业国中首先进入了通货紧缩的状态。可以说，日本经济陷入长期的低迷，是由美元可以肆意地改变汇率造成的，这也体现了美国政府的意图[1]。

五. 帝国的循环

到20世纪60年代以后，美日贸易摩擦越演越烈，可以说"世界的工厂"已经从美国转移到日本。针对价廉物美的日本产品怒涛般地进入美国，美国果断地废除了美元兑换黄金的义务，采用汇率操作进口产品的价格。美元汇率很快就从1美元兑换360日元下跌到兑换260日元，也就是说，美国成功地把美元贬值了三分之一以上。

---

[1] 吉川元忠：《マネー敗戦の政治経済学》，新書館，2003年。

为什么美国从汇率方面出手呢？应该是借鉴了英帝国的失败历史。 英国在 18 世纪工业革命后成为世界的工厂，取得了压倒性的经济霸权。但是，作为最先进的工业国，英国国内的生产成本不可避免地持续提高，失去了与周边国家的竞争优势。而周边国家很快学会了英国的生产技术，能生产出比英国产品更加价廉物美的产品。到 19 世纪中叶，英国的出口已经大幅度地低于进口了。由于英镑采用了金本位制，随着英国进口大量物资，英镑大量外流，英国储备的黄金也大量外流，导致了英国经济的疲惫。同样也由于采用金本位制，英国无法调整英镑汇率来增强英国企业的国际竞争力。结果，世界的工厂就从英国转移到美国，英国出现了产业空洞化问题，这又进一步造成英国国内利率的降低，扩大了国内外的利息差。这样，投资资金也纷纷离开了英国，英国经济进一步衰退。

所以，美国吸取教训，试图以汇率的操作来增强美国企业的国际竞争力。但是，实际上，这样还不足以改善美日贸易的巨额赤字，而且，美国也知道，利用这样的操作对改善美国制造业企业的竞争力并没有什么帮助。所以，美国政府基本上放弃了对制造业企业的支持，而利用虚拟经济的活动，使得美元不断回流美国来填补美国的巨额赤字，以此来维持美国政府的运营和社会的繁荣。1995 年，回流到美国的美元达到 4250 亿美元，比上一年增加了 1400 亿美元，而这个增加部分正好可以填补美国一年的国际收支的赤字。美国由于采取了让日元升值的策略，迫使日本银行不得不大规模购入美元来进行市场干涉。而日本获得的美元又用在购买美国国债上，结果又为美国股市的繁荣起到了推波助澜的作用。

为了吸引游弋在全球的美元，美国设定了比较高的利率，促使美元回流。当美元回流的规模超过美国国内需求的时候，美元的利率就会降低，这些美元又被美国用于对外投资，投资那些回报率高风险也高的产品。当危机出现后，日元就会成为避险货币而受到追捧，使得美元汇率走低，而各国为了应对危机不得不大量提供通货，这就促使了美元的回流。日本等债务国为了防止以前购入的美元资产出现大幅度的缩水，只能出面干预，希望拉住美元下滑的脚步。这样的干预意味着大量的资金流向美国。结果，回流到美国的资金多于美国的国内需求，于是，这些多余的资金又变成美国的投资资金，重新流向世界市场。吉川元忠指出，有经济学家讽刺地把这样奇妙的国际结算货币美元的回流命名为帝国循环[1]。不过，这样的讽刺是无损帝国循环发生的作用的。

当然，这样的帝国循环并不是市场上自然发生的，很多时候是人为的结果。也就是美国利用美元是国际结算货币的地位，可以任意地通过各种操作来保持帝国循环的流畅，从而收割世界各地的财富。比如，广场协议的出台就是这样人为操作和收割的典型事例。而在 20 世纪 80 年代后半期，日本国内经济已经出现过热的状态，金融当局应该采取紧缩政策来抑制这种状态的发展。但是，为了保持与美国的利息差，日本不得不维持超低的利息，保证日本的资金可以源源不断地流向美国，结果在日本形成了泡沫经济。

由于美国在实体经济方面日趋弱势，所以就更加强调虚拟经济，使美国的金融资本有机会获得越来越多的利益。所以，20 世

---

[1] 吉川元忠：《マネー敗戦》，文藝春秋，1998 年。

纪 80 年代以后，美国强调金融自由化，外汇交易与实体贸易挂钩的实需原则被废除，外汇交易本身就可以成为投机的对象。而美国的金融企业通过复杂甚至是奇怪的计算，设计出多种金融衍生产品。这些产品在 20 世纪 90 年代以后，随着全球化的进程而波及世界各地。如脱缰野马般泛滥的金融衍生品导致了金融危机的频发，1997 年亚洲金融危机，1998 年俄罗斯金融危机、美国长期资本（LTCM）危机，到 2008 年终于爆发了源于美国房地产泡沫的全球性金融危机。但是，美国通过美元汇率机制，总能获得丰厚的收益，从而在这些危机之后依然保持繁荣，只是给世界各地留下了一片狼藉。

六 . 日本能摆脱货币战败的格局吗？

帝国的循环之所以能起作用，就是有类似日本这样的债权国陷于货币败局的缘故。作为世界上数一数二的债权国，日本应该是比较富裕的国家，但实际上却陷入了通货紧缩的状态，经济长期低迷不振。这样非常奇妙的事之所以会发生，就是美国的不许超越策略取得了成效，让日本陷入了货币战败的结构里。

当日本在美日贸易中积累了大量的贸易顺差后，日本就像赎罪般地大量购买美国债券。由于日本资金大量进入美国，填补了美国的赤字，也保持了美元的坚挺。但坚挺的美元给美国制造业带来竞争劣势，使得美国的贸易赤字进一步扩大。在贸易赤字是受损的观念下，美国又转变政策，通过广场协议而让美元贬值。**这样的美元贬值和日元升值虽然没有改善美国的贸**

易赤字，但是，实际上却起到了减轻美国负债的作用。

由于日本的对外纯债权实际上是以美元结算的，所以，作为债权国的日本是要承担汇率风险的。比如，日本购买1万美元的美国债，如果当时的汇率是1美元兑换200日元的话，那么日本就需要用200万日元去兑换成1万美元，再去购债。等到期时日本卖掉美债，不算利息的话还是得到了1万美元的现金，然后需要把这些美元兑换回日元。但这时候由于美元贬值，汇率变成1美元兑换100日元，也就是说，日本用200万日元投资美债，但因为汇率问题，回收的只有100万日元。这样，日本对美债的投资损失了100万日元。那么，美国有没有得利呢？当初，美国是以1美元兑换200日元的汇率卖出了1万美元给日本，后来又以1美元兑换100日元的汇率回购了1万美元，这样美国就因为汇率差价而获得了100万日元的收益。这也就等于抹去了1万美元的债务。以上的说明虽然过于单纯，但应该能比较清楚地说明汇率变化是能起到减轻美债的作用的[1]。

在美元汇率变化方面，日本毫无主导权，只能听凭美国的调遣。1997年，日本首相桥本龙太郎在美国哥伦比亚大学演讲时提到了在市场的诱惑下日本有可能卖出美债，结果这句话造成了很大的外交问题。也就是说，日本并没有在有利的时机卖出持有的美债的自由，这也意味着日本只能继续向美国输送资金和利益。1995年4月，日元与美元的汇率曾经到过1美元兑换90日元。这里发生的汇率亏损使得日本对外纯债权蒸发了30兆日元[2]，

---

[1] 参见岩本沙弓：《新・マネー敗戦——ドル暴落後の日本》，文藝春秋，2010年。

[2] 吉川元忠、関岡英之：《国富消尽—対米隷従の果てに》，PHP研究所，2005年。

这也意味着等额的利益输送给了美国。这个金额相当于在此前后5年间，日本政府使用的财政支出的规模。这样的损失当然使日本经济受到严重的伤害。

之后，美元汇率有所回升，似乎汇率亏损的问题没有了，但其实问题只是被掩盖了。因为美国的经常赤字依然在膨胀，美元贬值、日元升值的压力并没有消失。在这样的情况下，美元之所以没有暴跌，是因为日本采取的超低利率形成了几乎是无限度地向美国输送资金的供给，总算是把这种暴跌给压制了下去，但并没有消除这种暴跌的可能性。实际上，日本为了防止美元资产的缩水，就必须防止美元的暴跌。为了防止美元的暴跌，日本又不得不大举购入美元资产，而这些美元资产随时有严重缩水的可能性。

为了防止美元的暴跌，从1999年到2004年，日本每年都要动用大笔资金干预外汇市场。2003年的干预金额超过了20兆日元。这些对外汇市场的干预，实际上就意味着相等额度的资金流向了美国。2004年以后，日本的民间资金取代政府的市场干预而流向了美国。

吉川认为[1]，日本对美元资产的过度投资，是日本国内产业空洞化的根本原因，日本如果不能从这样的货币战败的格局中摆脱出来，那么也就无法从经济长期的低迷状态中走出来。

---

[1] 吉川元忠：《マネー敗戦》，文藝春秋，1998年。

第四章

日本不能说不

第一节　美国策略的改变
第二节　外资开始收割
第三节　邮政改革为了谁?
第四节　要医疗平等还是要商业机会?
第五节　日本社会的全面改造

第一节　美国策略的改变

一．美日结构协议悄然变色

虽然没有资料显示，美国对日本的打压有长期的计划，但无法否定美国对日本做了长期的打压。

一开始是美国出现了贸易逆差，这缘于美国企业的国际竞争力的下降，而这样的竞争力下降有企业本身的原因，更有经济结构的原因，但是，**美国不从这里出发去解决问题，而是试图用简单粗暴的打压日本出口的方式**，也就是用管理贸易的方式来解决美国的贸易逆差问题。日本的出口虽然受到人为的限制，但并没有提高美国企业的国际竞争力。这时候，美国就认为是日本不愿意开放他们的国内市场，使得美国企业的产品无法进入日本市场。于是，美国改变以往着眼于限制日本出口的策略，转而要求日本进行国内改革，为美国产品进入日本市场提供便利。这本来是在 1989 年和 1990 年举行的美日结构协议谈判的核心内容。美日结构协议从 1989 年 9 月的第一次会谈开始，就针对日本市场的封闭性也就是非关税壁垒问题，要求日本进行经济结构改革和开放国内市场。其内容之多，令人咋舌。根据1990年在柏林举行的非正式会议资料，美国竟然在超过200多个项目上要求日本进行改革。

只是没有竞争力的产品要获得更多的市场份额，除非靠行政命令，否则还是达不到目的。所以，这样的交涉很难取得显著的成效。

然而，随着冷战的结束，美国发现必须确保更多的资金才能维持世界霸权，维持自身繁荣。所以，美国对限制日本的贸易出口，或者扩大日本的国内市场都不再那么关心，他们一改对汹涌如潮水的日本资金的仇视态度，反而开始欢迎并希望这些资金能大量进入美国。实际上，在美日两国组织的结构协议的交涉过程中，美国的态度就已经悄悄地发生了变化，只是美国在那个时候还没有完全确定今后打压日本的策略，所以，这次结构协议的交涉多少有点虎头蛇尾，比如美国曾对日本土地问题大做文章，但后来突然闭口不谈，让参加交涉的日本官员手足无措。其实，这就是因为美国需要日本的资金而改变了对日施压的策略。

美日结构协议达成之后，美国虽然继续在具体问题上施压日本，但也在探索更有效的打压日本的方法。**到1995年，美国终于找到了用帝国循环来维持自身繁荣的方法，也就是说，用金融手段来确保日本的资金能源源不断地输送到美国，同时也用金融手段把美国的亏损转移给日本。这也意味着美国对日的策略已经从打压变成了压榨。**所以，美日结构协议的交涉应该是这个过渡时期的产物，也可以说是美国在打压日本的道路上不断摸索的一个标志。

二. 美国突然要求日本土改

在美日结构协议开始会谈前的1988年11月初，日本NHK采访小组发现了美国代表团准备的一份题为土地战略笔记的资料[1]，说明美国准备在有关日本的土地问题上寻求突破，让日本接受美国的改造。而日方对美国竟然会提出这方面的问题显然没有做好心理准备。

让NHK采访小组更感到吃惊的是美国对日本的土地问题了如指掌。这份资料不仅非常详细地记载了日本的土地税制问题、监视区域的设定等政府规制的问题，还记载了日本建设省和国土厅之间的见解异同，可以说是把握了日本在土地问题上的弱点。同时，美国还制定了如何让日本政府就范的谈判策略。

美国首先要求日本改革土地税制，即提高作为固定资产税的土地持有税，降低土地买卖的转让税，从而促进土地的流通。其次要求日本对农地按照住宅地的税制课税。美国认为，如果一下子就要提高农地税，必然会遭到农民的反对；美国也知道，农民是日本执政的自民党的主要支持母体，农民反对的话，就很难进行土地改革。所以，美国要求日本不能马上宣布提高农地税，而是要想办法制造政府不得不提高农地税的空气。

美国的土地战略笔记如此清晰详实的记载，连日本的土地问题专家都承认美国通过对日本土地问题的研究，把握了日本经济的本质。所以，日本政府也就很难找理由推脱了。

---

[1] NHK取材班：《NHKスペシャル 日米の衝突―ドキュメント構造協議》，日本放送出版協会，1990年。

美国之所以能够整理出这样一份充分把握日本经济本质的土地战略笔记，是他们花费了大量精力对日本土地问题进行调查研究的结果。在美国贸易代表处的办公桌上竟然摆放着连很多日本人也不熟悉的日本地方建筑业的专业报纸，可见他们在搜集信息方面是多么努力。为了让日本代表失去抵抗力，美国方面仔细研究了日本 300 多种土地法案，找出了其中的漏洞。在对日本的土地问题进行调研的时候，美国方面还吸收了日本的著名专家学者，如野口悠纪雄教授的主张：要把日本的固定资产税提高 20 倍，如果不追究日本的土地持有税过于轻微这种根源性问题，是不能进行真正的土地改革的；日本应该从农地税制改革开始，对土地税制做彻底的改革。实际谈判中，野口的主张被美国采用并成为其战略的核心。

美国还采纳了日本建设经济研究所常务理事长谷川德之辅关于土地税制等方面的意见。长谷川认为，地价的暴涨，是因为地主动用他们的政治关系拒绝卖出土地所引起的。只有修改法律，才能改变这种状况。美国还采纳了野村综合研究所资深分析师辜朝明的意见。辜朝明曾经指出，不理解日本的土地问题，是无法解决日本贸易黑字问题的。如果日本能有效地利用土地，那么就能扎实地增加 GNP。

这样，美国通过绵密的调查，吸纳了日本精英层的见识，准备了十分充分的资料，准备在美日结构协议的交涉舞台上，迫使日本进行土地改革。

三 . 要求日本土改只是手段不是目的

在美日两国讨论如何削减日本的贸易黑字的时候，为什么美国花费如此巨大的精力来要求日本进行土地改革呢？从美国提出的资料来看，这甚至完全是站在日本国民的角度上，替日本国民伸张正义的。而这样伸张正义也得到了日本国民的一些有识之士的拥护和赞许。但是，这可能是一种错觉，美国之所以花费那么多的财力物力调研日本的土地问题，其目的从一开始就非常明确。

首先，因为日本的地价飞涨，给住宅、消费、政府支出以及其他投资都带来了负面影响。因为地价太高，日本人只能住在狭窄的住宅里，这也在物理方面制约了日本人购置住宅关联产品的能力，结果压抑了日本的消费和投资，使得日本的经常收支的黑字越来越大。

这就是说日本国民为了购买高价的住宅不得不拼命储蓄，等到好不容易筹到首付款去买一套住宅，也只是鸽子笼那样的小房子。而且，为了这样的小房子，日本人还不得不用数十年的时间来还房贷。这样的话，他们能够用到消费上的资金就所剩无几了。由于地价飞涨，即便是公共投资项目也都不得不在购买土地上用掉巨量预算。就企业而言，如果购置不到土地，那么就无法进行设备投资。即便是购置到了土地，这些高额的土地费用都会转嫁到产品和服务的价格上去。也就是说，美国认为美日结构协议中提出的储蓄投资平衡、价格机制等问题的根源实际上是日本的土地问题。

这样看来，美国之所以在这个时候提出日本的土地问题，目的还是解决美日贸易不平衡的问题。所谓的替日本国民争取权益应该是一个很有用的借口，或者只是一个必要的前提，因为日本国民如果能摆脱在土地住宅方面的巨量花费，就能够把更多的资金投入到消费美国产品方面去。而且，这样做也能更容易地争取到日本国内舆论的支持。

美国既然这么执拗地要求日本进行土地改革，日本大藏省也就下定了决心要去落实土地税制的修改。然而，正当日本政府被美国政府以及日本国内舆论推着在土地改革方面前进的时候，美国突然对这个话题不感兴趣了，转而要求日本增加公共投资，把公共投资的金额提高到 GNP 的 10%。当初美日开始就结构协议交涉的时候是约好不涉及宏观经济调整的，但美国并不在意这点，只是这样突然提出的要求又一次冲击了日本政府，也让日本参加交涉的官员丈二和尚摸不着头脑。为什么美国突然不提土地改革，而要求日本增加公共投资了呢？通过讨教美国官员，日本才知道了其中原委。

本来美国是要日本进行国内改革来接纳更多的美国产品，但形势变化，迫使美国需要更多的日本资金。也就是说，在 1989 年冷战末期，不仅苏联等东欧国家急需大量资金来推进市场化经济，累积了大量赤字的发展中国家也需要资金，为了适应这样的历史巨变，美国也必须确保大量的资金。但这时，世界的资金流向欧洲，对美国来说，日本的资金就显得更加重要了。如果这时候美国继续要求日本进行土地改革，降低地价，那么就会影响日本向美国输送资金。所以，美国突然不再关心日本的土地改革了，至于日本国民的利益也就不用再谈了。**这也说明美国似乎明白了维持帝国循环远比保护美国产业更为重要**。

四．中小商店的悲鸣

尽管美国明白了帝国循环的重要性，但对于如何去推动这个循环似乎没有找到明确的答案。帝国循环为美国输送利益本来是十分复杂的机制，不亲历其间往往很难认识。所以，对日打压还是在既定的策略上继续滑行。事实上，要求日本开放国内市场，在这个时候还处在起步阶段，到底应该怎么做，大概连美国人也不是很清楚，只有大致的方向还算比较明确。**因为美日结构协议就是要对日本的商业习惯、流通结构等涉及国家形态和文化方面的问题进行交涉。**这些交涉简单地说就是美国要求日本改革现有的国内法律制度，为美国企业进军日本提供更多的便利。

在1989年美日结构协议开始会谈的时候，世界最大的玩具超市反斗城，这家美国企业就发表了要进军日本的消息。在此之前，反斗城已经在欧亚很多国家开设了74家门店，所到之处，所向披靡，取得了巨大的成功。但是，到日本这里，反斗城却失去了锐意，因为日本的《大店法》阻止了他们进军的脚步。当美日结构协议开始会谈的时候，反斗城看到了可以进入日本开店的希望，所以，他们就一马当先地重新吹响了进军日本的号角。

这样的号角声让日本的中小商店主感到胆战心惊。1990年2月，在寒冷的小雨中，日本海沿岸的新潟县新潟市的玩具店店主和玩具批发商，急急忙忙地会聚到当地的商工会议所参加了一个紧急会议，讨论如何应对美国的反斗城来新潟开店的问题。这些人之所以那样着急，是因为他们都收到了一份资料：世界最大的玩具超市反斗城进军英国后，10年之间，英国本土6000多家玩具店最后只剩下1200家左右。也就是说，反斗城依靠大规模采购压低了商品的价格，成功地获得了客户的欢迎。这次反斗城准备在新潟市开设卖场面积为 5000 平方米的大店，这一家店的卖场面积相当于新潟市现有 63 家玩具店的合计面积的一半。面对这样的"怪物"，新潟市现有的玩具店以及批发商怎能不感受到比日本海的寒流更冷峻的气氛呢？

这次会议决定成立新潟县反斗城对策协议会，准备纠集当地的玩具行业同行，一起来面对美国超级玩具企业前来开店的危机。协议会认为，反斗城这样的大企业前来新潟开店，无疑是对当地中小型的零散的玩具店宣判了死刑。好在日本有《大店法》，根据这部法律，新潟的人也不反对反斗城来开店，但要求反斗城把计划的卖场面积缩小到 500 平方米。无论反斗城体量多大，既然来日本开店，就需要入乡随俗，这样大家也就能相安无事了。

五. 反斗城进军日本的号角

1957 年，美国的玩具零售商反斗城引进超市模式，并在开设 2 号店的时候正式使用了 Toys"Я"Us 标志，突出该企业不一般的战略。反斗城开设的新店面积都超过了 4000 平方米，在这种超大卖场中，陈列了从玩具到童车等各种各样的婴幼儿用品，商品品种超过了 2 万种。1984 年，反斗城成功地在新加坡和加拿大开设分店后，加快了进军世界的脚步。1989 年，反斗城准备进军日本，但是，他们遇到了日本《大店法》的阻拦。

为了保护中小店铺的经营，日本在 1974 年实施了《大规模零售店铺法》（简称《大店法》），对百货商店、大型超市的新店开设做了很多规制。

为了美国企业，日本已经是网开一面，准备让反斗城在两年内开店，但是，美国贸易代表办公室代表连两年都等不及，反斗城在日本开店的问题也成了美日结构协议的内容之一。

反斗城对新潟提出的让他们把店铺面积缩小到500平方米的要求不屑一顾，如果那样的话，反斗城也就不再是反斗城了，所以，这是完全没有商量余地的。反斗城为此找到了他们的靠山——美国贸易代表处。

1990年2月，美国认为《大店法》是非关税壁垒，所以，该法以及地方政府附加规定的各种条例都必须废除。

在东京举行美日结构协议第三次会谈时，《大店法》成为争议的焦点。尽管日本代表表示日本已经做了最大的努力并采取了措施，把无限期的事前说明期间缩短为最长8个月，让原来开店的准备时间从10年左右缩短到2年。但是，美国连2年的时间也等不了。美国助理国务卿申明，《大店法》的规制，剥夺了美国公民出口产品的机会，带给他们极大的痛苦。所以，希望日本立刻废除这样的法律。而美国贸易代表办公室的副代表则明确把反斗城当作美国受害的事例，指出：反斗城已经在世界各国开店，从来没有碰到过像日本这样的困难。为什么日本这么奇怪呢？你们这不是让外国都感到日本是一个奇怪的国家吗？我们想听听，为了改变这样的状况，日本到底能做什么呢？如果这样的状况不能改变，你们今天也要把话说清楚。

对美国的要求，日本能说不吗？日本能做的就是修改法律，以适应美国企业的需要。第一阶段，在现有的《大店法》框架下，尽可能地采取措施，为美国企业提供方便。到第二阶段，就大幅修改法律并废除各地协调大规模商店开设问题的商业活动调整协议会，实际降低《大店法》的执行力度。

可怜的新潟县反斗城对策协议会花了一个多月，征集了115家玩具店来赞同他们要求反斗城缩小店铺面积的请愿，但是，他们刚刚把请愿书提交给日本政府，日本通产省就发出通知，准备从这一年4月开始，落实改善《大店法》的措施，同时，新潟县和新潟市也都准备批准反斗城的开店申请。

六.《大店法》与外资超市的命运

按照原来的法律，申请开设超大型店铺的时候，需要事先在准备开店的地方召开说明会，说明开店的意图和计划，争取当地的理解和支持。反斗城在表态准备在新潟开设超大型店铺后，一直没有安排事先说明会。当时，日本各地的中小商店的店主都集合起来，反对废除《大店法》，各种陈情书像雪片一样被送到各级政府机关以及执政的自民党那里。反斗城没有制订召开事先说明会的计划，让反对废除《大店法》的人看到了一丝胜利的希望。但没有想到，反斗城不开说明会，正是用实际行动废除了中小商店的保护神《大店法》。

不过，反斗城在日本的1号店不是在新潟开设的，而是于1991年年底在茨城县开设的，紧接着2号店于次年1月在奈良县开设。当时，访问日本的美国布什总统前来视察了该店，让反斗城成为打破日本非关税壁垒的象征。到1994年，在美日结构协议交涉时引起话题的反斗城新潟店才终于开门营业。

虽然反斗城成功地在新潟开设了超级大卖场，但这个时候《大店法》并没有被废除。日本正式废除《大店法》是在1998年。当时，美国就美国相机、胶卷难以进入日本市场的问题把日本告到WTO但被驳回。虽然取得了胜利，但日本却见好就收，反而通过法律废除了《大店法》。虽然《大店法》的废除过程没有按照美国的意思去办（这也是日本仅有的抵抗），但最终日本还是按照美国的意思废除了《大店法》。

2000年以后，根据新的《大规模零售店铺立地法》，在都市的郊外，大型商业中心不断出现，吸引了越来越多的消费者，而都市中心地区的商店街则失去客流，不得不关门，原来熙熙攘攘的商店街变得冷冷清清，如同鬼城。

《大店法》被废除后，欧美超市进军日本形成热潮。1999年，美国开市客抢先登陆日本，接着法国家乐福于次年成功进军日本。到2002年，美国沃尔玛和德国麦德龙也分别把超市开到日本，英国的特易购也不甘示弱，于2003年进入日本。只是这些欧美超市在进入日本的时候，都有锣鼓喧天的华丽开张，但是，没几年就因水土不服而萎靡不振。2005年家乐福宣布退出日本市场，2011年，特易购也悄然退出。沃尔玛不得不委身于日本的西友集团，而麦德龙则作为专业超市继续营业。只有开市客凭借稳扎稳打的作风，截至2022年6月已经在日本开设了31家仓库型店铺。

这些大型超市在日本的不同命运，说明了《大店法》并不是欧美超市进军日本的唯一障碍。美国通过美日结构协议，让日本废除了《大店法》，这也只算是敲开了日本市场的大门，至于能不能在日本市场生根发芽，还需要看各家企业的经营能力。

第二节 外资开始收割

一. 长银破产

长银的正式名称是株式会社日本长期信用银行，正如银行名称所指的那样，这是一家通过大规模融资给重要企业和相关产业提供长期贷款的金融机构，也是根据日本的《长期信用银行法》设立的以发行债券为资金来源的特殊银行，负责为政府的相关政策提供资金。曾经在日元外债领域引领日本金融界的长银最后破产，既有经营方面的问题，也有政府政策方面的问题。**长银的破产既是日本泡沫经济崩溃的一个象征，而处理长银的破产又与美国要求日本金融改革相关**，并且引发了日本对企业并购的各种议论，对日本企业的观念变化起到了巨大的作用。

朝鲜战争爆发后，日本经济获得了复苏的机会，为了抓住这次机会，日本企业希望获得更多的贷款来增加设备和雇佣员工，但是当时的银行跟不上这样的发展需求。为了能更加及时地为企业的投资提供必要的资金，**日本吉田内阁提出了金融机**

构长短分离的政策，即短期金融由一般商业银行进行操作，而企业需要的长期稳定的金融服务则由长期信用银行和信托银行来承担。为此，日本在1952年通过了《长期信用银行法》。长期信用银行可以通过发行债券的方法来融资，然后通过贷款的形式给专门需要的部门提供相对低成本的资金。同年12月，以日本劝业银行和北海道拓殖银行这两家银行的长期金融部门为主，正式成立了资本金为7.5亿日元的日本长期信用银行。

当时日本以钢铁、电力、煤炭和海运四大行业为经济发展的重点并对其进行倾斜式扶植，而长银把50%的贷款拨给这四大行业，获得了迅速的发展。在实际开展营业一年后就获得了盈利，到1954年第三季度，长银就开始分红，说明银行已经获得了稳定的发展基础。之后，随着日本经济"奇迹般"的增长，长银不仅在日本国内得到了长足的发展，在国际业务方面也着力开拓，在世界各地设立了支行。作为长期金融的专业银行发展起来的长银，在金融债券方面具有一定的优势，在日本国内市场上以各类债券为中心，为国内外客户在资本市场上提供服务。1993年，长银获得了12件以日元结算的外债（武士债）承担项目，其承接的以日元结算的外债规模在日本国内银行中排名第一。

到日本泡沫经济鼎盛时期，长银更是把融资业务的中心进一步转向不动产方面，使得融资总额中针对不动产、建设行业以及住宅金融部门的占比越来越高。结果，这在泡沫经济崩溃后都成了不良债权，其中对EIE国际公司[1]的3800亿日元不良债权给长银带来致命的一击。1991年，长银集团所持有的不良债权总额超过了2.4兆日元，而得到的土地担保不仅价格狂跌，而且有的

---

[1] EIE International，1972年高桥义治父子等在日本设立的不动产投资公司。

土地根本就是不适合不动产建设的地方。无论经营层怎么粉饰都已经不能掩盖经营的惨状。

上述情况与长银在融资时没有严格审查当时日本政府的政策有关。当时，为了解决对美贸易顺差问题，日本政府要求日本的金融机构继续扩大融资，产生了所谓的日本银行额度。为了消化分配到的日本银行额度，长银也和日本其他的金融机构一样勉为其难地扩大融资，使得一些原来根本就不可能得到融资的项目也顺利地通过了审查。但是，随着日本政府采取紧缩政策，沉浸在土地神话里的长银距离破产也就不远了。

1997 年，与长银创立有关的北海道拓殖银行宣布破产，引起了金融市场的混乱。而同年山一证券宣告破产，更是让日本进入了前所未有的金融危机之中。在这样的形势下，1998 年月刊杂志《现代》发表了一篇揭发报道，题目是长银的破产将引发银行业的淘汰[1]。结果长银很快就宣布破产倒闭，旋即被收归国有。2000 年，日本政府又把长银卖给了美国的投资基金，而这家投资基金的主宰者就是蒂姆·柯林斯。

二．克林顿总统的随员

由于确定明仁天皇要在 2019 年退位，平成年号也会同时终结。所以，日本各界开始对 30 年来的平成岁月做总结，而相较于

---

[1] "長銀（日本長期信用銀行）破綻で戦慄の銀行淘汰が始まる"，《現代》，講談社，1998 年。

这些总结，回放的电视画面更令人震撼。比如，有一段1998年美国总统克林顿访日的录像让日本国民知道了一个事实的真相。

通过这段录像，可以看到在日本欢迎克林顿的活动中，克林顿身旁有一个刚刚40岁出头的美国人形影不离。不过在当时，估计谁也不会注意到这个叫蒂姆·柯林斯的人，然而正是这个人通过一起对长银的并购案，成功地并且合法地从日本卷走了1000亿日元。

当蒂姆·柯林斯以投资组合LTCB新合作伙伴（New LTCB Partners CV）的名义来并购长银的时候，不仅长银不知道这家投资组合，连日本的大藏省对此也不清楚。虽然日本想方设法去收集这家投资组合的信息，结果却得不到明确的资料，所以，日本的相关人员都认为这家投资组合只是来凑热闹的，根本不值得关心。当时，日本是准备让日本的主力银行来并购长银，对这家不知来龙去脉的外国基金并没有过多关注。然而，正是这家无名的投资组合，最后仅以10亿日元的超低价收购了长银。

LTCB新合作伙伴实际上是利普伍德基金（Ripplewood Holdings LLC）为并购长银在荷兰设立的投资组合。而利普伍德基金本身是蒂姆·柯林斯1995年在美国创立的一家投资基金，主要是并购经营不善的企业，在将其改造后重新卖出，从而获取巨额利益。也就是近年来比较流行的PE基金。为什么美国的基金为了收购日本企业却在荷兰设立投资组合呢？这是柯林斯的精明之处，因为根据荷兰的法律，荷兰企业在海外的收益是不用向荷兰交税的。而荷兰和日本签有避免双重课税的租税条约，日本不能向荷兰企业收税。也就是说，如果柯林斯成功地并购了长银，在获取利益的时候可以做到1分钱的税金也不用缴。当然，这要在获取巨额利益时才有意义，投资组合能不能如期获得巨额利益，还需要依靠柯林斯的手腕，他们不仅需要能确保成功地并购长银，而且还需要日本政府为他们分担所有的风险。

也就是在回忆平成的时候，日本人终于发现，美国基金对长银的并购是有政府之间的关系在里面的。否则，柯林斯不会在那个时候出现在访日的克林顿总统身边。虽然日本对长银被外资收购有很多不同意见，但他们并没有对柯林斯恶语相向，反而都认为是美国人又一次给日本上了一堂课。只是这堂课的学费超过1000亿日元。

三．日本政府的介入

长银破产后，在日本政府的金融再生委员会的指导下，开始选择并购者。

除了利普伍德基金，美国的JP摩根和日本的奥丽克斯联合，当年准备合并的中央信托银行、三井信托银行，还有法国巴黎银行都提出了并购的意向。1998年8月，长银选择了和中央信托银行优先交涉。这个时候，金融再生委员会和大藏省都倾向由日本金融机构来并购长银，让中央信托银行具有了很难逆转的优势。不过，金融再生委员会对中央信托银行提出的要求政府支援5000亿日元的条件很不满意，希望中央信托银行尽量不要让政府投入更多的资金。但是中央信托银行却一定要坚持他们提出的条件。这给信息灵通的利普伍德基金逆转形势提供了一个很大的机会。

就长银并购事宜，日本政府聘请了高盛作为并购顾问，而高盛与利普伍德基金有人脉关系。因为该基金的共同经营者就是从高盛转职而来的原高盛共同经营者克里斯托夫·弗劳尔斯。他是在 1998 年 11 月进入利普伍德基金的，而 3 个月后，高盛就和日本政府签约成为长银并购案的顾问。1999 年 5 月，又一名高盛的高管转职到投资组合 LTCB 新合作伙伴担任共同经营者，并兼任利普伍德基金的共同经营者。而高盛出身、时任克林顿政府财政部长的罗伯特·鲁宾则担任了利普伍德基金的外部董事。也就是说，柯林斯的基金与高盛的高层方面的交流非常密切。而高盛作为日本政府的并购顾问推荐了利普伍德基金，这不是举贤不避亲的高风亮节，完全是肥水不流外人田的自私行为。

在有利的信息环境中，蒂姆·柯林斯展开了积极的公关活动。实际上利普伍德基金的共同经营者克里斯托夫·弗劳尔斯的好友美联储前主席保罗·沃尔克是当时日本的大藏大臣宫泽喜一的知己，有着很好的私交，凭着这层关系，保罗·沃尔克也对日本政府做了很多工作。

结果，利普伍德基金向金融再生委员会和长银提出的方案是只要日本政府支援不到 5000 亿日元的公共资金。这让日本的金融再生委员会得到了充分的理由。因为这个条件比日本的中央信托银行的条件要低，虽然把长银卖给外资是一种"艰难的选择"，但日本政府只能在有利的条件下卖出长银了。

通过相关渠道得知日本金融再生委员会基本上同意把长银卖出后，柯林斯又于 8 月 10 日和访美的日本金融再生委员会委员长柳泽伯夫进行秘密会谈，商谈了有关长银并购的具体条件，并最终取得了相互谅解。

从原来坚持民族利益而倾向把长银转让给日本国内金融机构，到最后把长银卖给外国基金，就是因为有政治的干预，原本名不见经传的美国基金才得以逆转，最后成功地并购了长银，让外国资本可以从容地收割日本的金融资产。

四．任由外资收割

柯林斯在募集资金的时候，曾经对投资者做了这样的说明：

投资长银是绝对赚钱的。如果现在投资的话，那么三四年后就能稳赚 5 倍。这是绝对不会损失的。因为，在并购长银的项目里设定了不会受损的机制。

投资者是否真的相信柯林斯的说明不得而知，但柯林斯通过这样的说明确确实实地募集到了 1200 亿日元资金，加上他们自己准备的 10 亿日元资金，利普伍德基金拥有了 1210 亿日元的并购长银的资金。结果，利普伍德基金以 10 亿日元的代价收购了长银，收购之后增资了 1200 亿日元。投资有风险，这本来是投资界的常识。如果有人坚持说一项投资稳赚不赔的话，多半是欺诈。但是，柯林斯在募集并购长银的资金时所说的绝对稳赚不赔却是真实的。这倒不是从结果来说的，而是在这个项目里的确存在着稳赚不赔的机制。

首先，当时长银拥有 23 兆日元的资产，但负债超过 26 兆日元，呈现资不抵债的状态。为此日本政府以赠予的方式给长银提供了 3 兆 2204 亿日元的资金，以填补损失的方式提供了 3549 亿日元的资金，合计给长银提供了约 3.6 兆日元的资金，解除了长银资不抵债的困境。这为并购者活用长银的 23 兆日元资产扫清了障碍。同时，结束了资不抵债状态的长银本身的评估价值应该不低于 10 亿日元。

其次，在并购后成立的新银行中，外资注资 1200 亿日元，而日本政府注资 2400 亿日元。但是，注资少的外资却获得了三分之二的股权，而日本政府只有三分之一的股权。这样的股权分配，使外资不合理地获得了新银行的控股权。

最后，利普伍德基金在并购长银时设定了瑕疵担保条款确保外国基金稳赚不赔。所谓的瑕疵担保条款就是在并购后 3 年内如果长银的债权出现 20% 的下跌，那么外国基金就有权要求日本政府回购这些债权。

表 4-1 日本政府对新生银行（原日本长期信用银行）的税金投入额[1]

内容	投入金额
抵销资不抵债的投入	3 兆 2204 亿日元
临时国有化过程中的资产劣化	3549 亿日元
保护 1000 万日元以下的储户	146 亿日元
买入相关资产	7987 亿日元
买入长银持有的其他公司股权	2 兆 2641 亿日元
1998 年 3 月资本注资	1766 亿日元
转让后的注资	2400 亿日元
根据瑕疵担保条款的债权回购	8530 亿日元

[1] 日本金融厅资料。

在这样稳赚不赔的机制下，利普伍德基金于 2000 年 3 月成功地并购了长银，并在同年 6 月把长银改造成新生银行。在外资对长银原有的主营业务进行改革的同时，根据瑕疵担保条款，迫使日本政府投入 8530 亿日元，回购了原长银的部分债权。这意味着日本政府为新生银行填补了同额度的损失。到 2004 年，新生银行成功在东京证交所上市之前，日本政府用国民的税金累计投入了近 8 兆日元。

2004 年 2 月 19 日，新生银行成功上市。第一天收市价为 827 日元，利普伍德基金卖出所持有的三分之一的新生银行股权，确保了近 2300 亿日元的收益。如果把其余三分之二的股权全部出售的话，收益将达到 7600 亿日元。当初收购长银的各项费用加起来约 1200 亿日元，4 年间得到了 6 倍以上的回报，兑现了柯林斯给投资家的诺言。

由于利普伍德基金是以 LTCB 新合作伙伴的名义并购长银的，根据日本和荷兰的租税条约，日本政府无法从利普伍德基金那里征收所得税，而荷兰对本国企业在海外的收益也不征税，所以，利普伍德基金就毫发无损地把全部所得收入囊中。日本社会对此非常不满，批判之声络绎不绝，但当时的小泉首相却说，外资基金一点过错也没有，因为他们是冒着风险来的。当初不是没有一家日本企业愿意冒这样的风险吗？事后的嫉妒不值得同情。

五. 美式改造的幻灭

在小泉政府中担任经济财政金融担当大臣的竹中平藏，曾经引用美国国务院次卿阿兰·拉尔森（Alan P. Larson）的发言来评价这次并购：美国国务院也认为利普伍德基金并购长银和新生银行的诞生是美日之间直接投资的一个成功的样板。而新生银行能够上市，应该是日本政府和日本国民所追求的结构性改革的象征。

对于自己支持下的这次并购，美国政府当然会予以高度的评价。对美国来说，这次并购最好能成为美国改造日本的一个象征，但是，对日本国民来说，显然有很多地方不对劲。实际上，就是从新生银行上市本身来说，也是一种政治交易的结果。

也就是在新生银行准备上市之前，曾经被长银置于管理之下的不动产开发企业EIE国际的清算管理人在东京和塞班、关岛和洛杉矶等地发起了对长银的诉讼，控诉长银将置于管理下的EIE国际的资产不正当地做了贱卖处理。如果诉讼获胜，新生银行就必须支付赔偿金。按照美国的审判制度，新生银行有可能要支付6兆日元以上的赔偿金。这样的赔偿不仅会让新生银行的经营出现丑闻，上市更会成为泡影，而且还会对美国要求日本政府推行的结构性改革造成恶劣影响。结果在日本政府不继续追究EIE国际实际掌门人的刑事责任的前提下，EIE国际和新生银行同意和解，结束了这次诉讼，也终结了新生银行的上市危机。

新生银行成功上市，被誉为美国对日本企业改造的一个成功典型。但是，事实却并非如此。

就在柯林斯辞去新生银行董事的2007年，日本金融厅发布了要求新生银行改善业务的命令。这是因为新生银行上市后第一次出现年度亏损。利普伍德基金并购长银之后，按照美国式的企业模式把长银改造成新生银行。在处理不良债权的时候，流失了很多法人客户，也流失了银行内部的优秀人才。而新生银行也就从以法人客户为主营方向改成以个人客户为主营方向。利普伍德基金请花旗银行原日本负责人八城政基来担任新生银行社长，就是因为看中了他在个人客户业务方面的经验。但是，这样的改革并没有成功。新生银行出现年度亏损就是因为个人客户业务出现了重大问题。虽然新生银行表示对金融厅的处分虚心接受，努力提高银行的收益力，并提出了业务改善计划，然而，受到2008年全球金融危机的冲击，新生银行没有余力采取有效措施。结果，八城社长在金融厅再次下达的业务改善命令下不得不辞职走人。

但是，新上任的管理层也没有扭转新生银行的颓势。新生银行的主要业务方向是个人住宅贷款和个人消费小额贷款，法人客户的不动产贷款以及支援破产企业再生的融资服务等，但这些使新生银行恢复活力的核心业务并不会立刻带来很大的收益。长银经营模式的转型依然是前途迷茫。

为了强化银行的业务能力，新生银行在和蓝天银行谈判经营统合破局后，与7银行进行了业务合作。新生银行在7-11便利店设置了数十台ATM机，而全部撤销了自己管理的ATM机，又和梦乃克斯证券（Monex, Inc.）合作，把新生银行的投资信托账户全部移交给梦乃克斯证券管理。但这次合作恶化了新生银行与其大股东软银集团的关系。结果软银集团通过敌对要约并购方式收购了新生银行，并于2023年把新生银行改名为SBI新生银行，使其正式成为软银集团的一个成员。

从长银到新生银行，再到软银集团的一个成员，说明了对日本企业的美国式改造并没有取得成功。除了让外国基金狠狠地赚了一笔，把长银转让给外国基金，日本政府和日本企业并没有得到他们想要得到的东西。

六．对企业并购认识的改变

对第二产业的制造业的评估是以企业的资产来进行的，第三产业的服务业通常没有多少资产，但是这些企业在二级市场上的市值因为受到追捧往往非常高。所以，美国就要求日本也改变原有的法律，引进"市值"这种新型企业评估方法。由于制造业企业需要很大的投资，资本投资回报率就会低于服务业，所以企业的市值就不会很高。这样，对欧美企业来说，并购日本企业就具有了比较优势。然而，美国企业不会为了改变规则而改变规则，他们瞄准的具体目标，就是日本的金融业。

以美国投资集团利普伍德基金为首的几家外国金融机构组成的LTCB新合作伙伴收购日本长期信用银行就是这样的著名案例。而且，日本社会通过这次并购案件，对外国投资者的认识也开始转变了。

LTCB并购长期信用银行，曾经遭受日本社会的口诛笔伐。甚至当时被利普伍德基金总裁三顾茅庐请出来担任新生长银总裁的八城政基被很多日本人认为是卖国贼。LTCB并购长期信用银行主要有两个地方遭到诟病。

一是瑕疵担保条款的积极利用。由于在日本长期信用银行的出让合同中有一条瑕疵担保协议，即在新银行接手长银后，所继承的债权在3年之内下跌20%以上时，可以要求日本政府买进这些债权。这对新生银行来说，即使在有效期内处理完不良债权，在会计上也可以将这部分债权做特别损失处理，所以很积极地使用了这条规定，但是这条规定的实施，引起了Life（一家提供分期付款服务的金融企业)、崇光百货以及第一饭店等以长银为主银行的几家企业的连锁破产,从而遭到日本社会的一片指责。

二是长银脱胎换骨后重组的新生银行在2004年2月重新在日本上市。出资1210亿日元的LTCB因为新生银行的上市,兑现了2300亿日元,除去投资,他们实际获得了1000亿以上的净收入,因为LTCB的注册地不在日本,所以,日本政府还无法对其征税。从日本社会来看,日本政府为了处理长银的巨额负债,投入了近8兆日元的巨资,其中近5兆日元已经被确定是无法回收的。也就是说日本政府投入了那么多,但是在长银重组成新生银行重新上市时,不仅没有分得一点利益,连LTCB的巨额所得税也无法征收,也不怪日本民间骂声一片。

然而,LTCB和新生银行对这些指责都做了明确的辩解,认为日本政府为了掩盖长银财务状况的真相,拒绝了LTCB对长银尽职调查的要求,所以不得不采用瑕疵担保的方式使LTCB接手长银,而行使瑕疵担保条款约定的权利,其目的也是使企业价值最大化,同时也说明了长银的财务状况是多么恶劣。关于巨额投资利益问题,LTCB认为当时他们的竞争对手无法提出更好的条件,这也说明了当时对长银的投资存在巨大的风险。高风险带来高收益这并没有什么可耻的。

事实上,通过这次并购,日本社会也逐步接受了这种投资理念。利普伍德基金第一次访问长银时,长银的总裁劈头就问:你是不是秃鹫(指恶意的企业收购者)?而到2005年,三井金融集团积极地争取了高盛的投资,不再把外国投资银行当作行业的敌人来看了。

第三节　邮政改革为了谁？

一. 邮政改革是送给美国的礼物吗？

2005年8月9日，在日本首相小泉纯一郎宣布解散国会的第二天，英国《金融时报》刊登了一篇报道指出，全球金融业将不得不再等一段时间，才能获得3万亿美元（约24280亿欧元，16800亿英镑）的日本储蓄[1]。为什么英国媒体会在日本即将举行全国大选的时候刊登这样的文章呢？这要从小泉首相为什么要解散国会说起。

在日本，解散国会的确是日本首相的特权。不过，每次解散国会都要有充分的理由，因为解散国会不仅要花费巨额选举费用，而且还会因大家都忙于选举而造成政治的空白时期。这一次小泉解散众议院的理由是参议院否决了小泉提出的邮政民

---

[1] Ronald Dore, "A contemporary dilemma haunted by history", *The Financial Times*, August 9 2005.

营化法案。日本是议会制民主主义国家，全国大选是民主主义的一种表现，而参议院否决一项法案也是受宪法保障的民主主义的权利。小泉因为参议院否决他提出的法案就解散众议院，实际上既是对民主主义的不尊重，也有违反宪法的嫌疑。但是，就算是有这样的嫌疑也要解散国会，让英国媒体看出小泉是下定决心要进行邮政改革的，而普遍认为这样的邮政改革等于是把日本邮政拥有的金融资产拱手出卖给美国人，这才有了《金融时报》的那篇报道。不过，那篇报道其实并不是专门分析外国金融业和日本邮政改革关系的，而是在论述小泉首相对待日本发动侵略战争的态度。然而，就是这篇关于政治的文章里看似轻描淡写带过的一笔，恰恰说明小泉推动的邮政改革就是在送钱给外国人已经是外国媒体的共识了。

为什么小泉坚持邮政改革是把日本的资产献给美国呢？记得有位日本政界老人曾经对笔者说过，小泉出生在神奈川县的一个政治家世家，他的外祖父担任过横须贺市长、递信大臣、众议院副议长，政治地盘就是在神奈川的横须贺市。而横须贺自江户时代就是保卫江户的军港。二战之后，美军在此设立东亚地区最大的海军基地，作为核动力航空母舰的母港。小泉纯一郎从小被继承了外祖父地盘的父亲带到美军基地玩耍，经常被美国士兵摸头，与美国有很深的感情。但是，这样的交流很难说就是小泉通过邮政改革向美国献礼的原因。

但是，从他的外祖父开始，小泉家是和邮政有一定的渊源关系的，实际上小泉纯一郎在1979年出任大藏政务次官的时候，就开始要求邮政民营化，后来他常说实现邮政民营化是他一生的工作。不过，**小泉推动邮政民营化，恐怕是他对新自由主义消化不良的结**

果。日本的邮政运营得非常好,深受日本国民的欢迎。所以,长期以来小泉的邮政民营化在自民党内也几乎找不到知音,大家反而都把他当作一个变态的人。当美国通过不断打压日本,为美国企业进入日本提供便利的时候,邮政民营化就成为最好的突破口:**既有新自由主义的理论高度让日本国民折服,又有实际利益让美国得到实惠**。难怪美国布什总统会亲自过问日本的邮政改革,并对小泉力压反对派的态度予以了高度的赞扬和鼓励[1]。

二."小泉剧场"

从20世纪90年代初,美国家庭人寿保险公司等保险企业和美国的经济团体要求日本改变法律以便他们进入日本市场,为此,美国政府不顾美国自己的邮政没有民营化的事实,却每年都会向日本提出邮政民营化的要求。这样,本来只是小泉一个人唱独角戏的邮政民营化成为日本政府必须面对的问题。

1992年,小泉出任宫泽内阁的邮政大臣,宣布要改革邮政事业,但遭到其他议员的反对,最后不了了之。1995年小泉挑战自民党总裁虽然失败了,但他的邮政民营化主张终于得到了社会的关注。**事实上在美国的关心下,1996年成立的桥本龙太郎内阁设置了行政改革会议,讨论中央政府的结构问题**。在政府报告里首次提到了邮政民营化,但在行政改革会议的最终报告中邮政事业维持了国营,只是从政府部门里被剥离出来,成为政府投资的公

---

[1] 参见日本外务省网站 www.mofa.go.jp/mofaj/area/usa/kaidan_040922.html。

共企业。这是因为很多议员都认为邮政民营化会导致行政服务质量的下降，实际上是因为触及了他们的既得利益，所以，就群起反对邮政的民营化。于是到2003年，日本的邮政事业换汤不换药地变成特殊法人日本邮政公社。

这样的改革当然不能让美国满意，所以2004年发生了美国布什总统亲自过问日本邮政改革的事。美国的鼓励让当时已经担任日本首相的小泉下决心要完成邮政民营化的改革。2005年，日本众议院以5票之差通过了小泉政府提出的邮政民营化相关法案，但是在参议院表决时却被否决。小泉立刻断然宣布解散众议院，举行全国大选，并明确表明如果执政党得不到多数席位，他就辞职走人，以背水之战的悲壮来换取国民的同情心。他为这次大选提出的竞选口号是反对邮政民营化就是保守势力，需要被赶出国会。这种简单的二分法让小泉获得了国民的支持。小泉还充分利用自己手上的推荐参选议员的公认权，尽可能地招来有人气的社会名流作为自民党的候选人，去挑战反对邮政民营化的议员。这种被称为刺客作战的选举策略吸引了大家的注意。而美国的很多媒体也纷纷发表社论支持小泉，希望他能获胜。在这种一反常态的选举战略下，执政的自民党在很多选区都取得了优势，结果在众议院480个席位中夺得327席，取得了压倒性的胜利。这次大选也被形容为"小泉剧场"，该词还斩获了2005年日本流行语大奖。

对此，小泉首相的前任森喜朗曾经做出评价[1]：本来日本国民更加关心的是年金问题和税收制度，基本上不关心邮政改革。

---

[1]《森元首相、政局を語る　首相はノーサイド精神を》，《産経新聞》2005年9月13日。

但是，小泉在选举时强调的除了邮政还是邮政，其他什么也不提。仿佛是小泉实施了新闻管制一般，大选也就变成对邮政改革是支持还是反对的简单话题了。

就这样，小泉通过"小泉剧场"，迫使日本国会通过了邮政改革的相关法案，从而使得具有百年历史的日本邮政分拆民营化了。

三．邮政改革的目的是什么？

日本的邮政制度实际上是日本近代最先形成的全国统一制度。1871年，邮政制度开始运作。这距离世界最初的邮政制度的创立只有30年，比中国的大清邮政早了26年。

到1872年年底，日本全国的邮局已经超过了1150家，其中只有12个邮局是政府直接经营的，其余都是由各地豪绅和有钱人资助的。当时，能够从事国家的事业，对乡村的豪绅来说都是十分光荣的事，主持创建邮政制度的前岛密也积极利用民间的这种心态，对无偿提供土地和房屋的豪绅给予世袭的公务员身份，让他们积极参与建设全国的邮政系统。这样，就在比较短的时期内，日本成功地建设了全国性的邮政系统。

邮政制度的建设在明治维新以后日本国家建设过程中具有非常重要的意义。前岛密在他的自传《鸿爪痕》中指出，一个帝国没有普遍的通信路网，而官私远近的事情不相通，人情疏远，风俗不同，语言相隔，这在政治上是极为不利的。

经过一个多世纪的建设和运营，日本的邮政系统每年要处理的邮件超过 200 亿件，而邮政储蓄也吸纳了民间资金 230 兆日元，简易保险拥有的资产也达到了 120 兆日元的规模。

但是，从 20 世纪 90 年代开始，出现了要求日本邮政民营化的呼声，在小泉纯一郎出任首相后，邮政民营化改革被提上了议事日程。2004 年，日本首相的咨询机构经济财政咨询会议发表了一篇《关于邮政民营化的意义》[1]的报告，指出了邮政民营化的理由以及民营化之后的好处。

这份报告指出：战后民间的企业、金融机关获得了令人瞩目的发展，成为日本经济增长的原动力。结果，民间企业提供的金融服务也得到了大面积的普及，从而使得向全日本提供邮政储蓄和简易保险服务的必要性消失了。另外，IT 革命之后，通信和运输手段都出现了飞跃般的发展，出现了可以取代邮政事业的服务，作为国营企业的邮政事业也失去了在国家保护下运营的必要性。更重要的是，从高效利用资金流的观点来看，与把资金集中在国家机构中，在政策引导下进行投资相比，让民间部门可以自由运用这些资金，对日本经济进一步的发展来说更为重要。所以，对日本的国营邮政事业进行改革，使其民营化，发挥在新时期里的新作用，是十分必要的。

另外，邮政民营化是巨大的国际潮流，以德国等欧洲国家为中心，邮政民营化正在热火朝天地进行着。而民营化之后，他们又开始向海外发展，形成了国际上的优势。日本如果不及时跟上的话，就会在国际上落伍。

---

[1] 参件日本内阁府网站 www5.cao.go.jp/keizai-shimon/minutes/2004/0727/item4.pdf。

但是，民营化是不是解决这些问题最合适的方法似乎还有可商量的余地。更为重要的是，日本政府虽然推动邮政民营化，但是除了邮政储蓄和简易保险，并没有引入竞争机制，而邮政服务本来具有公共服务的性质，需要在全国建立服务网络，从经济利益来看，有些偏远地区的邮局根本不可能赢利，从民间企业要求经营效率的角度来看，这些地方的邮局是不是都要关闭？事实上，在后来日本邮政民营化的具体落实过程中，窗口企业是依靠业务委托费来经营的，而这种业务委托费并不是由市场机制来决定的，与提高邮政事业的效率基本上没有关系。

小泉首相在2005年6月的国会答辩中指出[1]：

> 虽然我在担任邮政大臣的时候就深感日本邮局的服务实际上比民间的银行等金融机关的服务更加周到、便利和热心，但是，对于邮局为什么也有邮政储蓄和简易保险的服务很不以为然。因为这是商业行为，而商业行为方面，民间企业一定比官营企业具有更高的效率。所以，作为国家公务员，国家机关是不用去考虑这些商业行为的，民间企业可以做的就应该让民间企业来做。所以，我并不否定邮政职员的努力，但从经济的全局来看，让民间企业去做（这些）应该是非常自然的事。而日本邮政民营化有助于减轻政府的财政负担，能够成为将来日本的行政财政改革的有力手段。

---

[1] 参见日本国会众议院网站 www.shugiin.go.jp/internet/itdb_kaigirokua.nsf/html/kaigirokua/014616220050615015.htm。

从小泉的答辩中也可以看到，之所以要推动日本邮政的民营化，不是因为邮政服务出现了问题，也不是邮政储蓄和简易保险这两大项服务出现问题，只是日本政府已经不堪财政重负，需要通过邮政民营化来减轻财政负担。但是，以此作为邮政民营化的理由，显得非常勉强。

实际上，日本国会通过的邮政民营化法案的基本理念只有两条：第一条是通过多样化优质服务为国民提供便利，第二条是通过资金的自由化运用来刺激经济的活性化。由于小泉的答辩已经说明第一条很难成立，所以，可以说，日本邮政改革的主要目的就是把邮政储蓄和简易保险的资产进行自由化运作。

四．美国为什么要求日本邮政民营化？

关于日本的邮政民营化是先有答案再找理由的状况，有很多人认为这是美国给日本政府施压的结果。从现有的公开资料来看，这样的看法不无道理。

从20世纪90年代初开始，美国之所以一直要求日本把邮政事业从国营改革为民营，是因为美国需要利用日本邮政储蓄的资金。因为，1981年就任美国总统的里根开始落实他信奉的新自由主义的相关政策，极端地降低企业所得税和个人所得税，结果导致了美国财政遭遇大幅度的赤字。到1985年，美国陷入纯债务国的地步。里根总统为了吸引外国政府和投资家购买美国国债，提升了美元汇率，这又进一步扩大了美国的外贸逆差。也就是说所谓的双胞胎赤字行将把美国带到万劫不复的地步，所以，美国政府需要想方设法地让外国的财富流入美国来挽救颓势。从1990年开始，美国要求日本邮政改革的主要目的也在这里。

在"小泉剧场"人气正旺的时候，8月26日，美国《华尔街日报》就刊登了一篇报道，描述了谁会在小泉的邮政民营化中大赚一笔[1]。根据这篇报道，美国花旗集团对日本的邮政民营化后，一旦邮政储蓄和简易保险被民间企业掌握，现有的金融资产"3兆美元"的去向做了一次模拟。

花旗集团认为日本邮政民营化后，从日本的国债、地方债和企业债市场上将会有1兆3750亿美元的资金流失。投资者会选择更有利的投资对象，所以，预计其中将会有1270亿美元流向美国国债，640亿美元流向欧洲欧元债，5210亿美元流向日本的股市。

荷兰国际集团（ING）的分析师分析，日本的邮政储蓄和简易保险购买了187兆日元的日本国债，但投资外国证券的资金只有8.5兆日元。但在民营化以后，邮政储蓄和简易保险会选择美国的国债是完全可以理解的，因为美国的利息明显高于日本。从结论上来说，美国国债和欧洲欧元债以及日本和外国的股市都将在日本邮政民营化过程中取得巨大的胜利，而日本的国债则不得不大吃败仗。

这篇报道实际上阐明了美国政府之所以要求日本进行邮政改革的目的。

---

[1] "Who Gains From a Japan Post Split? If Privatization Plan Clears", *Wall Street Journal*, Aug. 26, 2005.

2004年9月，小泉访问美国，并给布什总统带去了一件礼物——小泉内阁通过了《邮政民营化的基本方针》。因为在这个基本方针里，日本政府接受美国的要求，同意把日本的邮政系统置于与民间企业相同的竞争条件之下，并且废除简易保险的政府保证。关于这两点，也是美国贸易代表处在2005年公布的《外国贸易壁垒报告》中提到的成果之一。日本邮政改革担当大臣竹中平藏承认，从2004年4月以后，日本的邮政民营化准备室与美国政府代表和企业代表进行了18次意见交换，其中5次意见交换是和美国的保险业代表进行的。这应该说明了日本的邮政改革不仅受到了美国的压力，而且还得到了美国方面对改革的具体指示。

五．邮政资产如何流向美国？

日本的邮政储蓄本来是以高于其他银行0.2%的微弱利息优势，吸收了国民的储蓄，尤其是吸收了低收入者和边远地区的国民的小额储蓄。邮政储蓄的用途原则上限于购买国债，是日本国债稳定的投资者。在北海道拓殖银行以及日本长期信用银行破产之际，日本的邮局筹集了350兆日元的资金贷给日本政府，日本政府以此为财源转贷给经营不善的旧日本道路公团、住宅金融公库等特殊法人，邮政储蓄实际上成了政府财政投资的资金来源。

2007年10月，日本邮政集团成立，开始了邮政民营化的历程。但是，由于民主党在2009年夺得政权，日本的邮政民营化出现了一些反复，到2012年自民党重新掌权后，邮政改革也得到了进一步深化。

2015年，日本邮政的西室泰三社长以退休的名义实际上撤掉了井泽吉幸邮政储蓄银行社长的职务，换上了曾任日本花旗银行会长的长门正贡，同时把高盛日本的副社长佐藤胜纪挖来做邮政储蓄银行副行长并负责资产运营部。这个人事变动的主要原因是，井泽认为西室等推行的把保本的储蓄统统拿去投资变化极大的外国债券，是不健康的银行经营行为，对此并不认同。西室重用和美国关系极深的人担任日本邮政储蓄银行重要职位，就是要尽快把邮政储蓄银行变为大举投资外国债券的投资银行。在2015年5月，日本邮政集团公布了集团的中期经营计划，对邮政储蓄银行的经营方针是：在稳定的资金吸纳机制下，除了继续投资国债，更要求充分使用拥有的资金来追求更高的投资收益。所以，在适当的风险管控下，加快对海外各类债券的投资，到2017年度末，高风险的金融投资额需要达到60兆日元。而2015年3月底，日本邮政储蓄银行对美国国债的投资额为32兆日元，这意味着邮政储蓄银行还需要追加28兆日元来投资美债。为了实现这个目标，西室撤掉了不听话的井泽，找来了与美国关系极深的长门等人。长门等人也投桃报李，在这样的布局下，新上任的长门社长对媒体宣言说，要充分利用2.4万个邮局的网络优势，彻底把邮政储蓄银行从储蓄银行改造为投资银行。

　　2015年3月，邮政储蓄银行的资金总额为208兆日元，其中有107兆日元用于购入日本国债，比上一年减少了19兆日元。用于投资美国国债的资金额为32兆日元，比上一年增加了10兆日元。从这个数据来看，邮政储蓄银行已经在逐步减少对日本国债的投资而增加对美国国债的投资，而新的中期经营计划则强化了这种趋势。

菊池英博指出，邮政储蓄银行不把日本国民的储蓄用在日本国内的投资上，而是要用在与日本经济没有直接关系的外国债券上，这严重地违反了日本的银行法。

根据邮政储蓄银行的最新年报，邮政储蓄银行已经在2018年度实现了投资外国证券60兆日元的既定目标。到2021年度，对外国证券的投资已经超过了74兆日元，而对日本国债的投资则已经减少到49兆日元。至此，不仅实现了日本邮政集团设定的计划，而且，还对美国《华尔街日报》的模拟做出了肯定的回应。

六．美国还要染指日本的保险市场

不过，关冈英之认为在日本邮政民营化过程中，**美国的真正目的是染指简易保险**。这从1995年的年度改革要求书里可以看出。美国政府相信日本政府将会采取规制缓和以及竞争促进的措施，禁止邮政省这样的政府机关涉足与民间保险公司直接竞争的保险业务。

在此之后，美国一直念念不忘提醒日本政府改革简易保险，到1999年，年度改革要求书就废除简易保险提出了更加具体的要求。美国政府强烈要求日本政府认真考虑，是否要全面停止继续扩大政府以及准公共保险制度的做法，尤其是与民间保险公司提供的商品有竞争关系的简易保险，削减或者废除现存的制度。

从美国不断地给日本施以明确的压力这样的角度来看，日本邮政民营化是否为迎合美国的要求而进行，就是不问自明的问题了。

简易保险是日本政府和日本邮政公社经营的一种生命保险事业，其全称就是简易生命保险，通称简保（Kampo）。这项保险事业具有悠久的历史，是1916年由当时的递信省创办的，其目的是让一些因为收入或者工作性质而无法加入民营生命保险的人也能加入生命保险，而且在加入这种生命保险时并不需要医生的诊断等条件，所以称为简易保险，当然，签约的保险金也就比一般的民营生命保险的保险金要低一点。但这样，就能让有意愿的人都能加入生命保险。1949年，日本公布新版《简易生命保险法》，在这项保险里加上了很多政府的担保等服务，使得简易保险更是带上了一些社会福利的性质。正是因为有这样的特殊性质，日本简易保险到20世纪末已经拥有了120兆日元的资产，这个金额规模不仅超过了日本其他民营生命保险公司资产的总额，而且还超过了当时加拿大的GDP总额。

在美国提交给日本的年度改革要求书中对邮政储蓄似乎并不关心，但一直把有关简易保险的内容放在前面。在2003年的年度改革要求书里还有这样一段文字：

关于简易保险商品以及日本邮政公社对不保本型邮政储蓄投资商品的开发和销售相关的法律修改，美国政府要求日本总务省，在所有可能影响该领域民间活动的相关方面，需要采取措施，向一般市民（也包括外国保险公司）提供充分的信息以及听取他们的意见。

在这段文字里，美国政府堂而皇之地把外国保险公司纳入日本的"一般市民"的概念里，实际上是用一般市民的概念做掩护，要求日本政府直接为外国保险公司服务。这或许是美国的保险公司给美国政府的压力所致。事实上，美国生命保险协会的会长就对日本自民党干部明确地说过，日本的邮政民营化对美国保险业界来说是最为重要的贸易问题。这也表现出美国与日本的贸易摩擦已经不局限于工业产品，而且还涉及金融服务。日本继汽车、半导体摩擦后，又将迎来保险摩擦的新局面。也可以说，美国要求日本邮政改革的目标实际上不是日本邮政民营化，而是攻占日本的保险市场。

实际上，早在1993年，在宫泽内阁时开始的美日包括性经济协议里，保险已经作为当时需要讨论的四个领域之一，被摆到了谈判桌上。结果是日本接受美国的要求，同意开放日本国内的保险市场。1995年，日本又在半个世纪后大规模修订了《保险业法》，撤销了对保险新商品开发以及保险费设定的诸多限制，同时也消除了生命保险和财产保险之间的隔阂，使得保险公司可以自由地进入这两个市场。但意外的是，当时出面反对保险市场规则缓和的竟然是美国在日本的保险公司。因为原来的日本保险市场限制非常严格，美国在日本的保险公司无法进入现有的生命保险领域和财产保险领域，所以他们就开拓了医疗、疾病和伤害方面的保险业务，形成了所谓的第三领域的保险业务。受制于日本保险市场的各种规则，日本的大型保险公司很难开展第三领域的保险业务。如果保险业规则缓和的话，美国在日本的保险公司所开拓的新市场，就会受到来自日本大型保险公司的巨大的竞争压力，他们的既得利益就会受到影响，所以出面反对日本保险行业的规制缓和，而美国政府为了保护这些企业的既得利益，毫不顾忌地把自由竞争的大旗丢到一边，转过来要求日本政府予以照顾。

这样，日本政府不得不与美国政府在1996年重新签订协议，确保了美国在日本的保险公司的既得利益，规定到2001年为止，日本的大型保险公司不得染指第三领域的保险业务。这样美国保险公司以独占的第三领域的保险业务为基础，以相当有利的条件展开了与日本保险公司的激烈竞争，取得了重大的胜利。据《日本经济新闻》的报道，到2004年，美国AIG所属3家保险公司从新客户手里收到的保险费超过了日本最大的保险公司日本生命的保险费收入，登上了日本保险公司排行榜的榜首。

如果说美国的目标实际上不是日本邮政民营化而是想攻占日本的保险市场的话，到2004年，这个目标可以说已经初步实现。

第四节　要医疗平等还是要商业机会？

一．白色巨塔的倒塌

"我不会失败！"

2012年以后连续几年，一个高挑的女医生，用这句话征服了日本电视机前的观众。她凭借精湛的外科手术技术，遇到病入膏肓的患者也能让他们起死回生。这样的现代神话让日本观众无不感叹。

这部电视剧每季的开场白都提到了一个关键词：

2012年白色巨塔正在不可收拾地倒塌……

2013年白色巨塔的崩溃一发不可收……

…………

2019年白色巨塔已经完全倒塌……

这里的关键词就是白色巨塔。电视剧实际上是借用了山崎丰子的小说《白色巨塔》的故事，意指医疗机构内部的封建性人际关系和特殊的组织，是一个顽固而无情的世界。**白色巨塔**

的倒塌就是指这样的医疗机构开始崩溃，日本的医疗市场迎来了一场改革。

不过，日本观众对这种组织的改革应该不是那么感兴趣，他们更关心医疗制度的改革能否像 X 医生（电视剧角色）那样，将来对他们的疾病不仅能十拿九稳地确诊，而且还能做到药到病除。当然，神医可遇不可求，但是，对医疗制度的改革却是不可以不关心的。

进入 21 世纪以后，日本对医疗制度的改革呼声越来越高。

2000 年 9 月，日本厚生省发布消息指出：政府掌管的健康保险机构的财政极度恶化，出现了 3200 亿日元的赤字，这已经是连续七年出现赤字。因为被保险者的收入连续两年出现负增长，他们所缴的保险费也在减少，所以 1999 年度政府掌握的健康保险收入也首次出现了负增长。如果不采取有效措施，到 2002 年健康保险将不能维持。**产生赤字的原因主要是被保险者年龄结构老化以及被保险者的收入出现负增长**。随着日本社会老龄化的加快，老年人医疗费用支出的增速也在加快。1999 年 65 岁以上的老年人占日本总人口的比例为 16%，到 2025 年将超过 35%。同时，医疗费从 1999 年的 30 万亿日元将上升到 2025 年的 58 万亿日元。[1] 如果工薪阶层的收入到 2025 年也会增长 3 倍，那么现行的健康保险制度或许不会出现问题。但是到底有谁敢保证工薪阶层的收入一定会增长 3 倍呢？所以现行的健康保险制度必须改变。

问题是怎么改革呢？

---

[1] 健康保険組合連合会：《2025 年度に向けた国民医療費等の推計》，2017 年 9 月，www.kenporen.com/include/press/2017/20170925_1.pdf。

日本政府推出的健康保险制度的改革主要是增加被保险者的保险费用的支出比例，从现行的 20% 提高到 30%。根据需要这个比例还可能继续提高。另外就是**把原来属于公共服务事业的社会保障服务进行市场化运作，也就是要求需要医疗保健服务的人自己掏钱买服务**。这样，无论是提高被保险者的保险费用支出的比例，还是通过市场来购买相应的服务，日本国民对国家所提供的比较完善的健康保健服务的享受都将逐步减少，他们必须依靠个人的经济能力来满足各自的需求。日本医疗保健制度的改革，实际上意味着群体社会的崩溃。

医疗保健制度的改革是日本政府无力继续向国民提供全面社会保障的一个事例。泡沫经济崩溃后，日本经济处于长期的低迷状态，日本政府被迫推行新自由主义的改革，减少政府的公共开支，在下放政府的各项权力的同时要求企业和个人更多地依靠各自的努力来寻求生存和发展的道路。日本政府被迫放弃了曾经是日本高速发展原动力之一的政府扶持产业的各项倾斜政策，曾经显赫一时的日本政府为金融行业全面护航的所谓"护送船团方式"，也随着政府财政的日益窘迫而成为明日黄花。往日的经济制度和商业模式无可奈何地凋落，经济环境的恶化导致日本群体社会的崩溃。

二. 外资引领日本的医疗保险市场

关于日本医疗制度的改革，实际上也是美国很早就要求的一个项目。1993 年，在宫泽内阁时开始的美国和日本的包括性经济协议里，保险已经作为当时需要讨论的四个领域之一被放上了谈判桌。在 1994 年美国第一次向日本提出的年度改革要求书里也有医疗保险的相关条目。结果是日本接受了美国的要求，同意开放国内的保险市场。1995 年，日本在半个世纪后大规模修订了《保险业法》，**撤销了对保险新商品开发以及保险费设定的诸多限制，同时也消除了生命保险和财产保险之间的隔阂，使得保险公司可以自由地进入这两个市场**。但令人感到意外的是，已经进入日本市场的美国保险公司此时跳出来反对保险市场规制缓和。

原来，日本的保险市场受到非常严格的限制，已经进入日本的美国保险公司因为无法涉足现有的生命保险领域和财产保险领域，所以就开拓了医疗、疾病和伤害方面的保险业务。因为日本国内的相关法律法规的限制，医疗、疾病、伤害保险市场很不发达，属于缝隙市场，这给美国的保险公司提供了机会。美国大都会人寿保险公司从 20 世纪 70 年代初就进入了日本医疗保险市场。**经过对缝隙市场不断的开拓和挖掘，形成了被称为第三领域的保险市场，美国保险公司在这个领域里占据绝对优势**。而日本的大型保险公司受制于日本保险市场的各种规则，很难进入第三领域市场。如果此时保险市场规制缓和，在日本的美国保险公司所开拓的新市场就会面临日本大型保险公司的直接竞争，它们的既得利益就会受到影响。于是，美亚财产保险公司（AIG）董事长积极游说克林顿总统，要求重新审议美日保险协议。结果，在 1996年，美日之间重新签订协议，区别对待日本保险企业，规定其在 2001 年之前不得进入第三领域市场，尤其是不得发售癌症保险、医疗保险和伤害保险等相关商品，从而确保美国保险公司的既得利益。同时，又允许美国保险公司进入生命保险这个最大的市场。从这里也可以看出，美国在对日交涉过程中，都是在符合自身利益的情况下，在利用所谓的规制缓和、自由竞争等原则。

在这样不平等的竞争环境下，日本的一些中小保险公司出现了经营危机，濒临破产。这些保险公司出现经营危机的一个重要原因是泡沫经济崩溃后低迷的股市和超低的利率影响了资本运作。而1995年《保险业法》的修订让这样的经营状况被直接暴露在外，严重影响了这些保险公司的声誉，造成了客户的流失，经营状况进一步恶化。最终，这些保险公司悉数被外资并购。

表 4-2 日本保险公司被外资并购情况[1]

被并购保险公司	并购方
东邦生命	GE → AIG
千代田生命	AIG
和平生命	美国安泰人寿保险→美国万通保险
协荣生命	美国普天寿保险
Oriko生命	美国普天寿保险
第百生命	加拿大宏利生命保险
日产生命	法国阿耳忒弥斯集团
日本团体生命	法国安盛集团
Nicos生命	瑞士信贷集团

2000年到2020年，日本第三领域市场的新签约数比例从23%

---

[1] 関岡英之："奪われる日本"，《文藝春秋》2005年12月。

上升到 39.9%，俨然成为生命保险领域里的主力商品。而美国保险公司等外资企业更是受益匪浅。2004 年，AIG 下辖的 3 家生命保险公司新签约的保险收入，超过日本最大的生命保险公司日本生命，登上了日本生命保险行业排行榜的榜首[1]。

三. 美国对日本医疗制度改革的进一步要求

当然，美国对日本医疗制度的改革要求是不会停止的。在医疗保险之外，美国还要为美国制药企业争取更多的利益。但是，日本的全民医保制度阻止了这样的可能，因为日本的医保制度压制了药物价格和医疗费水平，让制药企业不能自由地设定药物价格来牟取暴利。

对此，美国在 2004 年版的美日投资提案书[2]里明确指出：美国政府认为，日本由于人口动态性变化，今后，在教育及医疗服务领域里的投资将变得十分重要。所以，在这些领域里，美国企业可以发挥他们的优势提供各类高质量的服务。而这些高质量的服务势必会给日本的消费者带来福利。为了在这些领域里促进美国的投资，美国政府要求日本政府为了确保美国的投资而改革这些领域里现有的制度。

---

[1] 《日本経済新聞》2005 年 6 月 2 日。

[2] 《日米投資イニシアティブ報告書：成長のための日米経済パートナーシップ 2004 年》，dl.ndl.go.jp/info:ndljp/pid/1285689。

在这份提案书里，更是明确了医疗服务方面美国的三项要求。

1. 扩大医疗服务领域里以营利为目的的法人进入市场的机会；
2. 认可 MRI、PET 等使用高端设备进行检查的特定医疗行为的外包；
3. 保险诊疗和保险外诊疗的明确化以及解禁混合诊疗。

对美国的这些要求，日本政府也在这份提案书里予以了回答。

关于要求1，本来日本的法律是禁止开设以营利为目的的医疗机构的，但基于规制改革的政府内部探讨，决定在机构改造特区里允许开设这样的医疗机构。为此，日本在2004年5月通过了相关法律。

关于要求2，本来日本的法律是禁止这样的外包行为的，但通过机构改造特区的试验，准备在日本全国推行这种外包行为。

关于要求3，基于国民皆保的制度，日本政府对解禁混合医疗持谨慎的态度。

也就是说，对美国的三项要求，日本政府实际上答应了两项，保留了一项。而美国要求改革日本的医疗制度，就是为了让美国资本、美国医疗机构进入日本市场。美国国务院次卿拉尔森毫不忌讳地指出了这点[1]。

---

[1] 《日本経済新聞》2004年3月12日。

四．商业机会和医疗平等

虽然在 2004 年版的《美日投资提案书》里，日本政府表达了基于国民皆保的制度而对解禁混合医疗持谨慎的态度，但是，日本政府还是无法忽视美国的要求而迅速行动起来。2004 年，小泉首相的咨询机关提出了对混合医疗的解禁方针，同年 12 月，厚生劳动大臣和行政改革担当大臣之间达成了关于混合医疗的基本协议，即于 2006 年在提交国会的法案里实际废除了禁止混合医疗的相关规定。

2016 年，日本政府决定在医疗领域里大幅度扩大患者申请疗养的政策。虽然名称有所不同，但这实际上就是混合医疗的正式解禁。也就是说在医疗领域里，医疗保险的重要性得到了进一步的提升。

美国要求解禁的混合医疗就是患者在医院看病时可以自由地结合医保医疗和医保外的医疗。长期以来，日本是禁止这样的混合医疗的。这是因为有一部分药物在日本还没有得到政府认可，如果患者要求使用这部分药物的话，那么不仅这部分药物的费用要由患者全额负担，就是本来可以使用医保的诊疗费和住院费也都必须由患者自己全额承担。解禁混合医疗的话，患者除了全额负担保险外费用，也可以享受医保，这看起来对患者是一种福利，但其实不然。

日本政府之所以长期坚持医保制度，就是可以调控医疗费用和药物价格，使得日本的患者可以享受比较低价的医疗服务。而医保外的医疗也就是所谓的自由医疗，其药物价格是由制药企业自由制定的，医疗费用也是医院自由设定的。从盈利的角度来看，医院更愿意实施医保外医疗，但在实际上会造成患者的负担。日本实行全民医保制度，基本上实现了人人参加医保，享受了比较平等的医疗服务。但是，美国却一直无法做到这一点。在克林顿政府时期，希拉里·克林顿曾经推行美国医保制度的改革，希望实现全民皆保的医保制度，从而降低国民的医疗费支出。但是，在各方压力之下，这项改革还是夭折了。而有没有全民医保制度，在医疗费上可以看出患者负担的多少。

表4-3　2005年美日医疗费比较[1]

	人均医疗费（日元）	医疗费总额占GDP之比（%）
美国	591730	13.9
日本	310874	7.8

美国的人均医疗费和医疗费总额占GDP之比都位列世界第一，这就是没有全民医保制度带来的结果。**日本解禁混合医疗，也就意味着美国的制药企业可以在日本自由地设定药物价格并让医院积极采用，患者承担的医疗费用的上升就不可避免。**而比较富裕的人就能享受更多的医疗服务，事实上造成了收入差别带来的医疗方面的不平等。

混合医疗的解禁，实际上也会为美国等外资保险公司拿手的

---

[1]　医療保険制度研究会編集：《目で見る医療保険白書—医療保障の現状と課題（平成17年版）》，ぎょうせい，2005年。

医疗保险提供新的机会。由于医保外的自由医疗提高了医疗费，保险公司就会推出自由医疗的医疗保险这类新商品。当然，收入的差距决定了国民不可能平等地购买这类保险，从而使得医疗的不平等进一步扩大。

不用讳言，**自由医疗给制药企业创造了很多商业机会，这对他们的技术革新是有推动作用的，同时，自由医疗对医院提高医疗服务水平也有积极的影响**，但是，医疗领域人命关天，国民应该享受平等的医疗服务。这里的取舍本来并不困难。

在日本原有的全民医保制度下，几乎所有国民都能享受比较平等的医疗服务，只要凭一张医保卡，就可以在任何医疗机构支付相同的费用去看病。但是，类似混合医疗解禁之后，制药企业和医院都获得了可以争取更多利润的自由，医疗费的上涨就成了不可避免的趋势。结果在人命关天的医疗领域，也呈现出贫富差距。这样的改革到底是为了国民，还是为了其他呢？

第五节　日本社会的全面改造

一."市场的声音"

20世纪90年代的日本，在泡沫经济崩溃后，虽然进行了痛苦的社会结构改革，但不仅没有恢复经济的增长，反而陷入了长期的低迷。由于日本没有及时认清泡沫经济产生的根本原因，只能从泡沫经济崩溃后的现状来找出问题点。在美国利用帝国循环维持了社会繁荣的状况下，美国等国推行的新自由主义也就成了日本社会发展的方向。日本的批评家也就纷纷成为新自由主义的吹鼓手，形成了日本欢迎和赞美新自由主义的社会舆论。而这样的社会舆论正是帝国循环能够运作的社会土壤。

由于新自由主义的市场本来就充满了不确定因素，价格机制并不能稳定市场的秩序，市场的稳定与否常常与市场的心理有关。如果大家对市场的动向有比较稳定的认识，那么市场大致也会比较稳定；如果大家对市场产生了波动的情绪，那么必然会导致市场的混乱。市场的心理本来是市场参与者集体的心理反映，但实际上，经济分析师、评论家和媒体都是市场心理的代言者，他们的活动形成了"市场的声音"。这些声音不仅会对经济形势的变化进行分析批判，而且还会对政府的政策进行评判。由于能够形成市场的声音的批评家们很多都属于新自由主义的吹鼓手，结果他们也常常成为美国政府的代言人来批判日本的各种政策，为日本国内形成欢迎新自由主义的社会舆论发挥了重要的影响作用[1]。

在新自由主义冲击日本的潮流中，日本原来的制度都被"市场的声音"当作经济发展的敌人，遭到了无情攻击。在美国政府和日本社会舆论的压力下，日本政府不得不推行结构改革。到20世纪90年代后半期，日本政府大刀阔斧地落实了规制缓和，废除了很多以前的规章制度，还推行了金融自由化，甚至改造了政府机构。大藏省这个拥有1300多年历史的政府机构名称也在改革中消失了，让无数的日本国民感到惋惜。但是，这样的改革似乎还不能让"市场的声音"得到满足。实际上，正是推动了改革，结果使得失业率攀升，拥有不良资产的企业面临破产的危机。这让日本经济的前景也变得不那么乐观，企业失去了投资的意愿，消费者失去了消费的意愿，日本经济陷入了更加混乱的低迷中。改变本来就伴随着痛苦，但"市场的声音"反而把这种状况的出现归因于改革还不彻底，日本的市场还不够开放。这也导致了日本的资金厌恶日本闭塞的市场，进一步流向了美国的所谓公平自由的市场。

---

[1] 佐伯啓思：《ケインズの予言—幻想のグローバル資本主義（下）》，PHP研究所，1999年。

实际上，这种"市场的声音"不仅促使日本的资金源源不断地流向了美国，而且还在意识深处改造了日本人的价值观。

二. 价值观的改造

从《菊花与刀》的作者鲁思·本尼迪克特到"日本异质论"的修正论者都认为，日本社会与美国社会有巨大的差别，因此都强调要改造日本。但是，他们都错误地把日本人划归到集体主义范畴。当然，这样的错误并不妨碍美国对日本的改造，因为美国只是在按照自己的思维模式来改造日本。

按照西方的概念，如果不属于个人主义范畴，那么就应该属于集体主义范畴。但是，这些概念恰恰不能适用于日本人。对此日本学者进行了艰苦的探索。而笔者曾经**在日本学者研究的基础上提出群体社会的概念来指代日本社会的特征**[1]。在群体社会中有无数的群体。虽然成员对群体有认同感和归属感，有明确的内外之分，但是加入群体通常并不是以契约为标志。群体成员拥有共同的价值观，但却不是用正式的文本来规范。群体是一种非正式但是明确存在的社会形式，维持这种群体持续存在的是成员对群体的忠诚和志愿，而群体必须对成员起到保护和照顾的作用。无数的群体组成了群体社会。在笔者看来，用群体社会的概念是可以说明日本社会的特征的。20世纪，日本企业之所以形成了世界级的竞争优势，就是有赖于磨合生产方式，而这样的生产方式就是建立在群体社会基础之上的。

---

[1] 参见黄亚南：《谁能拯救日本：个体社会的启示》，上海辞书出版社，2009年版。

但是，日本泡沫经济崩溃后，日本社会处于迷茫阶段，美国主导的新自由主义的改革被认为是日本发展的方向，这就引起日本社会发生了从社会制度到个人价值观的巨大的变化，**这也意味着日本社会开始从群体社会走向个体社会**。而2004年之际流行的"自我负责"一词让日本国民真正感觉到个体社会的现实。

2004年，日本自卫队在美国的影响下，打着"帮助伊拉克人道复兴"的旗号进驻伊拉克，但日本国内对这次行动褒贬不一。就在日本还在讨论自卫队的行动是否合法、是否应该的时候，发生了伊拉克武装力量扣留日本国际志愿者和新闻记者的事件，他们以这些日本人为人质，要求日本从伊拉克撤出自卫队。人质的家属也从日本各地赶到首都东京，要求政府接受条件从伊拉克撤军从而解救被扣留的人质。但显然日本国际志愿者被扣为人质打乱了自卫队的行动计划，所以，日本政府没有答应这样的要求。这样，人质的生命安全就需要自我负责了。

《读卖新闻》和《产经新闻》等日本媒体都在社论中严厉批评这些人质，以及要求政府从伊拉克撤军的人质家属。具有讽刺意味的是，《产经新闻》在3个月前还专门介绍过这些国家志愿者并且为他们公开募集资金。日本最有影响力的周刊《新潮》和《文艺春秋》还刊登了几篇报道，把这些人质描绘成罪犯一样。但更讽刺的是，一直和西方媒体保持一致的日本媒体这一次受到了西方媒体的诘难。意大利和法国被扣的人质在回国时，都得到了总统和总理到机场亲自迎接的待遇。只有日本人质是在一片指责声中回国的。

但是，政府和媒体的这种指责得到了众多日本国民的支持，据《读卖新闻》的全国调查，有74%的人支持政府的态度。在这样一片指责声中,"自我负责"成为流行语,还获得了该年度的流行语大奖的提名奖。不过这个奖项却没有实际的获奖人。

接受"自我负责"的观念,也就是对传统的群体社会那种互相依赖、共同负责的观念的否定与排除。这实际上也让日本企业自废武功地抛弃了他们的强项——磨合生产方式,因为"自我负责"让这种生产方式失去了存在的基础。

三. 协调还是诉讼?

在群体社会中出现矛盾时,群体内部可以通过成员之间的相互协调来处理。当然,这样的处理结果不一定很完善,会留下很多遗憾。不过,这反而能约束成员尽量不要逾越群体内部的规矩。但是,在个体社会中,由于强调自我负责,所以,一切都需要有明确的是非界限,最明了的做法就是通过司法判决来申明正义。这样,日本就有可能进入像美国那样的诉讼社会。

不过,日本国民本来并不喜欢诉讼。所以,日本的司法人员和律师数量都比较少。为了应对可能出现的越来越多的诉讼,日本政府在1999年设置了由法律学者和法官等专家组成的司法制度改革审议会。2001年,该审议会提交了包括设立知识产权最高法院、引进陪审员制度等内容的意见书。同年,日本国会通过了《司法制度改革推进法》,日本政府根据该法律在内阁里设置了司法制度改革推进本部。2003年,日本政府又确定了司法制度改革推进计划,两年后,国会通过了引进陪审员制度的法案,这一系列动作使日本司法改革终于上路了。

根据日本政府的公告，日本进行司法改革的目的是构建让国民备感亲近、值得信赖的司法制度。为此，在三个方面进行了改革：第一，缩短审判时间；第二，增加法官、检察官和律师数量；第三，引进陪审员制度。这次日本国内的司法改革看起来完全是为了日本国民谋福利，但实际上也是为了美国进行的。从这次改革最引人注目的引进陪审员制度这一点就能清楚地看到。

　　1994年，美国向日本第一次提出年度改革要求书的时候，就要求修订《反垄断法》以及改革民事诉讼的程序。而日本经济界也希望日本的法律体系能够有所改变，因为当时很多进入美国市场的日本企业在美国都遭遇了诉讼，并且在爱国的美国陪审员的有罪判决下，不得不支付了巨额赔偿金。这本来是美国改变规则的一种体现，但既然规则已经改变，日本就需要适应，而且日本也擅长做这样的应对。所以，当美国要求日本按照美国的模式改革司法制度的时候，日本上下也表现得比较积极。他们考虑到如果日本没有类似的司法制度，就很难保护日本的知识产权。

　　不过，日本可能又想错了。美国虽然要求日本按照美国的模式改革司法制度，但同时必须根据美国的需要做相应的修正。比如，在民事诉讼方面就不要引进陪审员制度，因为美国害怕爱国的日本陪审员会做出对美国企业不利的判决。实际上，美国的目标在于如何给美国企业进军日本提供便利，并不是专利诉讼，保护知识产权，而是针对日本独占日本市场的问题，比如超大型建筑企业之间相互协调，独占了日本市场，而外国企业就很难插足。又比如邮政储蓄及简易保险所独享的政策优惠，还有日本企业之间存在的人才和资本的系列关联问题，等等。也就是说，美国希望通过对《反垄断法》的修订，打破日本企业垄断日本市场的局面，让美国企业有进入这个市场的可能。

四．司法改革的意义

在日本司法改革之前，日本的律师只有2万人左右，但美国却有100万的律师，而美国的人口只是日本的2倍左右，可见美国社会中诉讼频发。

美国的律师通常并不是坐在那里等客户上门，而是想方设法地制造诉讼案件推销给当事人[1]。而潜在客户都是拥有金钱的组织或者个人，被称为"深口袋"，是律师们取之不尽用之不竭的财富来源。或者律师以极低的费用接受弱势受害者的诉讼代理，在赢得巨额赔偿金的时候要求获得巨额的成功报酬。正是这样制造出来的"官司缠身"，使得美国有实力的大企业也为之疲惫不堪，美国社会要求改革这种诉讼社会的呼声也日益高涨。

比如，在2004年美国总统选举时，民主党副总统候选人就是在医疗事故诉讼中赢得了巨额赔偿金而在全美大出风头的一位律师。而民主党的败选与这样的社会背景多少有些关系。因为当选的布什总统就在国情咨文中提出了要尽早改革美国的诉讼制度。据当时的白宫经济顾问委员会的统计，美国一年的诉讼成本达到1800亿美元，占美国GDP的2%左右。共和党占多数的美国联邦议会在布什总统的要求下，迅速地通过了抑制诉讼的相关法律。

有意思的是，美国对自身过于频发的诉讼开始反省，但是，他们却要求日本按照美国模式进行改革。而且，美国要求日本进行的司法改革当然是按照美国的模式进行的，但日本是大陆法体

---

[1]　髙山正之、立川珠理亜：《"訴訟亡国"アメリカ—標的にされる在米日系企業》，文藝春秋，1995年版。

系而美国是海洋法体系,按照吉川元忠的观点[1],大陆法体系远比海洋法体系完善,用落后的美国法律制度来改革日本的法律制度本身就是一个问题。

大陆法起源于罗马法。东罗马帝国查士丁尼皇帝为了重建和振兴罗马帝国,在528年到534年,组织编纂了《查士丁尼法典》《查士丁尼法学总论》《查士丁尼学说汇纂》三部法律法规汇编。后来,法学家们又汇编了查士丁尼皇帝在位时所颁布的敕令168条,称为《查士丁尼新律》。这些法律汇编后被称为《国法大全》,意味着罗马法形成了比较完整的法律体系。1804年颁布的《拿破仑法典》实际上也是罗马法的继承,有比较完善的结构和体系,也是比较先进的法律体系。而海洋法系是源于英国的法律体系。在罗马帝国时代,英国属于帝国的边境地区,基本上不受罗马法的管束。这样,英国就没有形成一部成文法,而是用惯例或者判例来进行司法判决,必要的时候,采用衡平法来补救。

由于没有体系化,找到惯例或者判例就非常重要,同样对惯例或者判例的解释也可能非常随意。这是比较棘手的问题。比如,在美日贸易摩擦时代,自我出口限制本来是违反《关贸总协定》规定的,但是,美国却可以不顾违反规定而强迫日本制定自我限制的指标。也就是说,日本如果接受美国的法律制度,那么对美国的各种要求就会更加防不胜防。

更关键的是,这当然有利于美国企业进军日本,同时,也是一种对日本社会的改造。

---

[1] 吉川元忠、関岡英之:《国富消尽—对米隷従の果てに》,PHP研究所,2005年。

五．第二次战败的认识

在日本，当然也不乏对新自由主义改革的各种赞美之声。不过，日本并没有从这种改革中获益，使得这些赞美之声显得苍白无力。相反，实际上是因为美国而形成的泡沫经济，以及泡沫经济的崩溃破坏了日本人的价值观，破坏了日本的社会，破坏了"战后系统"，让日本人产生了第二次战败的感觉。在媒体人永野健二的著作《泡沫：日本迷失的原点》一书的腰封上，就打出了显眼的广告词，那正是"第二次战败"。

第一次战败是指日本在第二次世界大战中被以美国为首的盟军打败，日本尝到了从明治维新以来的重大败绩。在此役后，日本臣服于美国，把外交和国防都置于美国的保护和管理下，自己一心只拼经济，追求经济的富裕。这条路日本走得比较顺利，到20世纪80年代的时候，日本已是仅次于美国的世界第二大经济强国，以致在日本人中出现了"虽然在战争中败给了美国，但是在经济方面却战胜了美国"的认识，而且持有这种认识的人还不少。

到20世纪80年代的时候，日本人似乎也有这样骄傲的资本。除了美国人写了《作为第一的日本》的著作，让日本人陶醉其中，也使被美国人总结出来的"日本式经营"在不知不觉中从贬义词变成了褒义词，因为高品质的日本商品比美国商品更为优异，更受市场欢迎，就足可以让日本式经营充满神奇的光辉，日本制造成了一种社会的神话。为了把握日本式经营的精髓，美国麻省理工学院花费巨额经费，组织了17个国家的专家学者，对日本丰田汽车进行了里里外外的仔细调查研究，可见丰田生产方式已经成为世界各国学习的对象，同时也成为美国不敢掉以轻心来打压的对象。

但是，在泡沫经济崩溃后，日本陷入了长期的经济低迷，原来充满神话色彩的日本企业、日本式经营等失去了光辉，日本自己对"日本式"也失去了信心。不仅如此，日本还失去了前进的目标，仿佛是在汹涌澎湃的巨浪中随波逐流。日本总务省统计审查官堀明彦指出：在这样的环境中，"第二次战败"一词开始出现[1]。

从泡沫经济的鼎盛时代到 21 世纪，日本经济如同从天堂掉进了地狱。对这样的状况，小川浩昭教授指出：虽然不能轻易地使用"战败"一词，但事实却如同有"战败"那样的冲击。而且，还不单单是冲击度的问题，更是把日本经济冲上顶峰的那种冲劲给瓦解了。**如果把经济竞争等同于经济战争的话，那么这种冲劲被瓦解也就意味着经济战争的败北**。所以，用"第二次战败"来形容日本的凋零完全是可以的[2]。

另外，《朝日新闻》也曾经指出[3]，平成时代（1989—2019）的经济与二战前的日本经济非常相似，政府的借债比率超过 200%，而日本在二战战败时的政府借债比例也超过了 200%。二战后，日本政府为了尽快处理庞大的债务，不得不以财产税、封闭储蓄和改用新日元等方法来剥夺国民的财产，也就是在牺牲国民生活的前提下处理巨额债务。所以，日本政府应该为了避免出现第二次战败而实施有效的政策。这从另一个角度提出了第二次战败的说法。

---

[1] 堀明彦："'第 2 の敗戦'を考える"，《平成 15 年茨城県統計年鑑》，2003 年。

[2] 小川浩昭："経済敗戦を考える―アベノミクスは救世主か？"，《西南学院大学商学論集》，60 卷，2013-09。

[3] "平成経済、戦前に酷似　'第 2 の敗戦"避けるために'，《朝日新聞》，2018 年 4 月 27 日。

第二次战败这种说法之所以开始在日本流行，主要原因正如堀明彦指出的那样，不仅仅是因为经济的结构、运营方面的问题，而且还涉及日本的社会基础和文化传统，而这方面的挫败对日本人自信心的打击更为严重。

　　为了个人利益而不择手段的想法，不顾他人利益和想法的个人合理主义对日本社会的渗透，实际上既是泡沫经济产生的原因，也是泡沫经济带来的结果。实际上，这也是美国改造日本社会的一种体现。只是日本虽然从群体社会走向了个体社会，但是在个体社会里，日本国民似乎还没有及时地找到自我存在的位置，所以，他们不得不无休止地寻找自我[1]，从而使第二次战败拖上了一条长长的尾巴。

---

[1]　参见黄亚南：《你所不知道的日本Ⅲ》，东方出版社，2017年版。

第五章

日本式躺平

第一节　从失去的十年走向失去的三十年
第二节　日本企业自废武功
第三节　安倍经济学的目的和成败
第四节　日本将走向何方？

第一节　从失去的十年走向失去的三十年

一 . 日本经济的地位急剧下滑

日本的平成年代是从1989年开始的。在这一年12月29日所谓的"大纳会",也就是证券公司最后的交易日,日本的股价达到了38915.87日元,刷新历史纪录。这似乎预示了平成年代是日本经济继续高歌猛进的时代,然而从新年后第一个交易日的"大发会"开始,日本股市就一路狂跌,在整个20世纪90年代,日本股价不仅没有重回3万日元的高峰,而且都是在2万日元上下徘徊,到2000年以后更是徘徊在1万日元上下。一直到平成年代结束,日本的股价都没有回到3万日元的水平。2020年初,美国《华尔街日报》的一篇文章[1]指出,日本的股价之所以长期

---

[1] Akane Otani, "Lessons From Japan's 'Lost Decades'", *The Wall Street Journal*, Jan 3, 2020.

在低水平徘徊，是因为没有进行结构改革。这样的论述让一直按照美国人的意思在不断地进行结构改革的日本人情何以堪。

无论美国媒体的论点是否正确，但长期在低水平徘徊的股价的确显示了日本经济超长期的低迷。日本的GDP（名义）到1997年达到5万亿美元之后就停止增长向下滑行，一直到2017年才超过1997年的数值。而在日本国民经济停止增长的这段时间里，美国的经济继续扩大，到2018年美国的GDP已经达到日本的4倍左右；1997年只有日本五分之一规模的中国的GDP到2018年竟然达到了日本的3倍多；从1992年到2022年，德国的实际GDP平均增长率为1.6%[1]，差不多是同期日本的1倍。1989年，日本经济占世界经济的比重为15.3%，但到2018年，这个比重下降到5.9%。横向、纵向比较下来，日本经济的停滞是非常明显的，而且，日本的国际竞争力也出现了明显的退步。在日本泡沫经济鼎盛的时候，日本的国际竞争力稳稳地占据了世界第一的地位，但是随着泡沫经济的崩溃，日本的国际竞争力就一路下滑，到2019年，已经下滑到34位，与当年相比，差距之大，令人感叹不已。

---

[1] www.ceicdata.com/ja/indicator/germany/real-gdp-growth.

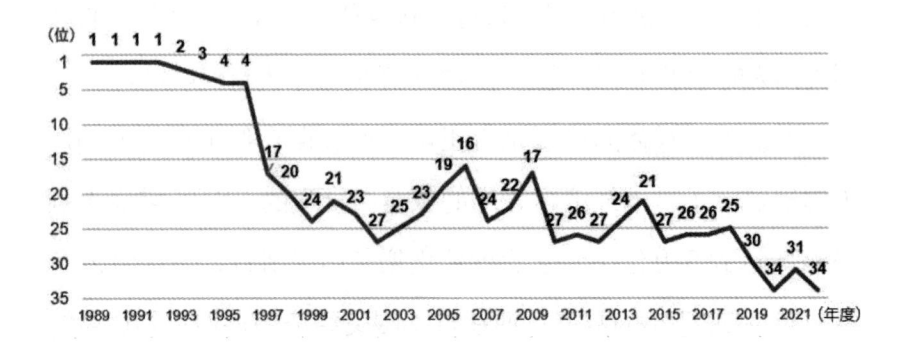

图 5-1　日本的国际竞争力（1989—2021）[1]

在刚刚进入 21 世纪的时候，美国就宣布打压日本取得了胜利[2]。但对日本来说，泡沫经济崩溃后是苦难的连续：处理不良债权问题，亚洲金融危机和全球金融危机的影响，通货紧缩的持续，人口减少的心理阴影，等等，一直笼罩在日本的上空。虽然平成这个年号具有内平外成的含义，但是在泡沫经济崩溃后，平成年间的日本经济被称为"平成不况"，甚至整个平成年代被认为是失败的年月。这也让日本的有识之士对逝去的平成年代的反省多于缅怀。

二 . 平成的景气循环

在失去的三十年日本经济并不是一路下滑，按照日本政府公布的材料，日本在泡沫经济崩溃后依然出现了上升和下降的 6 次

---

[1]　瑞士洛桑国际管理发展学院（IMD）：《世界竞争力年检》。

[2]　参见伯格斯滕等人在 2000 年出版的著作《不用再打压日本了》。

景气循环[1]，说明在泡沫经济崩溃后日本经济长期低迷的时期里，也有形势好转的时候。

表 5-1　平成的景气循环[2]

循环 （战后循环）	低谷	顶峰	低谷	期间		
				扩张	后退	全循环
第 1 循环 （第 11 循环）	1986 年 11 月	1991 年 2 月	1993 年 10 月	51 个月	32 个月	83 个月
第 2 循环 （第 12 循环）	1993 年 10 月	1997 年 5 月	1999 年 1 月	43 个月	20 个月	63 个月
第 3 循环 （第 13 循环）	1999 年 1 月	2000 年 11 月	2002 年 1 月	22 个月	14 个月	36 个月
第 4 循环 （第 14 循环）	2002 年 1 月	2008 年 2 月	2009 年 3 月	73 个月	13 个月	44 个月
第 5 循环 （第 15 循环）	2009 年 3 月	2012 年 3 月	2012 年 11 月	36 个月	8 个月	44 个月
第 6 循环 （第 16 循环）	2012 年 11 月	2018 年 10 月	2020 年 5 月	71 个月	19 个月	90 个月

在 20 世纪 90 年代初期，政府针对泡沫经济崩溃后的景气后退采取了公共事业的追加投资、金融宽松和大规模减税等措施，使得日本经济从 1993 年的谷底向上反弹，但是，由于桥本内阁的结构性改革和消费税率的提高，加上亚洲金融风暴的影响，到 1997 年，经济又开始恶化，景气从山顶转向谷底。结果桥本内阁

---

[1] www.esri.cao.go.jp/jp/stat/di/hiduke.html.

[2] 日本内閣府経済社会総合研究所景気統計部。

不得不实施2兆日元的大规模特别减税等经济对策，后续的小渊内阁又进一步采取扩大财政政策，加上美国的IT泡沫带来的股市繁荣，日本经济又从1999年谷底向上反弹。

然而，美国IT泡沫的崩溃也冲击了日本经济。景气又从2000年的顶峰向下跌落。后来又由于美国的住宅泡沫带来的繁荣，让日本经济也从2002年的谷底反弹向上，景气扩大一直延续到2008年。这一年，雷曼冲击带来了全球性金融危机，日本也深受其害。景气从2008年的顶峰迅速下滑。2009年，日本的实际GDP出现了5.4%的负增长，景气也在这一年跌入谷底。

虽然从2009年日本经济开始复苏，但希腊的债务危机又带来了混乱，加上日元出现的历史性升值，日本经济也开始恶化，从2012年的顶峰下滑，并在这一年跌入谷底。之后，日本经济又开始缓慢复苏，这种状态一直维持到2019年。

但是，日本政府发表的景气循环并没有能反映日本经济实力的下滑现状，比如第4循环的上升扩张期长达73个月，听起来日本的经济形势很不错，但实际上，这段时期日本的平均经济增长率几乎接近0%，而同时期美国平均经济增长率接近2%。实际上，泡沫经济崩溃后，日本经济的增长率就一直萎靡不振，1988年日本经济增长率还有6%，但在那以后，最好的时候也只有2%左右。也就是说，泡沫经济崩溃后的景气循环与以前的景气循环相比，虽然出现上升时期比较长的现象，但是幅度非常小。实际上的GDP一直在500兆日元左右徘徊，没有出现很大的变化。这也意味着日本开启了一种躺平模式。

第五章 日本式躺平

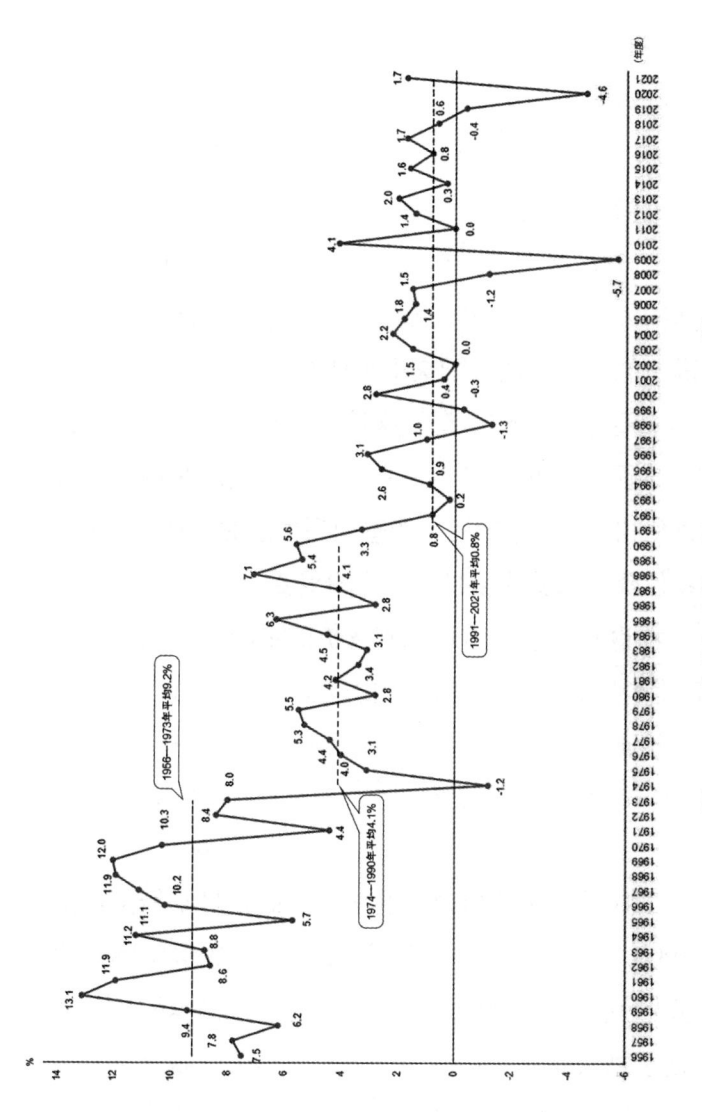

图 5-2 日本的经济增长率（1956—2021）[1]

---

[1] 参考日本内阁府资料，honkawa2.sakura.ne.jp/4400.html。

243

三．通货紧缩的基调

泡沫经济崩溃后的景气循环之所以都是在很小的范围内循环的，是因为日本一直没有摆脱通货紧缩的状态，没有真正地重新走向经济增长的道路。

广场协议后日元的升值，造成了用美元显示的日本国民所得的迅速提高。比如，1985 年，用美元统计的日本人均所得占美国的四分之三；但是到 1990 年，日本就比美国高出 6.1%；到 1995 年，更是高出 51%。可以说，即便在日本泡沫经济崩溃后的日子里，日本国民的所得在西方国家里也处在最高的水准。然而，日本国民却根本感受不到他们享有的这种最高水准。究其原因，日本的物价水准在国际上也是属于最高水准的。**也就是说，只有除掉这样的内外价格差，日本国民才能感受到生活的富裕。于是，如何把日本的物价降下来就成了日本政府的重要目标。**

但同时，日本也开始蒙眬地认识到物价的下降可能损伤实体经济。1994 年日本政府公布的《经济白皮书》就指出，物价上升率的低下可能造成实际利率的上升而影响投资，同时也会造成实际负债的增加，这也会降低投资意愿。结果，这样的警告变成了史实。

但是，**物价下降并不是政府政策的结果，而是日本经济停滞不前的体现**。1990 年以后，日本 GDP 增速进一步放缓实际上也是企业收益下降的反映。到 20 世纪 80 年代为止，日本的矿工业生产指数一直处于增长状态，但到 20 世纪 90 年代以后就基本上停滞不前了。这种状态也可以从日本制造业的销售收益率上看到，1980 年制造业的销售收益率维持在 4% 左右，到 1990 年以后，就下降到 3% 以下。企业收益率下降，很快就在员工薪资方面体现出来。日本的平均薪资从 1997 年开始下降。收入的下降也带动了物价的下降，日本的物价也从 1997 年以后持续下跌，日本经济迎来了通货紧缩的局面。

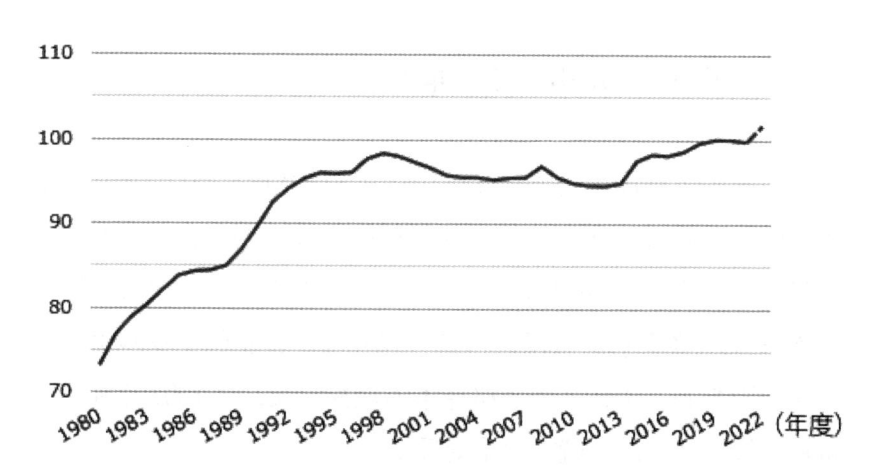

图 5-3　日本消费者物价指数变化（1980—2022）[1]

20 世纪 80 年代末，美国对日本的高储蓄率给予了严厉的批判，甚至认为日本人与西方人是完全不同的人。当时，美国的家庭储蓄率为 10% 左右，而日本的家庭储蓄率则超过了 15%。20 世纪 70 年代日本人高达 23% 的储蓄率更是给美国人留下了深刻的印象，所以，在美日结构协议中，如何让日本人降低储蓄率，也是美国提出的要求。到 2000 年以后，日本的家庭储蓄率大幅度下降，到全球金融危机之后，美国的家庭储蓄率反超日本。虽然在表面上可以说美国对日本降低储蓄率的要求达到了目的，但**日本家庭储蓄率的降低并不是日本人增加了消费，而是他们的收**

---

[1]　国际货币基金组织。

入降低所致。而人口结构的老龄化进展过程中，很多退休的人开始把储蓄拿出来使用也是储蓄率降低的一个原因。

四．天灾人祸对经济的冲击

泡沫经济崩溃给日本留下了巨大的负面资产，其中之一就是不良债权。不过，在泡沫经济崩溃后的一段时间里，日本对这种不良债权还没有充分的认识，宫泽喜一首相曾经想尽早投入国家资本来处理这些不良债权，只是应者寥寥，首相的提议也就不了了之。没想到，不良债权被络绎不绝地挖出来，到1997年亚洲金融危机爆发后，问题就不得不处理了。

但是，此时的桥本内阁正在热火朝天地推行行政机构改革，各部门的官僚为了保卫自身的利益而日夜奔走。日本政府完全不能集中精力来应对金融危机，更谈不上处理不良债权。桥本龙太郎之所以推行行政机构改革，实际上也和美国的要求有关。美国一方面在日本鼓吹新自由主义，另一方面却违背新自由主义的原则，以美国政府的名义强烈要求日本进行各方面的改革，其中就有行政机构的改革。同时，随着新自由主义被不断宣扬，撒切尔夫人和里根的小政府政策也影响了日本社会的认识，在这个时候，日本的官僚体制被认为是万恶之源，遭到了社会上的猛烈抨击。桥本龙太郎首相推行的行政机构改革就是在这样的社会风潮下展开的。这样的改革能不能改善政府的效率还有待检验，但在这个时候去推行被认为是不合时宜的[1]。

---

[1] 小峰隆夫：《平成の経済》，日本経済新聞出版社，2019年。

桥本龙太郎本来是自民党内数一数二的政策通，很有可能带领日本走出泡沫经济崩溃后的经济低迷。然而，在他任上，消费税率从3%提高到5%，财政健全政策和经济对策互相矛盾，更遇上亚洲金融危机对日本金融界的冲击，再加上迟迟得不到处理的不良债权，使得日本经济更是雪上加霜，陷入了更进一步的经济衰退中。

在桥本辞职之后，日本的首相像走马灯一样换个不停。直到小泉内阁的时候，日本经济才迎来了战后最长的景气扩大时期。但是，在这个扩大时期里，日本物价依然处于下降态势，消费者物价指数从2000年到2005年都出现了负数。好不容易在2006年开始出现上升的苗头，很不幸的是，不久又遭遇到源自美国的全球金融危机，日本的经济再次出现负增长，物价指数当然也变为负数。在雷曼冲击后的2009年，日元作为避险资产受到世界的追捧而得到了进一步升值。第一次获得执政机会的民主党政府就立刻宣布日本进入了通货紧缩的状态。

这样，日本政府和日本银行为摆脱通货紧缩开始推行宽松政策。2010年，菅直人出任首相后推出了包括性宽松政策。主要内容是：复活零利率政策；并且到实现物价稳定上升为止维持零利率政策；创设购入不动产信托等资产的基金，为增发货币创造条件。这项政策不仅有量化宽松，而且还有信用宽松，所以被称为包括性宽松政策。

中国的经济政策也给日本企业带来了恩惠[1]，全球金融危机造成日本企业的出口大幅度下降，2009年1月，日本对中国出

---

[1] 野口悠紀雄：《平成はなぜ失敗したのか－"失われた30年"の分析》，幻冬舎，2019年。

口额下降到 5109 亿日元，但是在中国的刺激政策之下，日本对中国的出口急剧恢复，到 2009 年 12 月，出口额达到了 1 兆 702 亿日元。2010 年 10 月，出口额达到 1 兆 1671 亿日元，超过了雷曼冲击以前的水平。与此同时，日本对美国的出口情况并不乐观，到 2012 年还没有恢复到危机发生之前的水平。可以说，是中国给日本企业带来了喘息的机会。不料，日本经济刚刚出现反弹的时候，东日本大地震又突袭日本，让日本经济再次遭到严峻的考验。这次大地震带来的直接损失为 16.9 兆日元，超过了 1995 年发生的阪神大地震造成的 9.9 兆日元的损失。更严重的是这次地震造成的核电站事故不仅造成供应链断裂，影响了日本的生产和物流，而且还给人们留下了心理阴影，影响了国民的消费。这使得当年的 GDP 只有 0.02% 的增长率。不过，随着灾后复兴工作的进展，东日本大地震并没有让日本经济进入衰退，2012 年，日本经济出现了向上的反弹。但是，大地震还是冲击了日本摆脱通货紧缩的各项政策的落实。

2012 年初，美联储宣布以物价上升 2% 为目标而继续维持零利率政策，这使得日元汇率创造了 1 美元兑换 75 日元的纪录。日本银行在压力下也宣布了以物价上升 1% 为目标的金融政策，并且把购买国债等的基金增加到 65 兆日元。这些政策措施实际上已经有了安倍经济学的雏形，但没有安倍经济学那样令人震惊的效果，加上民主党在处理消费税率的问题上，违反了与国民的政策约定，造成了巨大的混乱。结果，民主党政府没能抓住经济反弹的时机，争取为日本摆脱通货紧缩，反而在国民中造成了很多负面影响。

(兆日元)

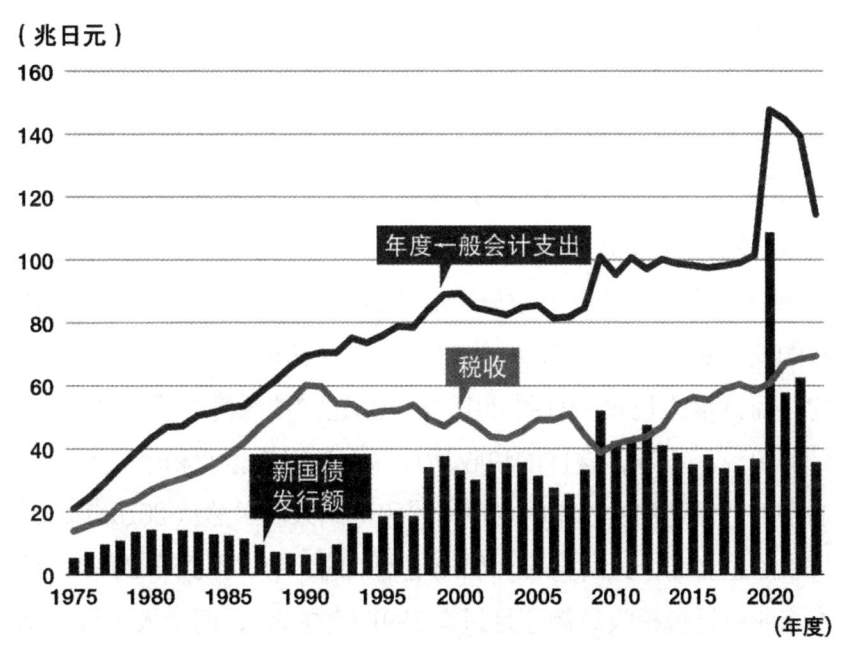

图 5-4　日本的国家收支和国债状况（1975—2023）[1]

在民主党政府混乱局面下接任的安倍晋三自民党政府，为了摆脱通货紧缩状态推出了一系列经济金融政策，被命名为安倍经济学。但是，被沸沸扬扬地宣扬的安倍经济学并没有成功地点燃日本经济增长的引擎[2]。

泡沫经济崩溃后，日本企业失去了设备投资的意愿导致了需求的不足，日本政府不得不几次三番地推出经济对策，在增加公共投资的同时又进行减税，以此来拉动国内的需求，试图让景

---

[1]　参见日本财务省公开资料，www.nippon.com/ja/japan-data/h01546/。

[2]　Finbarr Flynn, *Moody's Analytics Says Yen May Rise as Another Lost Decade Looms*, 2016 年 6 月 17 日, https://www.bloomberg.com/news/articles/2016-06-17/yen-may-climb-as-japan-faces-another-lost-decade-says-moody-s?leadSource=uverify%20wall。

气重新扩大。另一方面，由于社会加速老龄化，社会保障费用急速膨胀。在税收不能增加的情况下，日本政府不得不大规模举债，使得政府的债务越滚越大。在1989年，日本政府的债务只占GDP的65.5%，在西方发达国家中属于财政健康的国家之一，但是，2010年以后已经超过200%，其负债程度已经远远超过在欧洲财务危机中处于财政破产状态的希腊。到2022年，日本政府的债务更是达到了GDP的263.9%。这在世界上也是非常突兀的。而日本的税收一直到2018年才超过泡沫经济时代1990年最好的纪录。不过，这样的税收增加并不是因为企业和个人所得税的增加，而是消费税率的提高所带来的结果。虽然从2010年起，日本的企业和个人所得税开始出现增加的趋势，但到2020年，日本企业所得税税收总额还是只有1991年的68%，而个人所得税总额只有1991年的72%，还是远远达不到日本泡沫经济崩溃前的水平。从这个意义上，也可以说，日本经济从失去的十年走过失去的二十年后又走向了失去的三十年。

五．改革为了谁？

在泡沫经济崩溃后长期低迷的时代，日本政府为了摆脱这样的低迷，曾做了很多改革。**其中影响巨大的改革有桥本内阁的改革和小泉内阁的改革。**

对桥本内阁的改革，小峰隆夫批判说那是不合时宜的改革，但是，小峰对小泉内阁的改革几乎没有给出什么评价。野口悠纪雄则完全相反，他对桥本内阁的改革几乎没有做什么评价，但是对小泉内阁的改革则做了无情的批判。

小泉曾经提出"没有改革就没有发展"的口号，并推动了不设禁区的结构改革，废除了各项规制，而且还以"民间能做的就由民间去做"为理念，促进了国营事业的民营化。小泉纯一郎把本来利弊兼具的各项政策用简单的政治口号提出来，引导日本国民做是否要改革的选择，成功地赢得了日本国民的支持。也就是说，小泉内阁是有机会去实现他的改革主张的，并且实际上做到了邮政、道路建设管理机构、公共服务市场化、政府机构重组等多方面的改革。

但是，野口批判这样的改革并没有经济方面的积极意义[1]。比如，有关财政投融资制度的改革只是把原来由大藏省运营的资金交给民间去运营而已，而且在2001年，随着行政机构的改革，大藏省的资金运用部被废除，接受邮政储蓄等资金运作的委托制度也被废除了。也就是说，在小泉内阁成立之前，有关财政投融资的改革已经完成了。在小泉内阁下，变成民营的邮政公社也只是形式上的民营化，虽然为成立日本邮政株式会社奠定了基础，但也只是形式上的变化，就本质而言看不到什么重要的变化。

野口认为，小泉内阁的邮政民营化在政治上取得了比较惊人的冲击效果，但在经济方面，谈不上有什么重要的意义。

小峰和野口的认识可以说是代表了现代日本的主流看法，但是，综合他们的评论，可以发现日本泡沫经济崩溃后的两大重要的改革，竟然是不合时宜或者没有意义的改革。这也意味着这些改革对日本来说，带来的混乱可能多于带来的实惠。问题是，虽

---

[1] 野口悠紀雄：《戦後経済史：私たちはどこで間違えたのか》，東洋経済新報社，2015年。

然日本社会出现了很多问题，需要进行社会改革，但是，桥本内阁和小泉内阁的这些改革在很大程度上是迫于美国的压力而推行的，那么，这些改革到底是为了谁就不是一个难以回答的问题了。

日本著名媒体人田原总一朗等发现了一个重要的现象，即在21世纪初，每当美国高层来日本的时候，就会出现一批日本企业破产倒闭的情况。比如，在布什总统决定访问日本的时候，日本政府就悄悄地把银行总裁叫到首相官邸，要求他们配合政府进行"结构改革"。

"下周，布什总统要来日本访问，贵银行要拿什么出来呢？"政府问的"什么"就是指被淘汰的企业名单。也就是说，政府给银行压力，要求银行整顿日本的企业。当时，日本还属于间接金融支配阶段，主银行如果停止向某企业停止贷款的话，那家企业就无法经营下去了。当银行给企业下最后通牒，要求企业宣告破产的时候，日本的企业就不得不照办。只是，这种最后通牒发出的时间，往往集中在美国高层来日本之前。由此可见，日本政府推行的结构性改革就是呼应了美国的要求。

而破产倒闭的日本企业往往是美国基金收购的对象。就像长银破产后被美国投资基金收购一样，美国基金以超低的价格收购日本企业后，用美国的方式改造日本企业，然后再高价卖出。"日本企业"这种国家财富，在美国的压力下，成了美国的赚钱道具[1]。

---

[1] 田原総一朗、前野雅弥：《小泉純一郎"構造改革"の正体は"アメリカへの手土産"だった》，2022年8月24日，https://gentosha-go.com/articles/-/44987。

第二节　日本企业自废武功

一．惊人的修复力

1997年2月1日凌晨，日本爱知县刈谷市的爱信精机的刈谷工厂发生了大火。在工人发现了中央生产线着火之时，大火很快地蔓延开来，已经变得无法控制。这场大火在4个小时之后才被扑灭。但生产线已经被烧得面目全非，不能再用了。

大火不仅报废了爱信精机的生产线，而且让丰田汽车面临着全面停产的局面，因为丰田汽车所有的比例阀都是在爱信精机的刈谷工厂里生产的。比例阀虽然是一个把汽车刹车的油压分配给前后轮的很小的零部件，价值也只有数百日元，但却是每辆车都不可缺少的重要零部件，没有这个零部件汽车就组装不起来。而以准时化（Just in time）闻名于世的丰田汽车那时候并没有比例阀的库存，爱信精机停止生产和供货，会立刻造成丰田汽车也无法生产的局面。

2月3日，丰田汽车的12家工厂的生产线不得不停止作业，4日，又有7家工厂停止作业。这样丰田汽车除了大发工业的池田工厂，其他工厂都停止了作业。停产意味着没有产品销往市场，但是当时日本市场需求正旺，因为当时有一个消费税特需市场——1997年4月之后日本的消费税将从3%上升到5%，需要买车的人都希望能够在3月底以前购买。面对旺盛的需求，丰田汽车恐怕只能眼巴巴地看着。因为爱信精机的生产线的修复最起码要2个月。即便不考虑那时候的特需市场，就丰田汽车当时每天能够生产1万辆汽车的情况来说，停产一天就意味着数百亿日元的损失。而且，由于准时化制度，丰田汽车的停产也会影响到其他零部件供应企业的生产状况。所以爱信精机的比例阀生产线的停产，实际上造成了丰田汽车以及全部系列企业的生产混乱。

根据工厂毁损的情况，爱信精机的工厂一直到4月才能恢复生产。显然丰田汽车是不可能等那么长的时间的，事实上他们也没有等那么长的时间。就在火灾发生后一个星期，丰田汽车就奇迹般地恢复了生产。这让美国《华尔街日报》惊呼如此之快的恢复生产在海外是不可想象的[1]。当然，无论从什么角度来看，这么快就能恢复生产的确是一个奇迹。

为什么丰田汽车能够这么快就恢复生产呢？这和丰田汽车系列企业的关系有关。在火灾后极度的混乱中，这些企业能够清醒地认识到问题所在，并且为解决问题做好了准备。

---

[1] "How Toyota Recovered From A Major Fire in Less Than a Week", *Wall Street Journal*, 8 May 1997.

实际上，在火灾发生的当天，爱信精机就对所有关联企业，包括材料供应商都发出了替代生产的请求。但是，比例阀是一种非常精密的零部件，需要特殊的加工机械，并不是想生产就能生产的。所以，即使爱信精机把这些关联公司找来并发出了请求，但是在混乱之中也没有具体的指示，况且也很难有具体的指示。到底谁能替代生产，谁也没有底。

但是，这些关联公司在没有明确的合同，甚至在没有明确的指示的情况下，纷纷按照各自积累的经验开始行动起来。刈谷市里有一家工具贸易公司的社长就想到爱信精机的工厂遭遇火灾后，工厂的生产线必定受损，如果不马上从外面收罗比例阀生产所需的专门刀具的话，对早日恢复生产肯定会有影响的。所以，在爱信精机还没有提出需要这些刀具之前，这家贸易公司已经从日本各地进了大量的货。

更重要的是，以前从来没有生产过比例阀的企业也应爱信精机的邀请开始生产比例阀。我们知道，比例阀是非常精细的零部件，各种车型需要的比例阀都不尽相同，需要很精密的加工技术。爱信精机经常对下属承包企业说，你们要好好磨炼你们的技术，对技术要精益求精。平时被爱信精机不断敲打的这些下属承包企业在技术上不断进步。在火灾之后，这些下属承包企业在没有生产经验的情况下，只是凭着设计图纸就开始摸索生产这些比例阀。和爱信精机用专门机械来生产比例阀不同，这些下属承包企业差不多是用手工来生产的，生产效率当然是不用指望的，但是，毕竟很快地就生产出爱信精机的代替产品，保证了丰田汽车生产的全面复工。

这样，在爱信精机发生火灾后一个星期的 2 月 7 日，丰田汽车宣布旗下 20 家工厂全部重新开始作业。如果没有系列企业自发的积极配合，丰田汽车不可能这么快就恢复生产。如果没有平时密切的技术交流，系列企业也是难以发挥积极的配合作用的。一场大火，无意之间证明了日本企业惊人的恢复力。

二."精瘦"生产方式里的润滑剂

这样惊人的恢复力只是日本企业惊人的生产力的一种体现。战后，日本的汽车生产从引进欧美技术蹒跚起步到产量位居世界第一，只用了 30 年左右的时间。到 20 世纪 80 年代，曾经引领世界工业生产的美国汽车制造业已经甘拜下风了。于是，美国人就想知道其中的原委，他们委托专门机构对日本生产典型丰田生产方式进行了彻底的调查研究。美国的麻省理工学院耗资 500 万美元，组织了世界上 17 个国家的专家学者，花费了 5 年时间，终于找到了日本企业在世界市场上制胜的法宝：Lean Production[1]。中文翻译为精益生产方式，非常具有诗情画意。但是 lean 实际上有瘦弱、贫瘠的含义，Lean Production 就是去掉一切冗余的生产方式，翻译成精瘦的生产方式可能更加传神。同时，这个名称要比丰田汽车所说的准时化更加全面。

---

[1] James P. Womack, Daniel T. Jones, Daniel Roos, *The Machine That Changed the World: The Story of Lean Production*, Free Press, 1991.

耗费了巨大财力物力的调研项目，当然不会以理论总结作为终结，而理论化的精益生产方式可以让美国汽车企业更容易接受，从而给美国汽车企业带来了很好的启发，产生了实际效果。美国汽车公司不惜花费巨资，纷纷聘请各类咨询顾问公司，帮助他们引进这种将成为21世纪标准的生产体系。这些一掷千金的企业也得到了高额回报。20世纪90年代初期，美国的汽车行业摆脱了20世纪80年代的阴霾，再次获得了辉煌的成就。

1994年年初，克莱斯勒公司当时的董事长兼CEO罗伯特·伊顿在新年致辞中指出：我们已经实现了比日本企业毫不逊色的生产效率。丰田汽车那里已经没有什么还值得我们去学习的东西了。不过，就是在这一年的夏天，克莱斯勒公司的一位高级干部觉得有必要去确认一下该公司是否真正学到了丰田生产方式。他没有到日本来，也没有去别的地方，而是跑到丰田汽车在美国肯塔基州的工厂去考察。然而这一看不要紧，简直把他惊呆了。临别丰田汽车工厂时这位高级干部说，克莱斯勒公司从丰田汽车这里什么也没有学会。

其实伊顿并没有讲错话，他们的确去学了，而且学得非常认真。问题是他们所学的是精益生产方式。大家评价说这种生产方式源于丰田生产方式而高于丰田生产方式，当美国人把丰田的准时化高度抽象成精瘦的精益生产方式后，实际上把丰田生产方式里的一种润滑剂也当作冗余给去掉了，或者一开始就没有意识到这种润滑剂的存在。所以，克莱斯勒公司把这种理想化的生产方式引进得越彻底，距离丰田生产方式也就越远。

这种润滑剂就是日本企业在产品研发和生产过程中的磨合。

磨合是一种设计部门、生产部门各自独立完成任务，同时又互相交流，在调整中完成产品生产的过程。磨合生产不仅能非常有效地解决突发的各种问题，还能解决生产过程中存在的各种需求之间互相矛盾的问题。磨合的表现就是把很多工序不是按照时间顺序一字排开而是重叠起来推进。但是，把各种工序重叠起来的时候如果处置不当，不仅不能提高生产效率，而且还会让生产现场发生混乱。所以，磨合需要大家的默契配合。在用数万个零部件组装起来的汽车生产中，可能会出现各种问题，而且远远超过企业事前制定的应对问题的标准手册的范围，问题会出现在哪里？谁会首先发现这个问题？谁会找到最佳的答案？在标准手册里找不到也不可能找到时，这些都需要看在实际发生时现场员工的应对能力，而这样的应对能力不是靠单个员工的，而是需要靠企业的组织能力。

这种默契配合是一种个人的自觉，也是组织的保证，却是不能用文字书面表达出来的。麻省理工学院整理总结出来的精益生产方式忽视了这样的润滑剂虽然是情有可原的，但却只能让大家要学的先进生产方式变得非常贫瘠和干瘪。

三．环境的巨变与自信的丧失

虽然有磨合这种润滑剂，日本企业可以应对现场的突发问题，但它们还是因为过于"精瘦"而很难应对外部环境的巨变。

1985年的广场协议之后，日元的快速升值，在损害了日本企业出口竞争力的同时又造成了日本的资产泡沫，使得日本企业的经营环境发生了巨大的变化。日本企业也就改变了原来反对资本运作的态度，争相利用超低的融资成本大规模融资来进行资本运作。**在广场协议以前，日本企业是疾风暴雨般地出口产品，到广场协议之后，日本企业就开始了疾风暴雨般地输出资本。**

不久，日本的资金已经成为可以左右世界金融界的力量。1989年10月13日道琼斯指数的暴跌引起了世界范围内的股票狂跌，究其原因竟然是日本银行拒绝提供资金给BAC英国航空联合公司，以便其采用LBO方式并购美国航空控股的美国联合航空公司。而这一年，日本的资金消化了美国当年发行国债的三分之一。这时候日本已经进入了泡沫经济最为鼎盛的时期。日本企业开始认为在市场决定利率和汇率的时代，为了对冲风险当然需要进行资本运作。1989年，三和综合研究所的调查报告明确地显示这种主张已经是当时的主流观点。本来很多企业是秉持着以下理念去进行资本运作的，即在景气下降的时候，企业应该运用剩余的资金进行资本运作；到景气上升的时候，企业需要大量设备投资和扩大库存，就可以把在资本市场运作的资金拿回来进行投资。但实际上企业一旦开始资本运作就一发不可收拾。

日元的急剧升值以及融资成本的降低，让日本企业拥有了很多资金，他们不仅在日本国内进行资本运作，也开始向海外输出资本。从1986年以后，日本企业掀起了海外并购的高潮。三菱地所以8.5亿美元并购了洛克菲勒家族的不动产企业RGI，第一劝业银行以15亿美元并购了美国商业银行的金融子公司CIT，西武集团以21.5亿美元并购了国际著名酒店连锁企业洲际连锁酒店，而索尼更是以合计41亿美元的代价并购了哥伦比亚电影公司。然而，其兴也勃其亡也忽，随着日本泡沫经济的崩溃，进入20世纪90年代，日本企业的海外并购也出现断崖式下降。而更重要的问题是在泡沫经济鼎盛时代完成的海外并购案件先后都出现了问题，很多企业不得不付出惨重的损失。

摩根斯坦利曾经分析指出：**并购对美国和日本企业来说，含义不完全相同。对日本企业来说，并购是一种对企业未来的豪赌，希望借此机会让企业有一个发展的台阶，所以，对眼前的成本并不会过分在意。对美国企业来说，并购既是重组企业事业的一种方式，也是资本游戏的一种策略，他们可以灵活使用并购来应对企业出现的问题。**但是，日本企业的并购似乎只有一个目的，那就是谋取企业的进一步发展。然而，由于缺乏国际资本市场运作经验，日本企业为此付出了惨重的代价。

在日本企业的资本运作出现问题之后，他们的自信心也遭到沉重的打击。**引进了国际标准化组织的ISO认证，就是日本企业失去自信的典型体现。**

诞生于1987年的ISO9000系列认证也就是产品质量的认证，而质量保证本来是日本企业的强项，但是他们与欧美企业所走的道路并不一样。日本企业从设计产品的时候就已经考虑到如何保证尽量不生产次品，而且在生产过程中有现场的QC小组（质量控制小组）活动，也就是说日本企业是在生产过程中相关部门相关人员的磨合中确保产品质量的。但是，ISO认证恰恰对这种保证一点也不认同。ISO认证要求生产过程全面文书记录化，对无法用书面表达的东西无论多么有效也一律不予理睬。日本企业由于认为自己生产的产品质量更加过硬，对ISO认证也不当回事。但是，进入20世纪90年代下半期，日本企业越来越缺乏自信，就寄希望于ISO认证来为他们的产品质量背书。由于ISO要求的全面文书化和日本企业日常的生产活动有很大的隔阂，日本企业很不习惯。所以，他们不得已聘请了咨询顾问公司来辅导自己准备 ISO 的认证。

在 20 世纪 90 年代，日本泡沫经济崩溃后，业绩趋于低迷的日本企业不希望失去欧美市场，所以，不得不走一条自己并不擅长的道路，用书面的文字记录来说明生产过程并按照这些文字说明的规定来进行实际的操作。从 20 世纪 90 年代后半期开始，日本企业获取 ISO 认证的企业开始增多，形成了一次获取 ISO 认证的小高潮。

不过，日本企业也很快地认识到 ISO 认证虽然是强化产品质量的管理的证明，但是，**获取 ISO 认证与增强企业竞争力并没有直接关系**。比如，在汽车领域，美国汽车企业比日本汽车企业更加热心获取 ISO 认证，但这并没有让美国的汽车企业取得比日本企业更强的竞争力。同样，积极引进 ISO 认证后，日本企业也没有让他们的竞争力得到恢复，而是继续徘徊在前途迷茫的道路上。

四．外来和尚念好的经

在丰田汽车坚持这种系列关系并且想方设法地维持和加强这种系列关系的同时，他们历史性的竞争对手日产汽车已经着手破除这种关系。日产汽车就是在打破这种系列关系的进程中开始了重生的历程。

日产汽车是日本最早的汽车公司之一，也是长期排在日本市场第二位的著名企业。但是，广场协议之后，日元的升值给日产汽车带来了毁灭性的打击，负债额从1987年3月的1.3万亿日元迅速增加到1992年3月的3.6万亿日元，一下子增加了近2倍。到1993年，日产汽车在1951年上市之后首次出现亏损，让日产汽车意识到了问题的严重性。从那个时候开始，虽然日产汽车一直在想办法扭亏为盈但未能成功，失去日本国内市场的信任，面临着破产倒闭的危机。为了扭转危机，日产汽车找到法国雷诺汽车公司合作来进行全面的改革。**雷诺汽车派遣具有"成本杀手"诨名的高级副总裁戈恩到日产汽车主持改革。**

来到日产汽车的戈恩早早地下达了不设禁区的改革令，宣布关闭日本国内5家工厂，并且在全世界范围内解雇2万多名员工。接着，戈恩又下令为了达成削减20%的采购成本的目标，日产汽车将在现有的供应商里剔除一半的企业，只从更具有竞争力的供应商那里进行采购。这实际上是在拿日产汽车的系列企业开刀，而这在日本被认为是一个根本无法实现的计划。

但是，戈恩把长期向日产汽车供应钢板的日本第二大钢铁公司NKK（现公司名为JFE控股公司）剔除出供应商的名单之后，大家才知道日产汽车这次真的要变革了。因为NKK曾经向日产汽车提供了广泛的服务和支援，具有牢固的企业间关系。但是，日产汽车为了削减采购成本，不惜抛弃了这种长期合作关系。

在解除与系列企业长期的固定关系的同时，戈恩还切断了与系列企业之间的资本关系，回笼了很大一部分资金。在戈恩的领导下，日产汽车彻底放弃了和其他企业相互持股的传统，到2002年初，就全部出售了为了相互持股而所持有的1400多家企业的股权，获得了3000多亿日元的资金。

这些改革实际上就是把日本企业的传统经营要素排除出去，

而这也是日产汽车的日本人社长都不敢去尝试的，只能通过外来的经营者才能实现。在快刀斩乱麻地切除了日本传统经营要素后，日产汽车提前一年完成了戈恩的改革计划，并且到2003年还清了2.1兆日元的巨额债务。只是这个时候的日产汽车已经无力再夺回之前始终维持在日本市场第二的地位了。

五．引进美式企业制度

在世纪之交发生的戈恩改革，造就了一个新的"经营之神"，礼赞戈恩的书籍在书店堆积如山。**对戈恩的礼赞也意味着日本对日本式经营完全丧失了信心。**不仅终身雇佣、年功序列这样的企业内部系统遭到猛烈攻击，就是系列、主银行制度等企业外部系统也被批得体无完肤。一时间，戈恩改革成为日本企业争相取经的对象，美国式"市场型"的企业制度和理念得到了认同。这样的热潮也为日本企业引进美国式企业制度铺平了道路。

在日本企业收益普遍下降的同时，美国企业享受了IT革命带来的丰硕成果。道琼斯指数剑指万元，而日经平均指数则持续向下，这两个国家经济晴雨表的两种指数朝着两个方向背道而驰，更让日本企业似乎找到了新的方向。

从2001年开始，日本接连修订了会计制度、《商法》，并于2004年制定了《企业法》，在法律制定方面确定了日本企业引进美国式企业制度的方向。但是，由于发展的条件不同，骤然引进美国式企业制度，不仅不能增加日本企业的竞争力，反而让日本企业在很多方面手足无措，陷入了混乱之中。

美国式"市场型"的企业制度的核心是资本，日本想一心追随的 IT 产业的隆兴除了技术的发展之外，资本起了更加重要的主导作用，金融工具的作用越来越大，资本在全球呼风唤雨，venture capital investment（创投）等专业名词开始深入到百姓的生活中来。在这样以资本为核心的企业制度中，一个亟须澄清的问题就是要明确企业是投资家所有的，也就是股东所有的。从 20 世纪 90 年代末开始，"企业是谁的"这个问题被反复提出，引起了很多争论。

从资本的角度来看这或许不是一个问题，但是日本企业长期以来没有老板，社长也是员工论资排辈选拔出来的，加上日本企业的股东长期对企业不插手也不插嘴，仿佛已被遗忘，所以企业属于股东似乎也不是一个问题。但是，一旦明确和强调企业是股东所有的，那么企业经营就马上需要对股东负责。而与此相关联的是企业经营者必须把更多的注意力放到企业股价方面来。因为股价低下，当然就会损害股东的利益。2001 年，日本开始引进的市值会计也为这样的企业经营推波助澜。在此以前，日本企业的会计是以簿记为基础的，与企业的股票价格每时每刻的变化没有太多的关联，企业经营者可以把更多的注意力投入生产和市场战略方面。实际上，新制度在引进之初却给企业带来了负面影响。在 2001 年引进市值会计的时候，很多日本企业为了减少簿记上的不良资产，就争相抛售这些不良资产，结果使得这些不良资产的价值更加低下，导致企业的资产进一步缩水，经营出现了难以为继的困境。

与此同时，企业的决策机构也在改革。比如索尼公司在 1997 年 6 月在日本企业中最先引进了执行官制度，而削减了董事会成员人数，提高了外部独立董事的比例。从而把董事会和业务执行机构分离。这也是对日本式经营的一个重要否定，因为在日本企业中董事会担任了决策和执行的双重角色。然而，**引进美国式的企业制度，实际上是放弃了日本企业以研发和生产的现场为主所产生的竞争优势**。索尼在世纪之交处于没有推出创新产品的业绩低迷时期，恰好是大胆引进美国式企业制度带来混乱的有力证据。

日本企业不再重视现场，员工的雇佣制度也发生了变化。1997年山一证券的社长在宣布企业破产时泪流满面地说，企业破产完全是经营管理层的问题，我们的员工是无辜的。但是企业破产了，没有谁再能保护这些无辜的员工了。**正如戈恩所说，终身雇佣、年功序列制度对当时的日本企业来说已经是一种奢侈的制度了。**

无法维持终身雇佣制度的日本企业，很人性化地推行了早期退职制度，即用增加退职金的方式让一部分员工提早退职。从2000年以后，岗位针对性录用倾向扩大，激励型早期退职制度也更加普遍，有关内部晋升制度方面采用复线型人事制度，即企业向员工提供多种内部晋升线路，从而摆脱年功序列的束缚，最大限度地减少员工对人事安排方面的不满。而有关退职金方面，引进积分退职金制度的企业也逐年增加，到2006年，这个比例已经超过50%。

与此同时，日本企业再次引进职务工资制，管理岗位的年薪制从1998年的14.6%增加到2006年的42.4%，也就是说近半数的日本企业在管理岗位上引进了年薪制，不过非管理岗位的年薪制的改革非常缓慢，到了2006年这个比例还停留在8.3%，10个人里面只有不到1个人在领年薪制的工资。

虽然在世纪之交的短短不到10年的时间内，已经有近半数的日本企业在全球标准的口号下，引进了美国式企业制度，但是，并没有产生如索尼、松下电器、东芝、日立、富士通等在当时具有国际竞争优势的企业，而从企业的市值情况来看，日本企业的表现更加不如人意。

六．难堪的日本企业市值

虽然日本企业在2000年以后更注重企业的市值，但是，具有讽刺意味的是，越是这样注重，日本企业的市值越是不能和全球高市值的企业相比。1989年，日本企业的市值傲视全球，在前50家企业中，日本企业不仅入围32家，而且还包揽了前五位。夺得榜首的是日本最大的通信企业NTT。不过，在日本的32家企业中，有17家是金融企业，日本代表性制造业企业的丰田汽车只排在第11位。这样的市值也是泡沫经济时代日本的象征。

在2001年以后，日本企业引进市值会计制度后，更加重视企业股票在市场上的价值，但是，日本企业的市值已经完全不能和美国企业的市值相媲美了，而且开始逐步落后于中国企业，甚至韩国企业也跑到日本前面去了。2019年，也就是平成时代的最后一年，没有一家日本企业的市值挤进全球前30位。在前50家企业中，日本企业硕果仅存的只有丰田汽车一家，已经远远落后于韩国的三星。而当年风光一时的日本金融企业则全部落选，一家也没有出现在榜单上。

全球企业市值排行中，1989年榜首的NTT的市值是1638.6亿美元，而2019年榜首的苹果的市值达到了9644.2亿美元，这说明全球企业的市值在这30年里有了突飞猛进的增长。然而，积极引进美国式企业制度的日本企业在企业的市值方面却越来越跟不上美国企业的发展速度。不用说在IT、金融业方面日本企业没有什么建树，就是在制造业方面，日本企业的市值也处在落后的地步。出现这样的状况，只能说日本企业的经营出现了问题。

表5-2 1989年、2019年全球企业市值排行榜前20位[1]

| \multicolumn{4}{c}{1989年} | \multicolumn{4}{c}{2019年} |
排名	企业名	市值（亿美元）	属国	排名	企业名	市值（亿美元）	属国
1	NTT	1638.6	日本	1	苹果	9644.2	美国
2	日本兴业银行	715.9	日本	2	微软	9495.1	美国
3	住友银行	695.9	日本	3	亚马逊	9286.6	美国
4	富士银行	670.8	日本	4	Alphabet	8115.3	美国
5	第一劝业银行	660.9	日本	5	壳牌	5368.5	荷兰
6	IBM	646.5	美国	6	伯克希尔·哈撒韦	5150.1	美国
7	三菱银行	582.7	日本	7	阿里巴巴	4805.6	中国
8	埃克森	549.2	美国	8	腾讯	4755.1	中国
9	东京电力	544.6	日本	9	Facebook	4360.8	美国
10	壳牌	543.6	荷兰	10	JP摩根	3685.2	美国

[1] startup-db.com/magazine/category/research/marketcap-global.

续表

1989 年				2019 年			
排名	企业名	市值（亿美元）	属国	排名	企业名	市值（亿美元）	属国
11	丰田汽车	541.7	日本	11	强生	3670.1	美国
12	GE	493.6	美国	12	埃克森美孚	3509.2	美国
13	三和银行	492.9	日本	13	中国工商银行	2991.1	中国
14	野村证券	444.4	日本	14	沃尔玛	2937.7	美国
15	新日本制铁	414.8	日本	15	雀巢	2903.0	瑞士
16	AT&T	381.2	美国	16	美国银行	2896.5	美国
17	日立制作所	358.2	日本	17	Visa	2807.3	美国
18	松下电器	357.0	日本	18	宝洁	2651.9	美国
19	菲利普·莫里斯	321.4	美国	19	英特尔	2646.1	美国
20	东芝	309.1	日本	20	西斯科	2480.1	美国

第三节　安倍经济学的目的和成败

一．安倍经济学的使命

安倍经济学是在民主党野田政府彻底失去民心之际形成的。2012年年底，当野田佳彦首相宣布解散国会时，立刻就在金融市场掀起轩然大波，日元狂跌，股市疯涨，势不可当，野田政府一直想解决的日本股市长期低迷的问题，竟然在解散国会的承诺中有了解决的可能，这大概是市场表达了对不讲国家信用的野田的一种反对态度[1]。正是由于市场对野田政府的极度失望，所以，在安倍晋三领导的自民党还没有夺回政权的时候，市场已经看好日本经济应该可以复苏了。

在安倍晋三梅开二度，再次担任日本首相之际，日本经济正处在战后第15个景气循环的谷底，也是日本从失去的二十年向失去的三十年过渡的时期。2011年的东日本大地震给日本经济又带

---

[1] 黄亚南：《野田带走了日本的国家信用》，《21世纪经济报道》2012年12月25日。

来了巨大的打击。1990 年出生的日本人对经济繁荣一次也没有实际感受到过就变成了成人,说明了经济低迷的时间差不多有一代人成长的时间那么长。

经济低迷的典型体现就是通货紧缩,物价一直在零上升率前后徘徊。2012 年 6 月以后日本的物价再次跌入负上升率的局面,社会充满了闭塞感。任期不长的野田政府却强行通过提高消费税率的法案,对如何刺激经济增长置之不理。所以,当时日本社会在对野田政府的失望之余,油然产生了对重新执政的自民党的希望,至于自民党推举谁来担任首相并不是问题。

2006 年,安倍曾经出任过一次日本首相,并且是作为战后出生的第一位首相,也是战后最年轻的首相,但未满一年就挂冠而去。蛰伏了 5 年多,又重新获得了相位,这次他显得更加老练了。在媒体大肆报道安倍经济学带来的市场复苏的渲染下,安倍没有强调他要摆脱战后体制的政治主张,而把经济问题当作了首要任务。安倍在他第二次就任首相的第一次记者招待会上指出,日本经济的最大问题就是通货紧缩。长时期的通货紧缩造成了国民收入的减少。同时,历史性的日元升值造成了日本国内产业的空洞化,所以强化日本经济最是燃眉之急。因此,安倍首相推出了大胆的金融政策、机动性财政政策和促进民间投资的增长战略这三支箭,来强力推动日本经济的发展,他认为这样就能使勤劳的国民能够得到应有的回报,使日本的明天更加美好。

也就是说,**安倍非常明确地指出了安倍经济学的使命就是要解决长期以来迟迟得不到解决的日本的通货紧缩问题。**所以,安倍经济学的成败有着非常清楚的衡量尺度。

二．一场豪赌

安倍经济学有三支箭，但在安倍宣布他的经济政策的时候，三支箭还没有凑齐。不过，这似乎也无关大局，按照安倍的高级智囊高桥洋一的说法，这第一支箭，即**大胆的金融政策，是安倍经济学的核心，是最重要的一支箭**。这样三支箭暂时没有凑齐也没有太大问题。那么，大胆的金融政策到底是指什么呢？**就是设定2%的通货膨胀目标，为了实现这个目标需要采取大胆的量化宽松政策，并且要坚持不懈，不达目的绝不罢休。**

设定通货膨胀的目标能不能有效地解决通货紧缩问题，实际上是一个具有很大争议性的问题。对此，笔者在《安倍经济学：豪赌日本未来》一书里曾经做过概括，这里简单概述一下。

关于如何刺激经济，日本也存在着通货再涨派和反通货再涨派的不同声音。通货再涨派主张日本经济长期低迷的元凶是通货紧缩，只有通过量化宽松的金融政策，提高货币的发行量，使货币出现贬值，从而迫使人们使用货币，才能摆脱通货紧缩状态，因为囤积货币就会使自己的资产缩水。而人们被迫使用货币之后，就会增加消费拉动经济的发展。

虽然通货再涨派有非常硬的"后台"，即诺贝尔经济学奖获得者保罗·克鲁格曼的理论支持，但在日本一直处在边缘化的境地。事实上安倍在第一次出任日本首相的时候也不看好这一派的主张。

实际上，从2001年3月开始，一直到2006年3月，日本银行都采取了宽松的金融政策，但是这种政策并没有把日本从通货紧缩状态摆脱出来。而在2008年以后到安倍二度上台前，日本银行在此期间也实施了 15 次的金融宽松政策,购入资产超过了 100 万亿日元。而且日本的货币基础的增幅在发达国家也是最高的,但是如此这样的金融宽松也没有带来经济增长,说明货币发行量的扩大几乎没有发挥作用。

所以,反通货再涨派认为通货紧缩实际上是经济低迷的一种结果,而实际上央行控制货币存量的能力也是非常有限的,这一点连新自由主义旗手弗里德曼也是承认的,而 2008 年的金融危机恰恰证明了央行是不能把通货紧缩变成通货膨胀的。所以,从长期来看货币是中立的,并不能根据通货膨胀或者通货紧缩而改变实体经济的水准。这样,反通货再涨派把通货再涨派的主张比喻为赌一把的投机,在理论上给这种主张判了死刑。

但是,政治家并不这样来看通货再涨派,因为反通货再涨派经济学家开出的摆脱通货紧缩状态的处方是缓和劳动规制。如果落实这样的政策必将触动现有的既得利益者,这将会影响到政治家今后的选举活动。政治家当选不了议员,就什么也不是了。反过来,把中央银行的日本银行当作批判目标就没有什么风险。因为无论怎么批判日本银行,对政治家的选举基本上都是不会产生影响的。既然反通货再涨派的主张实际派不了用处,那么采用通货再涨派的主张,真正地来赌一把,对安倍来说未尝不是一个可行的选择。这样,安倍很快就让日本银行屈服来配合安倍经济学的落实。

为了实现 2% 的通货膨胀目标,日本银行的专家们给黑田东彦总裁算出了今后两年必须把现在的货币供应量提高 1.8 倍。黑田认为 1.8 倍的提法不够简明,他需要更加有震撼力的政策,所以他要求日本银行的专家们不要过于拘泥,直接把货币供应量提高 2 倍。这样，黑田精心设计的含有 4 个 2 的新政策，在黑田刚刚就任日本银行总裁 2 周后就戏剧般地正式出台了。2013 年 4 月 4 日，日本银行推出了新政策：2 倍的基础货币供应量，国债平均剩余到期日期延长 2 倍，用 2 年的时间达到实现通胀目标为 2% 的目标。黑田在新闻发布会上强调，这次推出的史无前例的大胆货币宽松政策是"异次元的宽松政策"，也可以说是颠覆常识的大规模货币宽松。

对于这个"异次元的宽松政策"，黑田表示他确信日本银行为了确保用 2 年时间实现 2% 的通胀目标，已经把可以使用的所有政策都拿出来了。也就是说，如果黑田和他的战友们信奉的主张——央行能够制造和控制通货膨胀——是完全正确的话，那么从现在开始，他们除了等物价开始上涨，已经没有什么可以再去做的了。如果他们的主张是错误的话，也就是说通货紧缩并不是货币现象，而是更加复杂的问题，那么，无论是通胀还是紧缩，黑田和日本央行到时候都将束手无策，这确确实实就是一场豪赌。

三．安倍经济学的功绩

大概是《朝日新闻》的记者最早把安倍晋三重新出任首相后提出的一系列经济政策称为安倍经济学的，当初这有点戏谑的意思，因为他们对这样的政策是持怀疑态度的。但是，随着民主党野田政府的下台，日本国民似乎看到了新的希望，他们开始释放消费欲，全日本百货店的销售额竟然在时隔 15 年后重新出现增长局面。这种经济复苏的征兆，使得大家对安倍经济学的期望越来越大。金融市场的躁动更是放大了大家对安倍经济学的期望。无论记者是出于什么样的心情来命名安倍经济学的，总之，这一命名取得了比较正面的效果，一扫长期以来笼罩在日本上空的阴霾，振奋了大家的心情。

2020年8月，安倍晋三在担任首相7年零8个月之后，以旧病复发为由宣布辞职。而原计划准备用2年时间来实现的2%的通货膨胀目标，一直到安倍辞职时还没有实现。这能不能说是安倍经济学的失败呢？显然不能这样简单地归纳。

在安倍经济学问世2年后，日本首相官邸网站上刊登了安倍经济学的成绩表。这张成绩表列举了12个项目：从2012年第四季度到2015年第一季度累计GDP增长率为2.0%；行业状况判断指数从2013年9月以来维持了增长；股价在安倍政府成立后上涨了100%；NISA[1]市场规模达到3兆日元；有效求人倍率维持高水平；完全失业率降低，失业人数减少了61万……[2]

因为数据都截至2015年第一季度，应该说还不能完全说明安倍经济学真正的成绩。不过，不知何故，这个网站从2015年之后就一直没有更新，但也没有撤除。

虽然日本对安倍经济学并没有实现2%的通货膨胀目标而进行批判的人很多，但还是有人认为这样的批判似乎缺乏根据。经

---

[1] NISA，全称Nippon Individual Savings Account，是一种创建于2014年的小额投资非课税制度，被认为是安倍经济学的一个重要成果和指标。用户可以据此每年免除20%收益所得的税金，并在一定额度范围内购买金融产品。

[2] 日本首相官邸网站，www.kantei.go.jp/jp/headline/seichosenryaku/sanbonnoya.html。

济学家原田泰认为[1]，从 GDP 的增长情况就能看到安倍经济学的功绩。比如，与 2012 年相比，日本 2019 年的实际 GDP 增加了 7.4%，名义 GDP 也增加了 11.9%，并且从 2012 年的 495 兆日元增加到 554 兆日元。虽然安倍二次执政期间，实际 GDP 的年增长率只有 1% 左右，但是，从 2005 年到 2012 年的 7 年间，实际 GDP 只增加了 1.9%，名义 GDP 还出现了 5.6% 的负增长。也就是说，虽然安倍经济学落实的这几年的经济增长并不显著，但与前几年相比，不得不说有明显的进步。

但这种主张并不公平，因为从 2005 年到 2012 年，世界金融危机带来的冲击非常大，造成了日本经济在 2008 年 3.6% 和 2009 年 2.4% 的负增长。当时的政府是不应该对这样的负增长负全部责任的。实际上，2020 年度日本的增长率为 -4.5%，虽然这一年安倍晋三已经辞去首相职务，但继任的首相是高呼继承安倍经济学上台的，而央行总裁的人选也没有变化，所以，完全可以说 2020 年也属于是在安倍经济学影响下的一年，但是，这一年的负增长的主要原因是新冠肺炎疫情的暴发。按照这样的看法，安倍接任日本首相之前，日本处在非常低迷的状况是应该要考虑到全球金融危机带来的冲击的，只是混乱的民主党政府采取的经济对策更加混乱，而野田首相强行推出的提高消费税率的政策更是对经济增长泼了一盆冷水。安倍重新担任首相后，日本经济才得以重新回到原来发展的轨道上。就这一点而言，安倍经济学

---

[1] 原田泰:《アベノミクスへの辛口評価は根拠なし、景気実感は実は改善している》，diamond.jp/articles/-/248454?page=2。

有不可否认的功劳。但是，截取2012年以后的经济指标来夸赞安倍经济学的成绩并不合适，实际上，在安倍经济学落实的这几年，日本经济的平均增长率和泡沫经济崩溃后30年的平均增长率几乎一样。如果要说功绩的话，那么，**把日本经济拉回原来的发展轨道就是安倍经济学最大的功绩**。

关于安倍经济学的评价，在日本已经明显地分为两派。支持的人认为安倍经济学只是完成了一半，虽然提高了企业的收益率，但没能让企业把利润分配给员工，促进国民的消费，所以还需要继续走下去。而批判的人则认为安倍经济学短期内刺激了经济，但从长期来说则留下了巨幅财政赤字并增加了日本银行的风险，为子孙后代埋下了祸害。还有人认为，安倍政府的政策内容早已经发生变化，只有"安倍经济学"这一名称在四处游荡，所以，要对安倍经济学做评价是非常困难的[1]。

四．"马上解散"成就了安倍经济学

虽然说安倍经济学在把日本经济拉回到原来的发展轨道方面做出了贡献，但还需要考虑到经济发展有其自律的一面，安倍重新担任日本首相的时候，是天时地利的因素成就了安倍经济学。

安倍经济学最大的功绩是促使日元贬值和日本股价飞涨。但是，从具体反应的时间来说，市场上的反应是从前任首相野田佳

---

[1] 加谷珪一：《検証アベノミクス：経済政策として不十分だった真因》，2021年12月7日，www.nippon.com/ja/japan-topics/g01236/#。

彦表示"马上解散国会"时开始的。在野田宣布解散国会的2012年11月14日，国际外汇市场应声反弹，日元从1美元兑换79.5日元的价位上开始贬值。在此前两年中，日元兑美元汇率基本上都在80日元左右徘徊，但此后日元就像脱缰的野马般一路贬值，不可收拾。到2013年4月底，日元汇率已经接近变成1美元兑换100日元。在不到半年的时间里日元贬值了20%多。这种迅猛的贬值是近十年中闻所未闻的现象。

当然，在这个时候安倍经济学还没有内容，更谈不上名称了。市场之所以有这样的反应，正是大家都认为野田政府差得不能再差了，换上谁都会比野田政府好。所以，日元汇率出现大幅度贬值并不是因为出现安倍经济学才开始的，只是安倍政府曾做过日元贬值的诱导性发言，造成了安倍经济学形成日元贬值的印象。

而且，政府的金融政策不能左右外汇市场，因为货币供应量和汇率之间是没有关系的。这从2000年以后的量化宽松时期可以得到明证。比如，日本银行从2011年开始的包括性宽松并没有让日元贬值，日元兑美元的汇率在这一时期反而越走越高。

决定长期性汇率水准的理论要因是贸易财产的购买力平价，即根据各国不同的价格水平计算出来的货币之间的等值系数。购买力平价汇率与实际汇率可能有很大的差距。在对外贸易平衡的情况下，两国之间的汇率将会趋向于靠拢购买力平价。但实际决定汇率的因素往往会互相矛盾，从而很难预测。经验丰富的操盘手能捕捉到市场期望的因素进行操作从而获取巨额利益。过于失去人心的野田政府退场，给这些操盘手提供了绝好的机会。

在野田政府当权的时候，世界各国的股权都出现了金融危机之后的上涨，但日本的股价却依然低迷。在日本股市上占据60%

左右的外国资金一直对股市翻转的机会虎视眈眈。当野田首相说出"马上解散国会"的话以后，国际投机者们抓住了机会，日本股市也就迅速走高。

当然，包括了异次元的大胆金融政策的安倍经济学也不是没有作用的，它巩固了这种趋势，实际上也是因为安倍经济学巩固了大家的期望，而最终把日本经济的发展拉回到正常的轨道上来。

说安倍经济学只是把日本经济的发展拉回到正常的轨道，而没有带来更大的经济发展，这可以从日本 GDP 的发展曲线上明显看到，还能在提高消费税率的时候得到证明。

把消费税率从 5% 提高到 10%，是野田政府对经济发展的错误判断从而失去民心的集中体现，并且还被作为伴手礼送给了安倍政府。安倍在国会的讨论中承诺会继续这一政策，但是，安倍经济学却不能承受这样的打击。

在日本经济重回正常轨道的时候，日本企业的收益也有所增加，但长期的通货紧缩状态让日本企业不敢轻易提高员工的薪资报酬，使得个人消费无法迅速扩大，而在这个时候把消费税率分阶段地增加到 8% 和 10%，就会明显打击个人消费。果然，2014 年消费税率提高到 8% 后，日本的个人消费出现断崖式下降。安倍首相不得不在当年 11 月宣布：原定在 2015 年 10 月将消费税率再提高到 10%，现推迟一年半实施。然而，经济形势依然不乐观，2016 年，安倍首相又宣布把提高消费税率的政策延期到 2019 年实施。而 2019 年提高消费税率后，个人消费的断崖式下降再次上演，更不幸的是随着新冠肺炎疫情的暴发，进一步扩大了这种个人消费的断崖式下降。

五．黑田的自我否定

2014年3月，就任日本银行总裁一年的黑田东彦踌躇满志地在日本商工会议所，对满座的企业经营者描述了2%通胀目标的美好前景[1]。

黑田首先指出，设定2%通胀的目标是确保中央银行调节利率的余地，也是英国、加拿大等国采取的金融政策，是一种国际标准。而设定了这样的通货膨胀的目标，就能斩断通货紧缩的锁链。也就是说，以价格缓慢上升为起点，企业的营收和收益也好上升，带来员工薪资的上升，促进了消费，也保证了物价的缓慢上升，从而形成经济的良性循环，彻底地告别通货紧缩的局面。黑田还乐观地指出，经过一年的努力，2%的通胀目标就要在预定的时间里实现，15年来的通货紧缩问题即将得到解决。

然而，异次元的宽松并没有在预定的时间里实现2%通胀的目标。到2016年，黑田发表了对金融缓和政策的综合性验证[2]，在指出异次元的宽松起到促进日本经济复苏的作用之外，寻找到了妨碍2%通胀目标没有实现的原因。这个原因就是日本对通货膨胀的期望不是前瞻性的，而是符合现状性的。如果是前瞻性的话，那么大家都会以通胀目标作为前提而展开各种活动，物价和薪资水平都会向通胀目标靠拢。但是符合现状性的预期，是把现实的物价上升率作为参考的，在物价上升率为0%的现状下，人们对未来通胀的预测也为0%。为了改变长期以来通

---

[1] www.boj.or.jp/announcements/press/koen_2014/ko140320a.htm/.

[2] www.boj.or.jp/announcements/press/koen_2016/data/ko160905a1.pdf.

货紧缩形成的这种符合现状性的期望，日本银行只有坚定不移地坚持原定的通胀目标，才有可能实现这个目标。也就是说，日本银行把原来2年内实现2%通胀目标的短期决战路线改成长期持久战的路线了。

尽管如此，一直到安倍首相辞职离任，日本还是没有实现2%通胀目标。不过，在黑田任期结束前，2022年4月，日本总算实现了2%的通胀目标。但这却不是庆祝的时候，因为问题到此时已经变为坚持2%的通胀目标对日本经济是否有利了。黑田为此又作了解释[1]，而这次解释也表明黑田已经完全否定了当初异次元宽松所依据的通货再涨派的理论[2]。

黑田认为，这次日本的物价上涨主要是因为资源价格上涨和交易条件的恶化，而这次物价上涨与薪资上升没有明确的关系，实际上日本的薪资并没有上升。所以，继续维持金融宽松政策是妥当的。黑田进一步指出，日本的薪资没有上升，是因为日本的劳动生产率没有得到提高。也就是说日本经济长期低迷的原因正如很多经济学家理解的那样，通货紧缩是结果而不是原因。通过"直升机撒钱"是无法把日本经济从通货紧缩的状态中解救出来的。

黑田的自我否定，意味着日本经济能否摆脱长期以来的通货紧缩状态还是要依靠日本企业的竞争力。在20世纪下半叶，日本企业曾经展现了惊人的创造力，把Made in Japan从粗制滥造的代名词变成了人见人爱的质量保证。当日本企业失去往日的光辉时，

---

[1] www.boj.or.jp/announcements/press/koen_2022/ko220606a.htm/.

[2] 早川英男：《2％目標達成の後：長過ぎた"実験"の帰結》，www.tkfd.or.jp/research/detail.php?id=4042。

日本经济也江河日下。然而，经过长期的低迷，日本企业虽然逐步恢复了收益能力，但依然缺乏创新能力。尽管安倍经济学的第三支箭就是要促进日本企业在内的增长能力，却也一直不见成效。所以，如何才能提高日本企业的竞争力就是一个亟须解决的问题。

六．问题在哪里？

在安倍重新入阁拜相的时候，他就明确指出安倍经济学的使命就是要解决长期以来迟迟得不到解决的日本的通货紧缩问题。所以，安倍经济学的成败可以用2%的通货膨胀目标能否实现来评价。在安倍的任期中，这个目标没有达成。2020年11月，卸任后的安倍在一次讲演中指出[1]，虽然当初制定了2%的通货膨胀目标，但正确的说法应该是就算不到2%，但只要稳定提高也就可以了。因为宏观政策的目标应该是解决雇佣问题，而安倍经济学实现了完全雇佣。

所谓完全雇佣是经济学的一个概念，意思就是想要工作的人都可以获得工作机会，从2014年以后日本的有效求人倍率超过1来看，安倍经济学的确实现了完全雇佣。问题是在这样的状况下，日本经济为什么依然没有摆脱通货紧缩状态？

笔者在《安倍经济学：豪赌日本未来》一书中曾经指出，当安倍经济学刚刚给日本社会带来鸡血效应的时候，竟然使连续15年销售额出现下滑状态的日本百货商店行业出现了反弹。本来一

---

[1]　《安倍前首相が反論、物価上昇率2%"事実上に到達した"》，朝日新聞デジタル，2020年11月11日。

筹莫展的百货行业熬到 2013 年，终于看到了曙光。然而，这样的反弹仅维持到 2014 年，以后又呈现下降趋势，几乎每年都在刷新历史新低。这似乎也象征了安倍经济学无法改变日本经济发展的趋势。实际上，日本百货商店的销售额持续下滑反映了日本社会的生活方式的变化。百货商店的时尚服装不再让日本女性趋之若鹜，优衣库那种没有个性的便宜服装成了大家的首选。百货商店一片江河日下，而便利店却蒸蒸日上，店铺数量和销售总额都在增加。**在社会需求方面，便利取代了高级。**

另外，日本社会还出现了一个更重要的变化：2005 年，日本人口减少了 1.9 万，第一次出现人口负增长；2006 年人口增加了 13.3 万人；2009 年减少 5.2 万人，第二次出现人口负增长；2010 年人口增加了 2.6 万人；而从 2011 年开始，连续出现人口负增长。同时，65 岁以上的老年人占比也逐年增多，社会步入老龄化时代。出于对退休金、社保医疗等方面的担心，日本对老龄化社会充满了不安，日本的消费水平就会受到压抑。

在这样的情况下，日本社会要摆脱通货紧缩状态殊为不易。然而，社会发生重要变化，必然会带来新的商业机会。在老龄化社会，再生医疗、iPS 细胞研究和应用、护理机器人等都有广阔的市场等待开拓，汽车领域里的自动驾驶、飞行汽车等都可能在近未来得到实现。就是在农业方面，更加精细的农耕技术、高质量高产量的品种培育等也都亟须得到发展。所以，如何让企业去抓住新的市场机会，形成更高的竞争力，应该是日本政府重点考虑的问题。

第四节　日本将走向何方？

一 . 打压日本没有意义？

30 年来，美国对日本的打压实际上没有什么意义。

这是美国著名智库国际经济研究所所长伯格斯滕与其他美日学者共同研究，在 2001 年出版的著作《不用再打压日本了》[1]里得出的一个结论。而就是在 1993 年，伯格斯滕还出版了如何打压日本的专门著作，并成为克林顿总统的主要智囊，在克林顿政府的打压日本政策制定中发挥了重要作用。美国打压日本，实际上造成了日本经济的长期低迷。但美国却宣布对日本的打压实际上没有意义，这让深受其苦的日本人情何以堪。

打压日本并不是没有成效，只是这样的打压并没有给美国经济的复苏带来什么影响。1990 年后半段以后的美国经济复苏，并

---

[1]　C. Fred Bergsten, Takatoshi, Ito, and Marcus Noland, *No More Bashing: Building a New Japan – United States Economic Relationship*, IIE, 2001.

不是日本自我限制了对美出口所形成的结果，而是美国网络经济的勃兴带来的结果。也就是说，美国打压日本与美国经济重新振作起来没有什么关系，伯格斯滕所说的没有什么意义就是指这层意思。所以，就有日本的有识之士认为伯格斯滕的这本新著说不再需要打压日本，实际上是美国打压日本的胜利宣言[1]。

为什么认为打压日本是没有意义的论述却是打压日本的胜利宣言呢？这个问题的答案可以从伯格斯滕的新著里找到。

伯格斯滕承认，美国在过去30年里对日本采取了非常特殊的外交政策和经济政策，也就是美国对日本的打压，但美国对德国、法国或者欧盟等并没有特殊的政策，对墨西哥、加拿大也没有这样特殊的政策。而且，美国的对日特殊政策是随着时间的变化而变化的。最初的十年，也就是在1970年前后，美国要求日本自我限制对美国的出口，其后的十年，美国要求日本开发国内市场，而最后的十年，美国针对金融、货币、宏观经济等问题打压日本。美国之所以这样一直追打日本，是因为以下三点。

首先是日本的经济规模过于庞大并且具有非常强的能动性。从20世纪60年代开始，日本经济的发展令人眼花缭乱，在不经意中就上升到世界第二的地位。让美国认识到日本的繁荣可以在世界经济中发挥巨大的作用，构成对美国的严重威胁。也就是说，日本发展了，美国就感到不舒服了。这种感受来自美国的国民，在20世纪80年代末的舆论调查中，美国国民认为日本的经济威胁已经超过了苏联的军事威胁。这种害怕被日本超越的全民性心理要求美国制定打压日本的特殊政策。

---

[1] 関岡英之:《拒否できない日本―アメリカの日本改造が進んでいる》，文藝春秋，2004年。

其次，在美国人眼里，日本的经济制度是非常奇特的。虽然诺贝尔经济学奖得主弗里德曼认为日本经济的成功得益于自由主义的经济体制，但美国却认为日本是非市场的资本主义国家。政府拥有巨大的权力，通产省就是这种国家拥有市场权力的象征。这对美国来说是非常不公平的。也就是说，与美国制度有所不同，也成了美国要打压日本的理由。

最后就是美国霸权所特有的思维，即美国认为他们拥有可以改造日本的特殊影响力。二战之后，美国为日本制定了宪法，而这部放弃一切战争权力的宪法成功地牵制了日本社会左右势力，使得他们无法形成能够对抗美国的势力。加上美国驻军日本，虽然最初的目的并不是保卫日本，但结果日本的国防却不得不完全依赖美国，让美国可以随心所欲地插手日本国内事务。况且，美国还是日本产品最大的市场，美元又是世界性货币。所以，日本很难不听美国的话。

伯格斯滕更是精妙绝伦地点出了问题的核心。他指出，以上三点原因加上一个非常重要的时机才最终让美国形成了打压日本的特殊政策。这个重要时机就是美国经济出现了历史性的转折。1970年以后，美国企业的效率开始降低，实际薪资不再增加，贫富差距开始扩大，美国经济下滑状态越来越明显。美国成为世界上最大的债务国，这时候的美国贸易赤字扩大就更加刺眼。而就在这样的时候，日本经济一路高歌猛进，大有超过美国之势。这样，美国打压日本就不是一种偶然巧遇而是一种必然归宿了。

那么，为什么到2000年，伯格斯滕又宣布不用再打压日本了呢？理由其实非常简单，从20世纪90年代后半开始，美国网络经济的兴起，让美国经济有了5%—6%的年增长率，美国就这样迅速地恢复了自信。与此同时，日本却陷入了泡沫经济崩溃后长期的低迷，失去了咄咄逼人的增长趋势。这样的此消彼长，使得日本经济不再能构成对美国的威胁。这样的话，美国也就不需要打压日本了。

也就是说，美国打压日本，虽然把日本打趴下了，让日本经济失去了活力，但对发展美国的经济却没有什么帮助，完全是非建设性的政策。这是多年来美国打压日本得到的一个教训。但是，美国之所以要打压日本，是因为感受到日本经济的迅猛发展威胁到美国的世界霸权，所以必须通过打压去掉这样的威胁。从这一点来看，美国达到了目的。

二. 这样的日本真不错

2008年日本出版了一本书《这样的日本真不错》[1]，仿佛是代表日本对美国的打压做了一种回答。这是日本现代思想家内田树的著作。书名很有趣，但本书的序言更加有趣。因为内田在序言里竟然说，他已经不记得这本书是不是他自己写的了。

这也难怪，内田每年要出版十多本著作，这不是用高产可以形容的，简直可以说这不是人能胜任的。不过，内田明确否认了有枪手捉刀，他保证这些文字的确都是自己写出来的。内田之所以说不记得是不是自己写的，是因为他要说明这样一个道理：就是人们在

---

[1] 内田樹：《こんな日本でよかったね―構造主義的日本論》，バジリコ株式会社，2008年。

叙说时叙说者已经是其他人了，换句话说，就是人们在行动时主宰他们的，不是他们的主体性而是某种结构。实际上内田就是在阐述结构主义日本论。"这样的日本真不错"，到底不错在哪里呢？在内田的著作里并没有直接的答案。那就要迫使我们也能够运用结构主义的思想，来看懂内田的主张，来看清楚日本社会。

不过，为了让读者更容易理解他的论述，在这本《这样的日本真不错》出版后的第二年，内田把书中的第四章抽出来，经过补充修改后又出版了一本更加知名的著作《日本辺境論》[1]。对于日本边境论这个观点，对当时还是世界第二经济大国的日本来说，似乎难以接受。不过，按照主张日本边境论的内田树的总结，这种边境论早已有之。丸山真男有"边境人的性格论"，泽庵禅师有"边境人的时间论"，而养老孟司有"边境人的语言论"。他们都很早地指出了日本文化的边境性特征。也就是说，即使身处"最完善的"工业社会里，成为世界第二经济大国的时候，日本也是处在世界的边缘。内田进而指出，**日本在历史上不是某一大国属国的历史只有从 1894 年到 1945 年的 50 年时间，这是历史的事实**。而恰恰在这不是边境的 50 年中，日本一直处于战争状态之中。所以，不处在边境上的状况没有给日本带来好处。而二战之后，战败的日本被美国占领后处在美国的羽翼之下，享受了半个多世纪的和平。内田进而指出：我们从近代历史中可以学到的是，如果日本拒绝作为边境存在，那么就需要有与世界为敌进行战争的觉悟。

---

[1] 内田樹：《日本辺境論》，新潮社，2009 年。

所以，不选择战争，哪怕是边境，这样的日本不是很好吗？这样的结论就自然而然地产生了。

尽管很多人不喜欢日本人是边境人的论点，但是他们的生活习惯却处处透露出边境人的特征。正如内田指出的那样，往往日本人关心的不是什么是正确的事，他们关心的是和谁在一起更好的问题。也就是说，与其自己判断某件事正确与否，还不如去找一个能够下判断的人。这样的习性也在国家之间的关系上体现出来，战后日本实际上失去了在外交上的自主权，这是国家之间的力量差距导致的结果，也可以说是日本更习惯依附旁人的习惯所带来的结果。

三．奇妙的美国总统访日报道

2022年5月，拜登总统在就任后第二年首次访问日本。对这一重大事情，日本每天全程跟踪进行了详细的报道。日本NHK不仅做了实况转播，而且还在网页上留下了实时的配图报道[1]。

5月22日15点半过后，拜登总统乘专机离开韩国。

17点过后，美国总统专机空军一号降落在横田美军基地，开始了拜登总统就任后首次对日本的访问。

17点半前，拜登总统乘坐美国海军一号直升机离开横田基地飞往东京港区的美军基地哈迪军营（在东京市中心）。

---

[1] www3.nhk.or.jp/news/html/20220522/k10013637871000.html。

17点55分左右，拜登总统搭乘的海军一号直升机降落在东京港区哈迪军营。拜登总统换乘总统坐车"野兽"前往美国驻日大使馆。

18点5分左右，总统座驾"野兽"抵达东京港区的美国驻日大使馆。

18点半前，拜登总统座驾"野兽"抵达港区的宾馆（大概是为了安保，报道没有说明宾馆的名称），将在这里待到24日。

以上是NHK对拜登总统抵达日本时的实时报道。日本对美国总统来访总是高度重视，一般也都如此报道，所以，这本来也不算有什么特别之处，对大多数日本国民来说也没有什么感觉不好的地方。但是，从正常国家的角度来看，就有明显的问题。美国总统是到日本来访问的，但是，他的专机却是降落在驻日美军司令部驻扎地的美军横田基地上的。在日本的美军基地等于是美国的国土，横田基地的上空也是属于美国管辖的，不用说日本的军机不能随意进入这个空域，就是国际民航飞机也必须绕过这个空域。由于横田基地地属东京都范围，离东京国际机场比较近，造成了民航飞机起降的一定困难。在2019年，美军允许民航飞机可以部分利用横田空域后，羽田机场的航班就可以增加50%，同时，起落时间也大幅度减少。当然，美军并没有开放全部空域的意思，更谈不上把横田基地归还给日本。也就是说，在日本首都附近就有完全独立不受日本管辖的美军基地。不仅如此，在东京的市中心，也有几处美军基地。这使得到日本来访问的美国总统刚下飞机的时候，好像还是走在美国的国土上。

在这样的情况下，日本政府如何能与美国政府平起平坐呢？更关键的是在这样的状态下，日本还有没有选择的权利呢？

四．日本式躺平的又一实例

三菱重工在 2023 年 2 月 7 日正式宣布终止大飞机（MSJ）开发项目。主要原因有资金、合作伙伴、市场不透明等问题，但大家都认为一直不能获得美国联邦航空管理局（FAA）的认证才是最关键的原因。而放弃这个大飞机项目，意味着日本企业又一次进入了日本式躺平模式，即拥有先进技术却不再尝试生产创新产品。

实际上，MSJ 项目在两年前就被宣告项目冻结，之所以拖了很久而不能决断，是因为这个项目本来是日本经济产业省发起的，是不折不扣的日本国家项目，寄托了日本国民几代人制造大飞机的希望。当然，作为项目研发主要承担者的三菱重工也是非常心有不甘的。

从技术上来说，三菱重工不仅有战后开发螺旋桨客机 YS-11 的成功经验，而且还是波音飞机的主要零部件供应商。在这样的技术累积基础上，三菱大飞机项目在正式开始后仅仅用时 7 年就实现了首飞。而首飞之前，三菱重工已经获得了 400 多架飞机的订单。不仅日航、全日空等日本的航空公司踊跃订购，就连美国的航空公司也发出了大笔订单。这也说明，世界各家航空公司并不怀疑三菱重工的技术。

实际上，作为新时代的大飞机，MSJ 采用了最尖端科技。新型复合材料不仅能让飞机更轻量化，而且还能有效降低空气阻力，进一步提高发动机效率。而采用了最新信息技术的操作系统也更加人性化，容易操作。然而，这些超过美国企业的新技术并没有促成 MSJ 获得美国的认证。

从首飞成功后，三菱重工就着手取得美国的认证，由于害怕自己的经验不足，三菱重工为此还重金聘用曾经在美国认证机构工作过的美国人，以及成功获得了美国认证的加拿大和巴西的飞机制造公司的技术专家，希望通过他们带来的成功经验帮助日本早日获得美国认证，但结果还是可望不可即。在项目开发过程中，为了争取获得美国的认证，三菱重工还几次修改设计，重新调整零部件，以致不得不六次宣布延期交付飞机给航空公司。虽然MSJ试验飞行了3900多个小时，但美国却迟迟不作最后的认证。实际上，这不是什么技术和经验的问题，而是美国不愿意发放认可证的问题，哪怕MSJ的技术完全过关，但还是注定不可能获得认证。用日本的技术专家的话来说：就算日本队把球踢进球门，还是会被美国的裁判吹出来。这样，虽然三菱重工发挥了日本企业不屈不挠的精神，但MSJ项目最终还是功亏一篑，让企业付出的15年的努力，以及政府、企业各方面投入的1兆日元规模的资金几乎打了水漂。

三菱重工的泉泽清次社长在宣布终止项目的记者会上承认，三菱重工在把技术转化为事业的时候没有卓越的见解也没有足够的准备。这实际上是强调了三菱重工的研发能力和技术成果，但是，作为日本的企业，三菱重工却无法在政治经济交错的国际舞台上取得突破，在无法获得美国认证的事实面前只能放弃这个项目。这意味着日本今后的飞机需求还是要仰仗美国企业，日本企业只能吸吮着手指在旁边看热闹。大飞机项目涉及100多万种零部件，如果MSJ项目成功的话，对日本经济的波及效果十分值得期待。但是，MSJ项目的终止，不仅使三菱重工躺平，还把无数的日本企业带入躺平模式。显然，**进入这样的躺平模式是美国打**

压的一种结果,而日本政府虽然也意识到这个问题事关重大,但除了表示遗憾和严重关切之外,并没有办法帮助日本企业走出躺平模式。

MSJ项目一共组装完成了6架试验飞机。除了5号机、6号机留在日本,其余的都在美国。其中3号机已经被拆掉,剩下的3架飞机大概率也要被拆掉。如果是这样,那么就更象征着美国磨灭了日本的希望,迫使他们不得不躺平。

五. 日本的选择

2022年诺贝尔经济学奖的公布,大概会让即将在批判声中结束任期的日本银行总裁黑田感到一种宽慰。因为这次得奖的人里,有一位是提倡"直升机撒钱"的美联储前主席伯南克,可以说是黑田的同志。

伯南克本是一位经济学家,他通过对20世纪30年代的大恐慌分析,得出了防止银行破产就能防止恐慌扩大的结论。所以,在2008年雷曼冲击带来全球金融危机的时候,正担任美联储主席的伯南克就实践了自己的理论,实施了零利率政策,向金融机构提供了大量的资金。从2009年开始,伯南克大力推行量化宽松政策,到2012年以后,更是推出了无限制的量化宽松。伯南克不仅自己无限量印刷纸币,而且还早就鼓励日本银行不能踌躇不前,而是要下决心大量印刷纸币,一直到物价恢复到通货紧缩以前的水平为止。同时,他还鼓励日本银行大量购入国债,以支撑减税后的财政支出。黑田成为日本银行总裁后,所推出的异次元宽松的金融政策基本上就是落实了伯南克的主张。所以，黑田得知伯南克获得诺贝尔经济学奖应该是受到鼓舞的。

在日本也出现了既然伯南克可以获得诺贝尔经济学奖，那就说明黑田总裁的异次元宽松的金融政策是正确的认识，甚至还出现了黑田也可以获得诺贝尔经济学奖的声音。但在黑田感到欣慰的同时，也有很多批判声让他感到揪心。为什么伯南克的撒钱政策在美国获得了成功，而黑田在日本采取同样的政策却遭到失败了呢？

实际上，这样的明暗区别并不能完全怪罪黑田。因为伯南克的成功是把美国的问题抛给世界来解决，雷曼冲击后伯南克推行的量化宽松政策，阻止了美国的经济下滑，但却造成了世界范围内美元的泛滥，让其他国家的经济受到很大的冲击。但是，黑田却不能把日本出现的问题推到海外，而只能在日本国内解决。这样的情况和当年美日贸易摩擦时如出一辙。当美日贸易日本出现逆差的时候，日本要求美国政府出面干预，但美国人告诉日本，出现这样的问题需要日本从自己内部找原因去解决。当美日贸易美国出现逆差的时候，美国却坚持要日本想办法替美国来解决。这样不同的境地，要让黑田取得和伯南克同样的业绩，应该是过于苛求了。

虽然黑田还没有卸任日本银行总裁之职，但关于通货再涨派和反通货再涨派的争议似乎已经告一段落。日本经济能否摆脱通货紧缩的状态，看来还是要看日本企业能不能重新振作起来，提高他们的生产效率，从而带动经济走向良性循环。日本企业在20世纪后半叶，曾经发挥了惊人的能动力，克服了重重困难，取得了辉煌的成绩，并且在美国的打压之下越战越勇。但是，在美国的攻势下，日本企业几乎是自废武功般放弃了他们的强项，在新的环境中失去了前进的方向。日本企业在电子、化工等很多行业中变成重要的零部件和材料的供应商就是这种迷茫的体现。虽然日本的大飞机项目重新上马的可能性微乎其微，但不能排除日本企业在其他领域里的可能性。什么时候，日本企业能够用他们的技术及其能够提供的零部件、材料，再次创造出具有世界影响力的品牌，那就意味着日本经济重新进入增长阶段。

然而，日本企业迟迟没有展现他们的创新精神，会不会和"这样的日本真不错"的哲学有关呢？或许是不想成长起来再让美国来打压呢？到底是不能创新还是不想创新，这个问题只能让日本人用灵魂来回答了。同时，日本有没有这样的选择权力，就是对弗里德曼《资本主义和自由》的一种灵魂的拷问。

第六章

差别与反差别

第一节 两个现代童话
第二节 全球化和半球化的螺旋交替
第三节 知者不言，言者不知

第一节　两个现代童话

一．历史的终结童话

虽然"历史的终结"具有很强的冲击力，但正如弗朗西斯·福山自己感叹的那样，也容易让人误读。他就再次强调，"历史"不是大家认识中的"事件"，而是可以追溯到黑格尔的"人类社会的形态"那样的概念。不过，出现误读并不能怪读者，而是要怪作者福山，因为大家心目中的"历史"就是"事件的连续"，几乎不会联想到黑格尔的概念。而福山之所以剑走偏锋，用这样容易让人误解的词语，实际上是他太想强调美国在冷战中获得的胜利了。

如果只是说美国获得了冷战的胜利，似乎没有什么冲击力，同时，也没有对美国获取冷战胜利进行理论上的说明。所以，福山把冷战时期的美苏对抗，提升为资本主义和社会主义在意识形态上的对抗，同时，又用自由和独裁的对抗加以规定。结果，苏联解体，而获胜的美国是自由的国家，所以，就可以说独裁败给了自由。这样,历史就终结了。也就是说,从今往后,自由主义的社会形态即资本主义社会将永远持续下去。

虽然福山巧妙地选用了历史的终结来做他的书名,产生了巨大的社会影响,但是,从这本著作出版后的"历史"来看,世界没有在资本主义的社会形态下获得和平的发展,各国的经济差距没有消失的迹象。作为冷战遗产的北约不仅不合时宜地继续存在,而且还在持续扩大,终于咄咄逼人地把同样是资本主义的俄罗斯推向了战争。加拿大的詹妮弗·威尔士教授就出版了一本著作《历史的逆袭》[1],对福山的这种乐观的考察进行了批判,认为历史的终结是一种错误的论述。也可以说,福山描绘的《历史的终结》就是一种现代的童话。

实际上,用福山自己的观点就能简单地戳穿《历史的终结》的论点[2]。福山曾经对"历史终结"后的世界做过预言,即"历史的终结是非常可悲的时代",因为到那时候,一切都归结于经济方面的斤斤计较或者是技术问题,人们失去了理想和目的,似乎失去了生存的意义,那是一个没有哲学、没有艺术的无聊的世界。如果,这是对遥远的未来做的预言,其他人似乎无话可说,但是,说东西冷战的结束就是历史的终结的话,那么,从那以后,我们已经看到了战争频发、经济危机频发的世界,哪里是什么"无聊"的世界呢?

福山应该不会无聊地为大家讲述一个现代的童话,《历史的终结》实际上有十分明确的潜台词,那就是美国将永远繁荣

---

[1] Jennifer M. Welsh, *The Return of History: Conflict, Migration, and Geopolitics in the Twenty-First Century*, House of Anansi Press, 2016.

[2] Fukuyama, Francis, "The End of History?", *The National Interest*, 16 (Summer 1989).

下去。如果历史没有终结，那么也就意味着美国的霸权迟早要交出去，而这是福山所不愿意看到的。只是这样明说的话，这本书就不会在世界范围里畅销，这样的观点也很难让大家欣然接受。所以，福山巧妙地从黑格尔那里找到社会形态这样的概念来装点美国社会，即自由民主社会永存的话，那也意味着美国社会永远能繁荣下去。

然而，就在福山出版他的著作的时候，美国已经深深地感受到要维持这样的繁荣所面临的艰巨困难。东西冷战虽然拖垮了苏联经济，但也给美国带来了巨大创伤。二战结束时，曾经占世界 GDP 40% 左右的美国，到 1985 年已经变成了纯债务国。这就说明了永远地维持繁荣在经济学上是不可能的。要永久地维持繁荣只能依靠政治上的霸权，但历史的事实告诉我们，霸权国家往往是不堪维持霸权的重负而失去霸权的。美国虽然通过帝国的循环让资金源源不断地流向美国，或者干脆像特朗普总统那样，直接要求各国为维持美国的繁荣支付成本，从而延续了美国的繁荣，但是，这样的做法能够长久地维持下去吗？

从这个意义上来说，福山《历史的终结》的愿望，还是一个现代的童话。

二. 世界是平的童话

托马斯·弗里德曼用他澎湃的激情为我们描述的"平的世界"，实际上就是另一则美丽的童话。

第六章　差别与反差别

在来往全球进行新闻采访的过程中，弗里德曼敏锐地感觉到网络技术的发展所带来的社会变化。网络技术让几乎所有的人都拥有了表现自己的机会，因此，世界正在被抹平。然而，这个观点，实际上在互联网刚刚诞生的时候就已经产生了，所以，也有人认为弗里德曼的大作缺乏新意[1]。但是，既然缺乏新意，为什么这本书会成为深受世界各地读者欢迎的畅销书呢？

大概是"世界是平的"这个断定太具有冲击力，很多喜欢这本书的人或者是批判这本书的人是冲着这个书名来的。"The World Is Flat"或者"世界是平的"都是断定语，虽然具有冲击力，但也招来了非议，因为事实上这个世界还不是平的，这本书对此也是承认的。弗里德曼在书中提到"11·9"和"9·11"这两个日子，"11·9"代表推倒柏林墙，东西冷战结束，世界走向平坦；"9·11"则是以摧毁现代摩天大楼的方式重新建筑了分隔世界的墙。

弗里德曼采用的宏伟的历史分段，虽然有托夫勒《第三次浪潮》的影子，但还是能给他的论述增加说服力。尽管如此，"世界是平的"是一个过于繁芜的概念，以致弗里德曼只能采用他的标志性风格来完成他的论述。也就是邀请读者和他一起旅行，见见他的妻子和孩子，了解他的朋友，并旁听他的采访，从而比较全面地理解他的论述。不过，在互联网轰轰烈烈地走进千家万户的时候，世界各地的读者还是很容易被弗里德曼宏大的描绘所吸引的，没有中心的网络形成了大家都能利用的平台，在这个平台

---

[1]　トーマス L フリードマン：《フラット化する世界》，大越諭，www.rieti.go.jp/users/kobayashi-keiichiro/watching/03-2_02.html。

上会产生相适应的商业模式。当全世界人都可以在这个平台上使用合适的商业模式,那么,世界怎能说不是平的呢?况且,弗里德曼还举出了大量的事例来进一步渲染这样的认识。

但是,被弗里德曼认为是平坦世界的特征之一的外包,实际上就是建立在十分不平坦的世界之上的,如果没有薪资的巨大差别,美国企业是不会把他们的呼叫中心设置到千里之外的印度去的。这实际上已经说明,弗里德曼的结论是基于比较片面的资料的。

对弗里德曼的论述表示赞同的《自由的未来》作者法里德·扎卡里亚就指出[1],弗里德曼的基本见解非常真实而深刻,但还是有点偏向经济方面,给人一种片面的感觉。虽然他确实承认政治因素的影响,但书中几乎没有篇幅提到政治。而扎卡里亚认为,推动平坦世界的主要力量之一实际上是世界各国政府态度和政策的转变。

他说,**最大的政治因素是全球政治的结构。扁平的经济世界是由一个极不扁平的政治世界创造的**。自古罗马以来,没有一个国家像美国这样统治着全球。它一直走在最前沿,推动开放市场、开放贸易和开放政治。但这些政策也会使经济的平等带来要求政治平等的结果。中国、巴西和印度,当它们的经济发展起来后,它们就会在政治方面要求更多的话语权。这是美国愿意看到的吗?美国能在"世界是平的"这样的新氛围中取得成功?抑或是在全球化之后,美国却忘记把自己全球化呢?

弗里德曼在书中介绍了柯尼卡美能达 Bizhub 这款新型复合办

---

[1] Fareed Zakaria, "Book Review: 'The World Is Flat': The Wealth of Yet More Nations", *The New York Times*, May 1, 2005.

公机器，他可能没有注意到，就是在他撰写这本书的时候，日本第二古老的光学产品制造商美能达不得不和柯尼卡合并，其原因就是美国利用保护知识产权对日本企业的打压。这迫使美能达最终放弃了创业以来的传统业务照相机的生产，而被迫转向办公机器。或许弗里德曼以为这样的打压是世界被抹平之前时代才有的，但这是在"世界被抹平"的现在以及将来都会存在的。弗里德曼信奉的李嘉图的自由贸易早在里根总统时代就已经被正式抛弃，当美国社会出现了比1980年打压日本的气氛还要严重的打压气氛时，弗里德曼应该作何感想呢？

当政治成为推倒平坦世界的主要力量时，世界的平坦化就不会出现了。就像加州大学洛杉矶分校（UCLA）的经济学家爱德华·利默教授所指出的那样，世界从来就不是平的，不仅过去不曾出现过，现在也没有出现，将来也不太可能出现。"世界是平的"只是一个神话而已[1]。

---

[1] Edward Leamer, "A Flat World, a Level Playing Field, a Small World After All, or None of the Above? A Review of Thomas L. Friedman's 'The World is Flat'", *Journal of Economic Literature*, March 2007.

第二节　全球化和半球化的螺旋交替

一. 全球化变为半球化

现在还要评述这两个现代童话似乎不合时宜，但实际上它们给冷战后的世界留下的洗脑影响非常深刻。很多人依然幻想着历史的终结，对世界可以得到和平的发展充满了憧憬，但美国已经毫无眷恋地抛弃了曾经宣扬过的全球化，着手分割世界。2021年4月12日下午，在白宫西侧的罗斯福厅举办的半导体与供应链CEO在线峰会就是准备把世界推入半球化时代的标志。

本来，这次峰会是针对当时全球性汽车芯片短缺的问题商讨解决方案的，从美国的大型汽车企业都参加了这次峰会就能说明这一点。在此之前，美国汽车企业都发表了芯片短缺带来的业绩损失的报告，预计2021年将会减少25亿美元的收入。几乎垄断高端半导体生产的台积电唯恐被当作众矢之的，也积极参加了这次主要是美国企业参与的峰会。但拜登总统在会议开始的时候，宣读了一份由 72 名国会议员提交的针对中国的提案，彻底地改变了峰会的气氛，让透过屏幕与会的各大企业 CEO 面面相觑。峰会的目的不再是解决芯片短缺，而变成了要如何保障美国的安全。

幕僚为拜登总统准备的厚厚一叠资料显示，美国已经认识到 21 世纪的基础建设不再是以道路、桥梁为核心，而是以半导体为核心。100 多年前，挑战英国霸权的普鲁士铁血宰相俾斯麦曾经说过，钢铁就是国家。那个时代国家的竞争力就是钢铁业的生产能力，高炉冒出的黑烟越是浓，越显得国力的强盛。但时过境迁，现代国家竞争力的核心被认为是数据中心，而形成这种核心的细胞就是芯片。拜登曾经引用了一则鹅妈妈童谣说明这种重要性："少了颗钉子，马掌丢了；丢了只马掌，战马折了；折了匹战马，骑手损了；损了名骑手，战役输了；输了场战役，王国灭了，这一切，只因少了颗钉子。"他认为，对美国来说芯片就是这颗钉子，如果缺少这颗钉子，王国就将不保[1]。只是这样的思维顿时让童话失去色彩，也让现实世界又一次出现了裂变。

日本曾经以特有的磨合生产方式，在汽车生产领域赢得了世界第一的盛誉，也带动了日本经济的蓬勃发展，为日本的经济地位曾经与美国并驾齐驱做出了极大的贡献。但是，现代的汽车正在逐步淘汰传统的引擎，转向以半导体为主的设计和生产，日本企业正在逐步失去竞争优势。一辆汽车最少也会使用 30 枚芯片，高级汽车会使用 100 多枚芯片。将来，随着各种自动化技术的发展，汽车就更不能离开半导体了。从汽车制造这样的事例可以看

---

[1] 太田泰彦：《2030 半導体の地政学》，日本経済新聞出版，2021 年。

到，在近未来的世界里，工业生产会出现颠覆性的变革，而半导体行业的发展将会对社会发展具有决定性的意义。不过，半导体行业的发展需要非常庞大的资金投入，全球化的经济发展对这样的需求是非常有帮助的。在全球化的浪潮下，世界各国根据自身的特点，分工合作，从各个方面对各行各业的发展做出了相应的贡献，半导体行业也是如此。从这个意义上来说，这样的发展就是历史终结的体现，也是"世界是平的"的范例。但是，自从美国把半导体行业的发展与国家安全保障联系到一起之后，"美国优先"就不再是一种临时性的口号和措施，而是成了一种长远性的战略。生产企业被强行要求从占世界一半份额的市场上撤退，不得不形成半球化的模式。这在经济学上找不到合理的解释，只能从政治上得到勉强的安慰。这一事实把历史终结的断言和世界是平的这些幻想统统扫进了历史的垃圾箱。

在 2021 年 4 月 12 日举办的半导体与供应链 CEO 在线峰会上，拜登总统宣布，美国必须主导世界的半导体生产。为此，美国不惜搅乱现有的供应链，使得全球化生产企业不得不人为地分割市场。比如台积电就被迫去美国设厂生产芯片，从他们发出的声明中可以看到他们的委屈。台积电声明指出：到美国设厂，对美国的半导体生态系统来说，具有决定性的并且是战略性的重要意义。言下之意，到美国设厂对台积电并没有积极意义，也不是他们自愿去的，因为在美国生产意味着生产成本要翻几番。但是，**在政治的高压下，所谓的市场经济原理就必须靠边站，半球化就成了大家必须接受的现实。**

二 . 差别和反差别是历史发展的动因

两部"现代的童话"之所以在全球范围内成为畅销书，还有一个重要原因是读者。他们在历史终结的乐观之上还希望能抹平新自由主义带来的差别，而这样的向往正说明了世界并不是平的。然而，也正是有这样的向往，历史才会将继续向前发展。

诚如福山指出的那样，资本主义、社会主义等社会形态的概念最多也只能追溯到黑格尔，历史是比较短的。但是，资本主义、社会主义概念里的阶级斗争的历史却是非常悠久的，大概在人类社会形成最初的社会组织的时候就存在了。如果说阶级斗争这一术语有过多的近代意识形态的印记，那么可以把这个术语换成差别与反差别的斗争。而这样的斗争贯穿了人类的历史，并推动了历史的发展。福山所描述的资本主义不仅没有消灭这种差别，而且还把这种差别进一步扩大了。实际上，福山也承认，不愿做"最后之人"的人都具有优越愿望，这就是差别化，而正是这样的差别化在历史发展过程中发挥了巨大的影响。

人类社会的差别从30万年前人类诞生的时候就埋下了根源[1]。发现这一现象的美国布朗大学经济学教授奥戴德·盖勒指出，人类从非洲走出来之后，不同的地理环境造成了各地发展的差别。不过，在距今约200年以前，虽然在文化和制度特征方面各地已经有很大的差别，但在全球范围内的差别还不很大。而19世纪以后，财富和资本得到了前所未有的增长和积累，技术革命更加速了全球化进程。同时，各种差别也急剧扩大，并成了人类

---

[1] Oded Galor, *The Journey of Humanity: The Origins of Wealth and Inequality*, The Bodley Head Ltd., 2022.

面临的亟须解决的重要问题。福山所使用的资本主义、社会主义等社会形态的概念就是反映了这种全球性的差别。更重要的是，随着时间的推移，技术的进步将带来更多的不平等。

虽然盖勒利用独创的"统一增长理论"找到了人类社会各种差别的根源，并且还指出，伴随着创新和技术发展，差别是不可避免的，但是他的研究似乎还没有完结。他认为我们应该尽量避免不平等的加剧，以及它可能带来的社会动荡和对经济环境的破坏。这说得非常含糊，也非常无奈。实际上，即便一种差别消失了，另一种差别也会产生。更何况无论多少年之后，在布朗大学校园内奔跑的松鼠的后代，也不会停止搜寻每天需要的食物而安坐在书桌前撰写书稿。差别不会消失，反差别也不会停止，正是30万年前就埋下根源的差别以及不断觉醒的人去反差别，才是人类历史发展的动因。

二战之后，美国为了让日本彻底地失去反抗自己的能力，肢解了日本的财阀，从日本企业里赶走了资本家，结果造就了日本社会前所未有的平等。随着日本经济高度增长，国民的生活水平也得到了普遍的提高，日本出现了一亿人口都是中产阶层的流行认识。但是，美国似乎不愿意看到这样平等社会的发展。当日本的人均GDP和美国并驾齐驱的时候，美国的优越愿望再次发挥作用，经过连绵不断的打压甚至是压榨，让日本的人均GDP跌到美国的一半左右，再次在美日之间造成巨大的差别。不过可悲的是，这样的差别既不是由福山阐述的社会意识形态的不同产生的，也不是盖勒指出的技术的进步带来的，而是美国的霸权造成的。不过，美国要维持和强化他们的霸权实际上是一种历史的本能，也是一种宿命，所以，他们必然会想尽一切办法去打压任何有可能发展起来超越他们的国家。对此，任何的嫉妒或者仇恨都是没有意义的，有意义的只是如何去认识差别，去反差别。实际上，这也是被差别方的本能和宿命。也就是说，**在历史的长河中，全球化和半球化将会不断地进行螺旋式交替。**

在平等的基础上大家可以共同发展是人类长期拥有的美好理想，但差别方与被差别方各自的本能和宿命却只能证明这样美好的理想是人类永远追求的目标，而全球化和半球化的螺旋交替可能是接近这一目标的必要过程。只有认识到差别的存在是我们发展的基础，才能真正找到反抗差别、克服差别的发展道路。

三．发展的道路可以各不相同

虽然在工业革命后，尤其是在现代交通和信息技术的飞跃发展下，世界各国的发展历程日益趋同，但实际上，诚如盖勒指出的那样，各个国家因为地理环境的差异及其相应的制度、文化等方面的不同，必定会促使各国必须找到合适自己发展的道路。这样的不同发展思路同样适合新兴国家和霸权国家的关系。

夺取霸权不容易，而维持霸权更不容易。即便霸权不在战争中被打败，也会被维持霸权的成本拖累，最终交出霸权。哈佛大学格雷厄姆·艾利森教授通过对全球历史的考察，发现在最近500年里竟然出现了16次霸权交替[1]，其中绝大多数的霸权交替是通过战争进行的，但也有不通过战争进行的。比如20世纪初，美国取代英国成为世界霸主的时候，就没有发生美国和英国之间

---

[1] Graham Allison, *Destined for War: can America and China escape Thucydides' Trap?*, Scribe Publications, 2017.

的战争，这个事例非常值得关注。

19世纪的工业革命完成后，英国在世界上获得了压倒性的经济优势，只是在那个时代，英国的国际贸易已经呈现赤字状态，这说明英国企业的国际竞争力早已下降。只是英国的工业产品不能和新兴的德国媲美，但是，英国拥有世界三分之一的海运船队，掌握了世界海运业。海运业的收入让英国保持了国际收支的黑字状态，而英国则又把这些黑字投资到海外获取投资回报。英国的贸易赤字也说明了英国的货币英镑遍布世界，而英国利用其自身的优势，把英镑作为国际结算货币，让伦敦的金融市场成为英镑的保护神，确保了帝国循环不会间断。

1870年，英国的对外投资额为7亿英镑，到1900年已经上升到24亿英镑，而到第一次世界大战之前的1913年，更是达到了近40亿英镑。而这些投资的回报率在1870年前后为3.5%，到1890年前后为6%，到1910年前后则高达7.2%。可见帝国的循环给英国带来了巨额财富，维持了英国的世界霸权。

但是，为了与德国争夺世界霸权的第一次世界大战让这样的帝国循环出现了问题。为了筹措足够的战费，英国不得不在纽约市场上卖出了大量的债权，结果，把资本输出的核心地位拱手让给了美国。这也意味着帝国的循环不再围绕着英国，而开始围绕美国来运作了。到二战结束后的布雷顿森林体系建立时，美元正式成为国际结算货币，帝国的循环也完全从美国出发再回到美国，也就是说，美国的霸权正式确立了。而此时的霸权交替也完全不涉及意识形态，与社会的形态没有关系。

完全可以想象，英国对失去霸权是多么不情愿，但是，在与美国悬殊的实力面前，只能接受这样的事实，并没有发动和美国的战争。

艾利森的考察还揭示了一个问题，那就是霸权交替的频繁性。过去500年里平均30年就会发生一次霸权的交替。而30年也被称为一个世代，也就是说，一个世代将会有一个霸权。随着世代交替，霸权也会交替。而且，这似乎和意识形态并没有什么关系。对这样的考察，不知福山作何感想。

要让福山失望的是，美国终将交出手中的霸权。虽然这可能并不是今天或者明天的事，但**交出霸权正是美国不堪承担维持霸权的成本所带来的必然结果**。这可能是意识形态斗争的结果，也有可能是超过意识形态斗争的结果，总之，这就是历史不会终结的事实。

如果平均每30年左右就会发生一次霸权交替的总结是正确的，那么，美国交出手中的霸权可能会比想象中来得快。显然，这是现有的霸权国家所不愿意看到的事。艾利森的另一个发现也值得注意，即霸权的交替往往伴随着战争。因为正如修昔底德指出的那样："使得战争无可避免的原因是雅典（新兴国家）日益壮大的力量，还有这种力量在斯巴达（霸权国家）造成的恐惧。"这也就是在国际关系中经常有人提到的所谓的"修昔底德陷阱"。但实际上，**新兴国家的力量壮大并不一定会引起战争，而霸权国家对此产生的恐惧才是战争发生的主要原因**。尽管新兴国家一直强调自己的发展并不是也不应该是对其他国家的妨碍，但是，在冷战中打败了苏联、在贸易战中打败了日本的美国不会相信这一点，要求美国改变思维，避免陷入"修昔底德陷阱"似乎不太现实。

虽然艾利森总结的世界霸权交替基本上都伴随着战争，但是也有避免了战争的事例。鉴于这样的历史事实，新兴国家也有可能找到避免陷入"修昔底德陷阱"的办法。

第三节　知者不言，言者不知

一. 理论的不完全性

或许"修昔底德陷阱"是并不存在的，因为我们对世界的认识总是不够全面。事实上，我们的理论总是拥有不完全性这样的缺陷，所以会遇到很多无法解释的事实和现象。

与弗里德曼同时期在芝加哥大学做教授的日本经济学家宇泽弘文也在《经济学到底是为了谁》[1]中回忆了弗里德曼的一段故事。那是在1965年国际通货危机发生的时候，弗里德曼跑到芝加哥的伊利诺伊大陆银行要求卖空1万英镑，因为弗里德曼预测英镑会惨跌，卖空英镑就会猛赚一笔，所以就想做这样一笔投机生意。但银行却拒绝了弗里德曼，理由是我们都是绅士，不能做这样的投机生意。一腔怒火的弗里德曼回到大学就发表了一场有名的演说：在资本主义社会里，能赚到钱的就是绅士。

---

[1]　内橋克人編：《経済学は誰のためにあるのか》，岩波書店，1997年。

伊利诺伊大陆银行是一家遵纪守法的著名银行，也是芝加哥大学的主要担当银行。1933年美国大萧条后，美国总统罗斯福推行了经济改革的罗斯福新政，其第一号措施就是修订银行法。因为引起大恐慌和大萧条的主要原因是当时美国出现泡沫经济，人们竞相投资证券市场，而银行则给这些投机家大量的贷款，让泡沫经济越演越烈。出于对这种情况的反省，修订后的银行法增加了禁止对反社会性的投机行为做融资的条款。伊利诺伊大陆银行正是按照这样的规定婉言拒绝了弗里德曼做空英镑的要求。

从合理赚钱的角度来看，弗里德曼无疑是对的。从遵纪守法的角度来看，伊利诺伊大陆银行无疑也是对的。然而，这两种正确的做法碰到一起，却出现了矛盾，无法做到同时正确。这样的现象也可以用理论的不完全性来表述。因为我们观察到的世界都是世界的一部分，所以，我们的理论也必然地存在不完全性，不能对什么都能解释清楚。不过，这样的不完全性并不妨碍我们的行为。事实上也不能妨碍人们的行为。

很多学者都认为老子主张无为，即什么也不要做。如果老子真的提倡什么都不要做的话，那么他为什么又要留下一本五千言"巨著"呢？在战国时代，就有杨朱信奉"拔一毛而利天下，不为也"，所以没有留下他的著作。而老子留下一本"巨著"。

唐代白居易有一首《读老子》的诗：

言者不如知者默，此语吾闻于老君。
若道老君是知者，缘何自著五千文。

白居易问，既然《老子》曰"知者不言，言者不知"，那么作为"知者"的老子又为什么留下五千言呢？这可以说是《老子》中的第一悖论。自从白居易发现之后，学者多在"知"与"智"方面纠缠，对此悖论却没有正面解答。笔者本来以为老子是为了不让后世之人找到《老子》的作者而故意留下一个悖论。因为这个悖论暗示了老子巧妙地用《老子》的作者和献《老子》书的献书者的两重身份，把本来是同一个人的写书之人和献书之人作了区分，从而断绝大家要寻找写书之人的念想。写书的人是言者不知，而献书之人可以找到，但因为是知者不言，所以不用为这本著作负责。至于写书的人到底是谁，那是不可得而亲，不可得而疏；不可得而利，不可得而害；不可得而贵，不可得而贱。老子认为这是一部有价值的书，当然"为天下贵"。

此情可待成追忆，只是当时已惘然。老子的这种安排，也就难怪到司马迁作传的时候就已经分不清谁是老子了。

这种笔法在历史上并不少见，先秦时期有很多托名黄帝的著作，到清朝又被曹雪芹用了一次。《红楼梦》明明是曹雪芹的著作，但他却偏偏说是对空空道人抄写而来的《石头记》增删而已，而且更希望"不但作者不知，抄者不知，并阅者也不知"，因为是"满纸荒唐言，一把辛酸泪。都云作者痴，谁解其中味！"

不过，春秋数变，笔者的认识也总算有了点进步。老子留下这句话，显然是说：本来是不用说你的，但现在却到了说你的时候了。

二. 试错的有效性

理论的不完全性也适用于这里对美国如何维持繁荣的说明。本书希望通过美国打压日本的过程演变，整理出帝国循环对美国维持繁荣的作用，而帝国循环又是建立在不许超越这种策略的基础上的。正如美国自己对这种帝国循环的有效性的认识有一个过程那样，我们对美国如何维持繁荣的认识也需要很长的时间。即便如此，也不一定能把这个机制完全说清楚。不过，认识过去，是为了走向未来。就算对过去的认识只是一种马赛克般的印象，也不妨碍我们参考这样的过去，为未来做好准备。

英国的经济学家蒂姆·哈福德曾经提出过这样的问题，为什么说失败乃成功之母？失败乃成功之母这句话大家都很熟悉，可是为什么会是这样的呢？似乎考虑的人并不多，哈福德认为，在今天这样复杂的社会里，原来成功的组织和想法都已经不适用，拥有一个优秀的领导也并不能保证组织的持续发展，而那些严密的模拟和精致的预测也难以用到现实的生活之中。那应该怎么办？哈福德的意见是，既然成功的经验和精密的解决系统实际上统统派不上用场，那么，原来被认为是没有效率的"尝试"行为反而可能是最有效率的方式。"尝试"意味着失败，而在这些失败之中孕育着成功的可能性[1]。

实际上，这样的试错在实践中是非常有用的。多年前在瑞士进行的一次军事演习中，匈牙利小队的少校派出了侦察队去大雪

---

[1] Tim Harford, *Adapt: Why Success Always Starts With Failure*, New York, Farrar, Straus and Giroux, 2011.

封山的阿尔卑斯山进行侦察。大雪连续下了两天，侦察队还没有回到营地。到第三天，正当大家为这些侦察队员的生死担心的时候，侦察队回来了。他们说，大雪让我们迷路了，大家都感觉回不去了。就在这个时候，一个侦察员在口袋里发现了一张地图，让我们感到了希望。大家冷静下来，按照地图指示的方向，终于一步一步地走出了雪山，回到了营地。少校十分感激这张地图的救命之恩，但是，当他拿过来一看的时候，不禁惊呆了。因为这张地图不是阿尔卑斯山的地图，而是在法国和西班牙边境的比利牛斯山的地图[1]。

在迷路的时候，一张不相关的地图也能让大家找到正确的道路。这说明，**战略固然重要，但勇气和自信也能创造奇迹**。这样的事例其实也并不少见。在丰田汽车赶超美国汽车企业的过程中，也发生过这样看起来很不合理的要求，但却能带领企业实现目标的事例[2]。

丰田汽车实际上是从20世纪30年代开始进入汽车领域的。到1936年的时候，丰田汽车的生产能力只有月产150辆的程度，而且，质量非常差，故障奇多。当时日本士兵最不愿做的恐怕就是乘坐丰田生产的卡车，每次乘坐都要认真地举行告别仪式[3]。二战结束后，丰田汽车在得到占领当局的许可后，重新开始利

---

[1] Weick, Karl E., "Substitutes for corporate strategy", In David J. Teece (ed), *The Competitive Challenge: Strategies for Industrial Innovation and Renewal*, Ballinger, Cambridge, Mass, 1987.

[2] 藤本隆宏＝ジョセフ・ティッと："フォード・システムの導入と現地適応——日英自動車産業の比較"，大河内暁男・武田春人編：《企業者活動と企業システム》，東京大学出版会，1993年。

[3] 桂木洋二：《日本のにおける自動車の世紀》，グランプリ出版，1999年。

用 20 世纪 30 年代购入的旧机器来生产汽车。二战期间，美国的生产技术得到了进一步的发展，而日本差不多是在原地踏步。所以，在丰田汽车重新开始生产卡车的时候，美国汽车企业的生产效率是丰田汽车的 10 倍左右。不仅如此，丰田汽车还缺乏各方面的材料，经营也出现了危机。但是，就是在这样的情况下，丰田喜一郎社长提出了 3 年内赶上美国生产效率的目标。怎么看，这都是不太实际的大胆目标。最终丰田汽车也的确没有在 3 年内实现这个目标，但是，丰田汽车到 1955 年，终于赶上了美国的生产效率。而在这以后，丰田汽车的生产效率继续得到提高，并把美国企业远远地甩在了后面。也就是说，当时设定的目标尽管很不合理，但却能发挥深挖大家潜力的作用，让大家朝着同一个方向努力拼搏。

这些成功的故事并不是一种侥幸，而是试错的成果。也就是说试错并不依赖侥幸，也会面临着失败的风险，但在理论不完全的情况下只有试错是行之有效的方法。

后记

东方出版社出版了拙著《畅销书里的日本国民史：大和民族意识的形成》后，准备再版拙著《你所不知道的日本：从畅销书看日本社会走向》。笔者非常欣慰，特地重新写了一篇序言。这篇序言既叙述了日本国民对时事认识有时间差，也坦诚地说明了笔者对这些问题的认识也存在着时间差。比如对日本泡沫经济产生的原因都处在表面的认识，而没有意识到背后的原因是"不许超越"这种美国社会的共识，这种对日本彻底打压和压榨的战略。否则，以曾经在一片废墟上创造了东亚奇迹的日本国民的能力来看，应该不会在泡沫经济崩溃后竟然长期无法重新振作而甘愿躺平。

出版社编辑敏锐地发现这个论述的重要性，他认为美国这样的对日打压，对面临着同样打压的中国来说，应该是非常重要的经验教训，值得认真总结。编辑鼓励笔者写一本小册子，给读者提供相对完整的资料和清晰的思路。

实际上，笔者在研究日本企业和社会时一直想整理这个问题。美国打压日本，给日本企业带来的影响是非常深刻的，但是，美国和日本的学术界对此研究得不多。笔者曾在拙著《经营正道：

日本企业兴衰史》里做过初步的论述，但由于篇幅的限制而没有做更加深入的分析研究，总觉得有些遗憾。出版社提供这样一次机会，让笔者得以把一些研究心得总结整理出来与大家分享，实属非常宝贵。笔者在感谢之余，也非常愿意来做这样的整理工作，梳理一下这段历史。

虽然在20世纪80年代末，美国上下对日本的敌视气氛曾经让非常亲美的日本政客们也感到不寒而栗，但现在，日本几乎已经忘记了美国曾经那样打压日本，反而像好了伤疤忘了疼一样，积极充当美国打压他国的先锋。但美国打压日本的规模是如此巨大，后果是如此深刻，日本国民实际上生活在"不许超越"所形成的社会里。所以，相关资料还是被保存得比较完好，这对笔者整理这段历史带来了极大的便利。2022年下半年，笔者对手边的工作做了调整，得以集中精力来完成本书的写作。

这两年来，虽然新冠肺炎疫情猖獗，但美国却没有放松打压。这样的形势也促使笔者不能停下来。虽然笔者对这个问题一直比较关心，也有一些论述，但从总体上来论述这个主题还是第一次，自然会有很多地方值得进一步推敲，但争取发展是我们大家的事，所以，这本小册子能给大家提供一点材料，引发大家的深入思考，也就算完成初步的使命了。

本书得以顺利出版，首先要感谢出版社和编辑，其中马旭编辑花费了很多功夫帮助核对数据，做了无私的奉献。当然也要感谢我的家人。没有他们的支持，本书的问世应该是不可能的。

祈愿在新的一年里，我们能彻底战胜疫情，也希望世界能得到和平的发展。

2023年1月

图书在版编目（CIP）数据

不许超越：美国打压日本的教训 / 黄亚南著 . — 北京：东方出版社，2023.9
ISBN 978-7-5207-3530-8

Ⅰ．①不… Ⅱ．①黄… Ⅲ．①日美关系－研究 Ⅳ．① D831.32 ② D871.22

中国国家版本馆 CIP 数据核字 (2023) 第 123939 号

不许超越：美国打压日本的教训
（BUXU CHAOYUE: MEIGUO DAYA RIBEN DE JIAOXUN）

作　　者：	黄亚南
责任编辑：	刘峥　马旭
出　　版：	东方出版社
发　　行：	人民东方出版传媒有限公司
地　　址：	北京市东城区朝阳门内大街 166 号
邮　　编：	100010
印　　刷：	北京明恒达印务有限公司
版　　次：	2023 年 9 月第 1 版
印　　次：	2023 年 9 月北京第 1 次印刷
开　　本：	660 毫米 ×960 毫米　1/16
印　　张：	21
字　　数：	188 千字
书　　号：	ISBN 978-7-5207-3530-8
定　　价：	68.00 元
发行电话：	(010)85924663　85924644　85924641

版权所有，违者必究
如有印装质量问题，我社负责调换，请拨打电话：(010)85924602　85924603